GONGSIZHANGCHENG
FANGYUXING TIAOKUAN YANJIU

公司章程
防御性条款研究

吴 昊 ◎著

中国政法大学出版社

2022·北京

声　　明　　1. 版权所有，侵权必究。

　　　　　　2. 如有缺页、倒装问题，由出版社负责退换。

图书在版编目（ＣＩＰ）数据

公司章程防御性条款研究/吴昊著.—北京：中国政法大学出版社，2022.8
ISBN 978-7-5764-0645-0

Ⅰ.①公… Ⅱ.①吴… Ⅲ.①公司—章程—研究 Ⅳ.①F276.6

中国版本图书馆 CIP 数据核字(2022)第 162713 号

出 版 者	中国政法大学出版社
地　　址	北京市海淀区西土城路 25 号
邮寄地址	北京 100088 信箱 8034 分箱　邮编 100088
网　　址	http://www.cuplpress.com（网络实名：中国政法大学出版社）
电　　话	010-58908586(编辑部) 58908334(邮购部)
编辑邮箱	zhengfadch@126.com
承　　印	固安华明印业有限公司
开　　本	880mm×1230mm　1/32
印　　张	9
字　　数	230 千字
版　　次	2022 年 8 月第 1 版
印　　次	2022 年 8 月第 1 次印刷
定　　价	56.00 元

自 序

公司章程作为从公司设立、经营管理到解散所必不可少的基础性文件，是公司内部的最高自治规范。然其作用却与实际中之功能相去甚远、名不符实；于法律适用上的态度亦模棱两可、争议不断。究其原因，表面上体现为自治章程与公司法规范之间的适用选择冲突，实际上在于股东利益不平衡。股东利益平衡的规则设计，作为我国《公司法》[1]的应有之义，于理论上并无争议，然而纵观其法律制度设计，其多侧重股东保护的"外围"制度，而很少直接深入公司"内核"。尽管有关条文里也考虑到"股东利益之平衡"，但相应条款规定都较为笼统、零散，在实践中如何适用也是分歧不断。对此，为实现股东利益平衡之目的，仍需要更为有效的条款与机制来推动"平衡"的实现，充分考虑控制股东与非控制股东的角色定位；考虑公司运行效率与经营自主性；考虑非控制股东的道德风险与利益博弈以及法律干预与意思自治的平衡界线问题。因此，公司章程防御性条款的设置及其效力发挥，并使其在《公司法》规范中予以体现且形成两者互补

---

[1]《公司法》，即《中华人民共和国公司法》，为表述方便，本书中涉及我国法律，直接使用简称，省去"中华人民共和国"字样，全书统一，后不赘述。

融合的局面,就显得尤为重要。

对公司章程防御性条款的研究,具有利于股东维护其合法权益和保持公司法的体系与公司治理制度创新的理论意义。从公司股东的角度出发,如何协调股东间的权利关系,如何平衡股东间的收益,使《公司法》赋予公司股东所享有的自治自由真正贯彻,是公司在初创以及发展过程中不可避免的一个重要问题。作为实现股东自治的工具——公司章程防御性条款,能够扩展股东权利的实然边界,缩小法律漏洞,更灵活地实现股东利益保护。但是在出现难以避免的利益冲突时,如何在维护公司有效率地运行的前提下,防止股东压迫或因此对公司整体利益造成的损害?这一问题无疑既具有共性亦具有个性,前者无疑应交由外部性法律制度解决,后者交由公司章程防御性条款进行缓解则更为合理。从公司治理制度与公司法体系出发,公司章程自治的空间伴随着我国公司法律制度的持续发展与公司法规范的不断修改而越来越宽阔。在这样的趋势下,我们如果能从股东利益保护出发,以设置公司章程防御性条款的视角,从分散在《公司法》甚至相关行政规章、文件中寻找出体系化的结构,无疑能够找到一条新的利益平衡道路,同时也有助于提升《公司法》适用的科学性。另外,《公司法》对商事实践的规范只具有一般的意义,并不能涵盖经济生活的全貌。伴随着社会经济的发展,大量新型的公司治理制度总是次第涌现,需要《公司法》进行相应的调整,与此同时,对公司章程防御性条款进行类型化设计亦有利于法律与时俱进。

对公司章程防御性条款的研究,具有指导公司章程内容形成及调整和强化公司治理、成就个性化企业与促进公司法规则发展的实践意义。首先,虽说公司章程主要来源于商事实践,但因为有了法律规则的指导,围绕公司章程展开活动的各相关人员就可以在现有规则框定的范畴内展开各项商事活动,并对与分散的公司章程防御性条款相对应的法律规则重新进行法释义学范畴的解释，以期形成更具实践性的指导蓝本，发挥任意性规范的漏洞填补作用。亦即，无论是对防御主体还是被防御对象，抑或解决决议纠纷的法官来说，明确的公司章程防御性条款制度大大减轻了信息处理的负担。其次，公司章程防御性条款的设置，意味着公司章程自治得以发挥，而公司章程自治又表现为细化公司治理规则。明确的公司治理规则有助于提高公司运作效率、降低公司治理成本。具体而言，有的放矢的公司章程防御性条款相较于传统公司法律规范更容易贴近公司治理实际，一方面避免了不必要的制度实践成本，另一方面能够突出公司治理重点，实现公司治理的强化。最后，公司章程防御性条款制度目的包含了对创新的鼓励。公司章程防御性条款具有填补公司法律框架内部制度漏洞的作用，在不突破法律框架的前提下，通过对法律详细规则的调整与公司内部规范的创新，达到规范公司内部关系、调整公司内部权力平衡的目的。公司实践中的规则经过市场检验与经验积累，亦能够为公司法发展提供有益的制度借鉴。可见，公司章程防御性条款制度一方面能够为企业提供个性化的内部规范，另一方面还能够在推进公司内部治理合理化的基础上，推动公司制定规则的发展。

　　本书共分为四个章节对公司章程防御性条款的主要内容展开探讨：第一章，公司章程防御性条款的基础理论。公司章程防御性条款在我国属于全新的制度概念，因此需要从基本内涵、创制基础、基本功能进行阐释，同时还需要借助类型化的方法明确其体系结构。第二章，实体性公司章程防御性条款。所谓实体性公司章程防御性条款，是指针对公司决议实体性事项所作出的章程防御性条款，而公司决议实体性事项是指一项公司决议通过时所涉及的股东权利，解决的是权利的有无与"多少"的问题。本章主要就三个主要类型，即召集权调整型防御性条款、提案权调整型防御性条款和表决权调整型防御性条款，进行理论背景梳理、现行法检视与比较法考察、规范适用的司法实践与市场实践分析等方面的研究。第三章，程序性公司章程防御性条款。所谓程序性公司章程防御性条款，即针对公司决议形成的相关程序性规则作出调整的公司章程条款。本章主要就三个主要类型，即决议通过比例调整型防御性条款、表决机制调整型防御性条款和议事方式调整型防御性条款，进行理论背景梳理、现行法检视与比较法考察、规范适用的司法实践与市场实践分析等方面的研究。第四章，公司章程防御性条款运用的检视与回应。公司章程防御性条款的设置，从调整股东之间的利益平衡出发到影响公司整体利益，主要涉及股东以及公司两个层面。本章将公司章程防御性条款制度代入这两个层面，从宏观到微观的角度进行制度检验，考察是否能解决原有问题，是否会产生新的问题以及新的问题如何克服。

  本书在我的博士学位论文基础上修改完成，基本保留了论文原有的结构内容，然学养有限，积淀不足，敬请专家和读者指正。在本书付梓之际，感恩帮助我完成本书的所有朋友，特别感激陈小君教授对本书出版的鼎力支持。

  是为序。

吴　昊
2022 年春于白云山下

目 录 CONTENTS

绪 论 / 001

第一章 公司章程防御性条款的基础理论 / 004

 第一节 公司章程防御性条款的内涵 / 004

  一、"entrenched provisions of articles"的意涵 / 004

  二、公司章程防御性条款的定义与特征 / 009

 第二节 创制公司章程防御性条款的基础 / 011

  一、公司章程的契约性 / 012

  二、公司法的赋权性 / 017

  三、公司自我创设章程条款的法律空间 / 020

  四、对公司章程事项调整的制度基础 / 030

 第三节 公司章程防御性条款的功能 / 033

  一、限制资本多数决的滥用 / 033

  二、强化公司章程自治 / 035

  三、平衡公司不同成员间利益 / 036

  四、降低权益保护的代理成本 / 037

第四节 公司章程防御性条款的类型化 / 038

一、类型化标准：公司决议的影响因素 / 038

二、公司决议实体权利事项 / 039

三、公司决议程序性事项 / 048

第二章 实体性公司章程防御性条款 / 054

第一节 召集权调整型防御性条款 / 054

一、召集权调整型防御性条款的类型分析基础 / 054

二、首次股东会召集权调整探究 / 057

三、定期股东会召集权调整探究 / 061

四、临时股东会召集权调整探究 / 072

第二节 提案权调整型防御性条款 / 079

一、提案权调整型防御性条款概述 / 079

二、股东提案权的国内法检视 / 080

三、股东提案权的比较法探察 / 084

四、股东提案权的实践考察 / 088

五、关于提案权的调整与防御性条款的设计 / 091

第三节 表决权调整型防御性条款 / 096

一、表决权调整型防御性条款的类型分析基础 / 096

二、表决权的归属 / 099

三、表决权的排除 / 102

四、表决权的配置 / 112

五、表决权的二次配置 / 140

第三章 程序性公司章程防御性条款 / 163

第一节 决议通过比例调整型防御性条款 / 163

目 录

一、决议通过比例提高型防御性条款 / 163

二、定足数要求型防御性条款 / 170

第二节 表决机制调整型防御性条款 / 176

一、拆分表决型防御性条款 / 176

二、类别表决机制型防御性条款 / 184

三、特定股东同意型防御性条款 / 194

第三节 议事方式调整型防御性条款 / 202

一、股东会通知调整型防御性条款 / 202

二、股东会议事方式调整型防御性条款 / 212

第四章 公司章程防御性条款运用的检视与回应 / 219

第一节 公司章程防御性条款基于公司层面的检视 / 219

一、公司制度初衷的背离与回归 / 219

二、代理成本问题的缓和 / 221

三、公司治理模板化问题的出路 / 223

第二节 公司章程防御性条款基于公司股东层面的检视 / 226

一、以公司制度为视角的检视 / 226

二、以法规范适用为视角的检视 / 230

三、股东积极主义趋势下的市场实践检视 / 234

第三节 公司章程防御性条款在制度层面的回应：
股东受信义务建构 / 241

一、股东受信义务的建构必要 / 241

二、传统理论对股东受信义务的否定 / 242

三、股东受信义务的内涵及其支撑基础 / 242

四、股东受信义务的条文完善建议 / 245

— 003 —

第四节　公司章程防御性条款在规范与实践层面的回应：
　　　　规则完善建议 / 246

　　一、公司章程防御性条款的规则范式选择 / 246

　　二、公司章程防御性条款的公司法规则完善 / 248

参考文献 / 261

　　一、中文文献 / 261

　　二、外文文献 / 270

　　三、网络文献 / 273

后　记 / 276

绪 论

公司章程作为公司设立、经营管理所需的基础性文件，是公司内部的最高自治规范。然其作用却与实际中之功能相去甚远、名不符实；于法律适用上的态度亦模棱两可、争议不断。究其原因，表面上体现为自治章程与公司法规范之间的适用选择冲突，实际上在于股东利益不平衡。股东利益平衡的规则设计作为《公司法》的应有之义，于理论上并无争议。《公司法》在制度设计上一方面赋予股东查阅公司章程、股东会会议记录、董事会会议决议、财务会计报告等文件，对公司经营提出建议、质询，直至提起股东代表诉讼、退股、优先认购新股、诉请解散公司等权利，另一方面通过累积投票、表决权行使限制、资本多数决适用范围限制、股东会决议无效、可撤销之诉等制度保护非控制股东。鉴于各国公司章程具体历史背景、公司治理结构中的价值倚重，甚至对公司组织的目的认知不同等原因，对上述主要表现为股东利益保护的规则制度亦有不同设计，但这些不同皆非根本。

然而纵观上述规则，其多侧重"外围"制度，而很少直接深入公司"内核"，尽管有关条文里也考虑到"股东利益之平衡"，但相应条款规定都较为笼统、零散，在实践中如何适用也是分歧不断。因此，当我们探讨股东利益平衡时，还需要更为有效的条款与机制来推动"平衡"的实现，充分考虑控制股东、非控制股东、公司管理层三者的角色定位；考虑公司运行效率与经营自主性；考虑非控制股东的道德风险与利益博弈以及法律干预与意思自治的平衡界线问题。总而言之，公司章程防御性条款的设置及其效力发挥，并使其在《公司法》规范中予以体现且形成两者互补融合的局面，就显得尤为重要。

对此，《英国2006年公司法》作了非常重要的制度尝试，其第22条规定"公司章程中可以设定一类特定的条款，即在满足或遵守比特殊决议所适用更加严格的条件或程序时方可被修改或撤销"。其中允许"更加严格的条件或程序"打开了章程自治对影响公司决议的章程条款进行创设或调整的大门，能够更好地发挥平衡股东之间的利益冲突、保护特定股东利益的作用。英国学者托马斯与瑞安曾对实践中常见的设置上述条件或程序的条款进行列举：其一，股东会必须采取特别决议程序对特定事项进行表决；其二，赋予不同股份对全部事项或部分事项不同的表决权重；其三，设定不同类别的股份，每一类别股份上所依附的权利须经该类别股份的股东特别决议才能调整；其四，设定特定事项须经全体股东同意或特定股东同意方可进行调整。[1]

我国学界对公司章程防御性条款设计的理论基础是存有争议的，主要体现在公司章程的性质、[2]公司章程自治调整章程条款的效力来源[3]以及需要进行怎样的价值判断[4]等方面。在我国立法规范方面，根据我国《公司法》的修改沿革，《公司法》对公司章程自治的限制不断减少，不断增加任意性规范并扩展其适用范围，为公司章程条款的创设提供了规范基础。在司法实践中亦出现了大量影响公司决议通过的公司章程条款，有许多法院根

---

〔1〕 Thomas K. R., Ryan C, *The Law and Practice of Shareholders' Agreements*, Lexis Nexis, 2009, p. 128.
〔2〕 如契约说、法人说等。
〔3〕 股东权利的分割与让渡，抑或法律的授权与确定。
〔4〕 遵循公平价值优先抑或效率价值优先。

绪 论

据《公司法》及其司法解释等相关规则对此类公司章程条款的设置给予肯定态度。例如，在"上海米蓝贸易有限公司等与孙某等公司决议撤销纠纷上诉案"[1]中，法院承认了公司章程关于"新章程须经股东会全体股东同意"的规定；在"宁武县明星机动车检测有限公司等诉武某弟股权转让纠纷再审案"[2]中，法院认可"转让出资"属于特别决议事项；在"周某环、建水县糖烟酒副食有限责任公司公司决议撤销纠纷案"[3]认定公司特别决议的表决"按一股一票制"有效；在"深圳市星河方舟科技有限公司与成都宏明电子股份有限公司等公司决议撤销纠纷上诉案"中，[4]法院对章程约定股东会召集程序进行了认可。然而，法院在裁判相关案件时，对待此类条款的态度并不总表肯定，也作出了不少否定性判决。如"北京达沃斯投资有限公司与张某芝公司决议效力确认纠纷上诉案"[5]"杨某生诉中审会计师事务所有限公司股东会决议撤销纠纷案"[6]均直接否定了设置相应章程条款的效力。考虑到目前进入司法实务视野的章程创设条款只是冰山一角以及司法裁判尚存争议等现状，商事实践中的章程条款创设对于股东权益调整显得很有必要。

综上所述，在我国公司制度框架内对公司章程防御性条款展开规范分析、价值分析、实证分析以及比较法分析，不仅在理论上存有必要，亦是立法规范完善、司法实务与商事实践指导所需，更重要的是，对完善公司治理结构、更好地实现公司目标具有制度深化层面的意义。

---

[1]　[2012]沪二中民四（商）终字第896号。
[2]　[2017]晋民再39号。
[3]　[2018]云25民终274号。
[4]　[2016]川01民终4810号。
[5]　[2012]二中民终字第01571号。
[6]　[2008]海民初字第10313号。

第一章
公司章程防御性条款的基础理论

第一节 公司章程防御性条款的内涵

一、"entrenched provisions of articles"的意涵

(一)"entrenched provisions of articles"的词译

entrenched provisions of articles 一词来源于《英国2006年公司法》第22条的标题"entrenched provisions of articles"及其条款内容中的"provision for entrenchment"(以下统称"entrenched provisions of articles")。[1]国内尚未对该词形成统一词译,目前主要存在两种翻译:其一,翻译为"刚性条款"。[2]有学者认为,采

---

[1] *Companies Act 2006*, Section 22: Entrenched provisions of the articles. (1) A company's articles may contain provision ("provision for entrenchment") to the effect that specified provisions of the articles may be amended or repealed only if conditions are met, or procedures are complied with, that are more restrictive than those applicable in the case of a special resolution. (2) Provision for entrenchment may only be made-(a) in the company's articles on formation, or (b) by an amendment of the company's articles agreed to by all the members of the company. (3) Provision for entrenchment does not prevent amendment of the company's articles-(a) by agreement of all the members of the company, or (b) by order of a court or other authority having power to alter the company's articles. (4) Nothing in this section affects any power of a court or other authority to alter a company's articles.

[2] 葛伟军译注:《英国2006年公司法》(第3版),法律出版社2017年版,第21页。

第一章　公司章程防御性条款的基础理论

取此种意译受宪法学上"entrenched clause"即"刚性条款"的影响;[1]抑或根据《英国1985年公司法》第17(2)(b)条的规定,[2]其内容意指"条款更难被确立或不可能被修改",是为更接近"刚性"字面义之意涵。其二,译作"公司章程防御性条款"。[3]此种词义从功能主义出发,是为平衡股东之间的利益冲突,或以保护特定的股东利益为目的而设置的章程条款,并且此类章程条款更凸显章程自治对章程条款的设计。可见,此"防御"更具目的性,其外延较前一词译更广。

(二)"entrenched provisions of articles"的词源沿革

意欲确定"entrenched provisions of articles"的词义,首先需要明确其词源。在《英国2006年公司法》全部条文生效前,对英国公司章程修改的规定可以分为两个阶段。

1. 仅按照一定程序对章程细则作出修改

1856年《英国股份公司法》第一次区分了公司的章程大纲和章程细则,规定章程大纲除了增资以外均不能被修改,而章程细则则可以通过特殊决议修改。此时立法者尚未明确使用"entrenched provisions of articles"一词,但是根据《英国2006年公司法》第22条的立法回溯,[4]可以在该法寻迹"entrenched provisions of

---

[1] 王建文、孙清白:"论公司章程防御性条款的法律效力",载《南京师大学报(社会科学版)》2014年第5期。

[2]《英国1985年公司法》第17(2)(b)条并未直接采取"entrenched provisions of articles"或"provision for entrenchment"的表述。

[3][英]艾利斯·费伦:《公司金融法律原理》,罗培新译,北京大学出版社2012年版,第164页。王建文、孙清白:"论公司章程防御性条款的法律效力",载《南京师大学报(社会科学版)》2014年第5期。

[4]《英国2006年公司法》第22条立法说明明确了该条替代了《英国1985年公司法》第17(2)(b)条,而《英国1985年公司法》相应的内容可以追溯至奠定了英国公司法体系根基的1856年《英国股份公司法》。See Companies Act 2006-Explanatory Notes, Territorial Extent and Devolution, Chapter 2, Section 22, 79.

articles"。

2. 允许按照一定程序对公司章程大纲和章程细则的任何条款作出修改

《英国1985年公司法》允许按照一定程序对公司章程大纲和章程细则的任何条款作出修改，具有见于该法第17条关于"未写入章程细则的章程大纲条款"的规则内容中。此处该法虽未明确使用"entrenched provisions of articles"一词，但对应的功能性规定已经出现，根据第17（1）条与第17（2）（b）条的规定可以看到，包含在章程大纲中的"entrenched provisions"条款可以分为两种：一种是"有条件的 entrenched provisions"，[1]另一种是"绝对的 entrenched provisions"。[2]前者是指章程大纲的特定条款在满足一定条件或程序时才能够被修改或删除；后者是指章程大纲中的某些条款一经制定，不论何种条件或程序均不可被修改或删除。"entrenched provisions of articles"在此间的典型适用可以见英国担保责任有限公司的公司章程大纲和章程细则之中。担保责任有限公司通过在涉及公司共同所有权的事项上设置"entrenched provisions of articles"，以达到公司成员无法解散公司或者分配公司资产的效果。此后，以上适用思路被不断扩大，《英国2004年公司法》

---

〔1〕 Companies Act 1985, Section 17（1）中对章程大纲中的条款所进行的修改需要通过"special resolution"，即特别决议。王建文教授使用了"有条件的防御性条款"相称，笔者表示赞同，但对"conditional"的英文表述持保留意见。参见王建文：" 论我国引入公司章程防御性条款的制度构造"，载《中国法学》2017年第5期。

〔2〕 在英国公司法修订的过程中出现了大量对"绝对的刚性条款"的质疑声，其结果是公司对于章程条款的绝对不可修改或删除的规定不再被法律承认，英国公司法中"绝对的刚性条款"的规定被删除。参见 Companies Act 2006 - Explanatory Notes, Territorial Extent and Devolution, Chapter 2, Section 22, 80（Companies formed under the act will not be permitted to provide in their articles that an entrenched provision can never be repealed or amended），载 http://www.legislation.gov.uk/ukpga/2006/46/notes/division/5/9/5，最后访问时间：2018年11月7日。

即确立社会公益公司可以通过此思路在其章程中设置"资产锁定"的原则以保证公司资产的专用性。[1]最终,《英国2006年公司法》第22(1)条对"entrenched provisions of articles"给出了最新的定义。[2]但是直到2019年10月1日《英国2006年公司法》最后一批条文开始生效时,"entrenched provisions of articles"才得以正式实施。

(三)"entrenched provisions of articles"的立法表达

1. 英国公司法上的规范表达

《英国2006年公司法》第22(1)条给出了"entrenched provisions of articles"的概括性定义:公司章程中可以设定一类指定的条款,该类指定条款在满足或遵守比特殊决议所适用更加严格的条件或程序时方可被修改或撤销。同时,相关规则还分散于《英国2006年公司法》的其他条文中,根据目的之不同,有学者将这些规则分为以下四种类型:其一,须绝对多数表决(代表75%表决权)才能对某些章程条款作出调整;其二,须得到特定投资者股东的同意才能对某些章程条款作出调整;其三,对已被特别决议通过的章程修正案可以加权表决权形式授权特定股东对其进行否决;其四,在发行类别股份的公司内实行类别股东表决机制。[3]

---

[1] *Companies (Audit, Investigations and Community Enterprise) Act 2004*, part 2, S. 53~56.

[2] 笔者尝试在前人翻译的基础上将《英国2006年公司法》第22条的条文内容译为:第22条 章程的防御性条款 (1)公司章程中可以设定一类特定的条款,即在满足或遵守比特殊决议所适用更加严格的条件或程序时方可被修改或撤销。(2)防御性条款只能通过下列方式作出——(a)在公司设立时的初始章程中;(b)在公司存续期间,经全体公司成员(股东)一致同意。(3)防御性条款不阻止以下列方式修改公司章程——(a)经公司全体成员一致同意;(b)经法院或具有修改公司章程权力之其他部门的命令。(4)本条不影响法院或其他部门变更公司章程的任何权力。

[3] 王建文:"论我国引入公司章程防御性条款的制度构造",载《中国法学》2017年第5期。

2. 其他国家的规范表达

(1) 受到英国公司法直接影响,《印度2013年公司法》第5(2)条、第5(3)条、第5(4)条等条文中对所谓"provisions for entrenchment"作出了基本相同的规定。[1]

(2) 受到英国公司法间接影响,从功能性的角度观察,《美国标准商事公司法》虽未采取相同的法律概念,但存在相似的制度设计:根据2002年《美国标准商事公司法》第7.27节:第一,公司章程可以在法定基础上提高股东(或股东的投票团体)人数或投票要求;第二,对公司章程进行的关于增加、变更、取消更高法定人数或者投票要求的修改,必须符合当时有效的,或者被提议通过(以两者中较高者为准)的法定人数和投票要求,并经同样的票数和被要求采取行为的投票团体通过。[2]

通过以上考察,"entrenched provisions of articles"的立法表达具有以下规律:其一,"entrenched provisions of articles"的设置及变动与公司股东会决议存在紧密联系。其二,"entrenched provisions of articles"一经设置,其修改或撤销应以股东会特别决议为前提,公司章程可以设置具体的修改或撤销条件。所谓《英国2006年公司法》第22(1)条中"比特殊决议所适用更加严格的条件或程序"实乃公司决议为中心原则下所设置的一系列"屏障"。

―――――――――――

〔1〕 *Companies Act 2013*, Section 5, (3) The articles may contain provisions for entrenchment to the effect that specified provisions of the articles may be altered only if conditions or procedures as that are more restrictive than those applicable in the case of a special resolution, are met or complied with. (4) The provisions for entrenchment referred to in subsection (3) shall only be made either onformation of a company, or by an amendment in the articles agreed to by all the members of the company in the case of a private company and by a special resolution in the case of a public company. (5) Where the articles contain provisions for entrenchment, whether made on formation or byamendment, the company shall give notice to the Registrar of such provisions in such form and manner as may be prescribed.

〔2〕 沈四宝编译:《最新美国标准公司法》,法律出版社2006年版,第78页。

这一"屏障"在各立法例中主要表现在股东会议事方式、表决权、决议事项或其他公司决议相关程序等方面。其三,"entrenched provisions of articles"与公司章程自治存在紧密联系。在《英国2006年公司法》第22(1)条基础上,上述立法例规则进一步强化了公司章程自治对"entrenched provisions of articles"修改或撤销的影响。

二、公司章程防御性条款的定义与特征

(一) 公司章程防御性条款的定义厘清

有学者将"公司通过在公司章程中设置'防御性条款'的方式提高对公司章程特定条款的修改难度,以保护特定股东利益"作为《英国2006年公司法》第22(1)条"entrenched provisions of articles"的定义。[1]简而言之,公司章程防御性条款为引起公司章程特定条款修改难度增加的公司条款。诚然,《英国2006年公司法》第22(1)条将规定重点放在了对公司章程的修改限制上,[2]但其制度空间绝非仅局限于决议通过比例增加这一规则设定。相较之下,美国的立法例更强调章程条款修改条件的自治性,赋予了"entrenched provisions of articles"更宽阔的制度适用空间,对于拒绝公司章程内容被频繁修改和追求公司章程条款稳定的公司及其成员具有重要意义,发挥了其对特定主体利益的保护功能。重新审视"entrenched provisions of articles"的词译,虽然"刚性条款"与"公司章程防御性条款"均被国内学者作为"entrenched provisions of articles"的词译,但在功能性视角下,

---

[1] 王建文、孙清白:"论公司章程防御性条款的法律效力",载《南京师大学报(社会科学版)》2014年第5期。

[2] 王建文、孙清白:"论公司章程防御性条款的法律效力",载《南京师大学报(社会科学版)》2014年第5期。

"刚性条款"可以概括公司章程中难以被修改或撤销的条款的特征,"防御性条款"则更符合"刚性条款"调整条件的一系列规则设定概称。综上所述,公司章程防御性条款是在公司自治的原则下,将公司章程某些特定条款的修改或撤销难度增加的公司章程条款。此外,通过公司章程防御性条款的设置策略,还能够直接或间接影响公司的控制权配置,强化特定主体的权益保护。

在公司自治的原则下,根据公司章程防御性条款的域外表达,可以解读出丰富的待定信息:设置公司章程防御性条款,其调整内容的边界为何,是否可以针对公司决议相关的所有事项进行设计,如实体性事项、程序性事项等;防御性条款能够在多大限度上增加条款修改或撤销的难度,现有法律是否合理,是否可以突破法律的规定进行设计;此类条款的修改或撤销对公司成员的保护立场是否可以多样化。对以上待定信息的解读与建构将作为以下研究的主要内容。

(二)公司章程防御性条款的特征

根据公司章程防御性条款的立法表达与定义明晰,可以总结出公司章程防御性条款所具备的特征,具体如下:

1. 特别决议的必要性

并非所有基于公司章程自治而设计的章程条款都属于公司章程防御性条款。正因基于公司法原则(平等原则、公平原则等)而制定的公司法规则往往带有保护某一主体的价值判断,公司章程才能够以某公司成员利益为出发点,对公司法或者指导性公司章程示范文本内容进行调整,可见单纯的价值判断不能作为确定公司章程防御性条款外延的标准。因此,有必要对公司章程防御性条款外延进行初步限缩。由于公司章程防御性条款制度最初落脚在提升公司章程条款的修改难度上,其必然作用于公司决议之产生,因此只有特别决议事项或将一般决议事项转变为特别决议事项时才属于防御性条款的设计。

2. 调整的严格性

公司章程防御性条款所调整的公司条款,其修改或撤销须通过股东会特别决议,或者通过比特别决议更严格的条件才能有效。而设定条件的公司章程防御性条款本身,又易作为新的被调整条款,因此同样具有更严格的调整门槛。

3. 内容的复杂性

虽然各国公司法大都提供了公司章程设计指引,但实践中公司章程绝非千篇一律。公司章程防御性条款在一定程度上强化了章程自治。所谓"更严格的条件",是指其允许公司成员对公司章程内容进行新的公司治理、控制权配置、收益权分配等设计,以满足自己的利益保护需求。此外,公司成员的利益需求各异,同时需求又会因其自身情况与公司经营发展而不断变化,因而公司章程的条款内容更是纷繁复杂。

4. 目的的保护性

公司章程防御性条款如其字义,是以"防御"为目的,绝非一种"进攻",以保护特定主体的利益为出发点,不能对其他公司成员的利益作出不当的限制;同时也不能引起更高代理成本的广泛机会主义行为。

5. 立场的多元性

公司章程防御性条款实质上是反映公司成员不同意志的多样性章程内容。防御性条款所代表的主体意志不同,自然使得防御"对象"及其所调整的法律关系存在不同,从而使得其最终的立场指向亦不同。

第二节 创制公司章程防御性条款的基础

为了更加立体地明晰公司章程防御性条款制度,进一步明确这种防御性条款的创设基础，有必要通过以下逻辑线索展开探索：首先，公司章程防御性条款存在的理论基础是什么，即公司如何将人、财和物结合，公司章程的性质是什么。其次，明确创设公司章程防御性条款的法律正当性基础为何，以及其创设的法律空间如何。最后，还需明晰公司章程事项调整的效力来源及其调整边界。

一、公司章程的契约性

关于公司的性质，存在着不同的学说理论界定。现代公司法中具有重大影响的学说主要有两种，即法人说和契约关系说。法人说是大陆法系国家对公司性质的传统定位，该学说将公司作为法律创造而成的产物，所谓公司的设立和运作均需要遵循法律的规定，章程被界定为自治"法"。契约关系说乃英美法系通说，该学说认为，公司由不同主体之间的一系列契约构成，[1]当事人有权对诸如公司治理等问题进行自主安排。[2]相应地，公司章程的性质也对应地被认为是一种自治"法"规（以下简称"自治法"）或者契约。[3]

自治"法"规或自治规章、规则乃我国通说。[4]自治法说认

---

[1] Easterbrook, F. H., Fischel, D. R., "Corporate Control Transactions", *Yale Law Journal*, 91 (1982), 698.

[2] 施天涛：《公司法论》（第3版），法律出版社2014年版，第15~18页。

[3] 本书对契约、合同、合约以及契约法、合同法、合约法的使用不作区分，基于同一含义运用，特此说明。

[4] 参见江平主编：《公司法教程》，法律出版社1987年版，第57页。石少侠："论股东诉讼与股权保护"，载《法制与社会发展》2002年第2期。王保树：《商法总论》，清华大学出版社2007年版，第47页。刘俊海：《现代公司法》（第3版），法律出版社2015年版，第12页。学界也提出了其他的一些学说或称谓，如权力法定秩序说，参见温世扬、廖焕国："公司章程与意思自治"，载王保树主编：《商事法论集》（第6卷），法律出版社2002年版，第8~10页。如宪章说，参见朱慈蕴："公司章程两分法论——公司章程自治与他治理念的融合"，载《当代法学》2006年第5期。常健："论公司章程的功能及其发展趋势"，载《法学家》2011年第2期。

第一章　公司章程防御性条款的基础理论

为，制定或修改公司章程的主体为公司本身，公司章程的内容是遵循"资本多数决"原则下的股东大会决议的结果。自治法说就章程为什么对股东、公司、公司机关具有约束力提供了较为合理的理论解释。然而，该说也存在一定遗憾：其一，在章程具体如何对这些主体发生效力的问题上，因理论支持不足而显得有些力不从心。[1]其二，欠缺对公司成员，特别是公司股东的权利义务享有与承担及其权利义务进行调整的法理基础。最为显著的例子即在缺乏正当性理由情况下，采取"资本多数决"原则对个别股权予以剥夺或限制。其三，部分争议解决路径不甚通畅，如我国2018年《公司法》第28条规定股东未按期足额缴纳出资的，应当对已按期足额缴纳出资的股东承担违约责任。从自治法的角度出发，对此违约责任提起诉讼的适格原告为谁，其请求权基础为何，责任应当如何承担，这一系列问题尚未得到彻底解决，实务与理论界均存争议。[2]可见，先于实体基础直接缔造法律规范的思维方式，会使得那些未得到法律承认的权利无法得到保护。

契约说自1844年《英国股份公司法》起即被英国成文法所采纳。《英国2006年公司法》第33（1）条明文规定公司章程的条款如同契约，与此同时，契约说也得到了一系列的普通法判例的支持。[3]企业的契约关系理论建立在自由市场与契约自由这一假设基础之上，认为企业并不是某种真实人格化的产物，而是在

---

[1]　孙英：《公司章程效力研究》，法律出版社2013年版，第33页。
[2]　贾树学："论有限责任公司股东瑕疵出资的争议解决及立法完善"，载《河北法学》2010年第5期。
[3]　公司章程在股东和股东之间创设了一个合同：Wood v Odessa Waterworks Co (1899) 42 Ch D 636. 公司章程在股东和公司之间创设了一个合同：Hickman v Kent or ROmney Marsh Sheep-Breeders' Association (1915) 1 Ch 881，转引自葛伟军：《英国公司法要义》，法律出版社2014年版，第45~46页。

组成企业的各种要素如资本、劳务、材料和服务之间所确定的一种权利和义务的一系列复杂合约安排。这种契约关系被称为"关系契约",用以区分传统的通过"要约—承诺"机制所建立的合同。[1]在契约说下,公司具有双重属性:其一,公司是股东的联合体;其二,公司是独立于股东的单独的"人"。因此,公司在章程所创设的合同中能够成为一方当事人,而股东是另一方当事人。[2]可见,公司章程在此时既作为公司契约关系的表现形式,又作为各项合约安排的联结。面对自治法说的困境,契约说显得游刃有余。一方面,在合同理论广为发展的今天,公司及其成员均处于公司章程所建构的合同关系之中,其享受权利、承担义务均为合同的应有之义。另一方面,基于合同自治与意思合意,对公司成员的权利义务调整亦存在当然性的法理依据。然而,国内外也不乏对公司契约理论的强烈批评,[3]主要观点如下:其一,"契约关系"并不等同于原生的法学概念,而是一种经济学上的假设范式,它体现出的是一种应然状态而非实然状态,对现实及其运用考虑不足。其二,公司并不全都是契约安排,许多公司安排并不体现契约法律关系,如只有初创股东与公司存在契约关系,又如公司与第三人如债权人之间的关系并不一定受到合同法调整,还可以通过侵权法调整。其三,契约说反对国家进行公权干预,提倡公司事务应当通过私人的、自愿的当事人协议来解

---

[1] 施天涛:《公司法论》(第3版),法律出版社2014年版,第18页。
[2] 葛伟军:《英国公司法要义》,法律出版社2014年版,第43页。
[3] 提出反对观点的国内学者及其作品,参见蒋大兴:"公司法中的合同空间——从契约法到组织法的逻辑",载《法学》2017年第4期。黄辉:"对公司法合同进路的反思",载《法学》2017年第4期。提出反对观点的国外学者及其作品,See Gordon, J. N.,"The Mandatory Structure of Corporate Law",*Columbia Law Review*, 7 (1989), 89. Bebchuk, L. A.,"Limiting Contractual Freedom in Corporate Law: The Desirable Constraints on Charter Amendments",*Harvard Law Review*, 8 (1989), 102.

第一章 公司章程防御性条款的基础理论

决。然而无数事实证明,[1]强制性法规则不能被任意性法规则所取代。此外,公司法还需要发挥公法性的组织功能。

在自治法说与契约说的基础上,我国越来越多的学者提出了混合说、折中说的观点,即公司章程兼具自治规范与契约的性质。[2]此类学说通过类型化的方法对公司章程内容进行划分。根据具体情形,对章程不同部分内容分别适用自治法说或契约说,以此规避单纯适用某一种学说进行阐释所带来的不足。诚然,如以我国现行《公司法》作为检视对象,应思考以下问题:合同法视域的原则或规则在何种情形下可以抑或不可以适用;[3]是否在任何情况下都可以主张公司自治,特别是通过"资本多数决"或其他形式排除公司法规则的适用;又或应如何界定股东权利的排除及可排除范围。以上问题如仅采纳单一学说,均难以回应其正当性解释的疑问。总之,自治法说与契约说并不能很好地兼容,其相互驳斥未曾停息,各自的支持者亦秉持己见,有学者评价此为"公司法理论中的历史遗留问题"。[4]虽兼听各学说,取其合理之处具有绝对的"政治正确";但如果在说理过程中,论证公司章程内容正当性时消极对待,采取某一学说遇到阻力时就切换为另一学说的路径,无异于采取了避重就轻的态度来审视公司章程防御性条款制度。上述两种学说实质上代表了两种截然不同的逻辑内核:对公司章程进行调整的主体为何;对公司章程进行调

---

[1] 如安然丑闻、各种国际金融危机事件都已经证明对于公司的政府监管是极有必要的,国际上在这一点上基本已经形成了共识。

[2] 范健、蒋大兴:《公司法论》(上卷),南京大学出版社1997年版,第218页。王爱军:"论公司章程的法律性质",载《山东社会科学》2007年第7期。钱玉林:"作为裁判法源的公司章程:立法表达与司法实践",载《法商研究》2011年第1期。

[3] 如公司法中的意思自治边界,涉及公司法在法律体系中的定位问题。公司法究竟是否带有公法的属性,此处不展开。

[4] 钱玉林:"作为裁判法源的公司章程:立法表达与司法实践",载《法商研究》2011年第1期。

整是单一公司主体作出的意思表示抑或公司成员的相互意思表示结果；公司章程条款的效力究竟源于法律的直接赋予，还是源于公司成员的意思，再由法律间接对该意思进行确认，回答以上问题的逻辑进路不尽相同。

　　章程内容的法律效力最终需要落脚于具体的权利人与义务人的法律关系上。公司章程防御性条款通过章程安排对公司规则作出了调整，即依据现行《公司法》的规定、公司法法理来对公司章程的具体条款作出修改或进行全新的设计。实际上，前述学说均未对公司章程发挥的合同意思自治或契约自由作用进行否定。[1] 就自治法说而言，以萨维尼为代表的法人"拟制说"（公司是法律拟制的具有人格的人——"法人"）已被理论界广泛接受。[2] 而在被广为接受的公司法律独立人格定式下，笔者认为契约说依然能够对公司及其章程的正当性进行自证：其一，基于历史视角发现公司存在的实然自证。最早的公司是通过契约关系建立起来的，公司章程内容的安排并不需要事先通过法律规定。公司的诞生早于公司法，最早的公司章程也先于公司法。[3] 这一观点也先后得到了一系列实在论者的支持。[4] 有学者提出："正如河流是虚拟的，唯一实在的是单个氧原子和氢原子，那么同样的道理，

----

〔1〕　有些对公司合同理论进行批判的论著仅反对对公司章程的交易合同性质的解读，而不否定将公司章程作组织合同解释的可行性。参见吴建斌："合意原则何以对决多数决——公司合同理论本土化迷思解析"，载《法学》2011年第2期。

〔2〕　参见王红一：《公司法功能与结构法社会学分析——公司立法问题研究》，北京大学出版社2002年版，第24页。

〔3〕　史际春："企业、公司溯源"，载王保树主编：《商事法论集》（第1卷），法律出版社1997年版，第51～52页，转引自常健："论公司章程的功能及其发展趋势"，载《法学家》2011年第2期。

〔4〕　如提出有机体说的基尔克，认为组织的意志和行为能力并不是法律创造出来的，法律只是发现了这一原本的存在，并承认和限定了这种存在。Gierkes, O. , *Political Theories of the Middle Ages*, Translated with an Introduction by Frederick William Maitland, The University Press, 1900, pp. 87~100.

第一章 公司章程防御性条款的基础理论

如公司是虚拟的，唯一实在的则是组成公司的成员个人。"[1]其二，基于公司章程而存在的公司人格学理自证。有学者给出论证，公司独立人格的确立除了国家法律规定与认可之外，主要是通过章程的记载事项，在公司对内、对外关系中表现出来的。[2]亦有观点认为，"公司章程的最终形成是在公司人格最终确立之时，并且前者是后者的基础，公司独立人格主要体现在公司章程之上"。[3]诚然，我们既不能完全肯定公司法为一项纯粹的私法，也不能否认公司法背负着许多公共管理的使命。[4]但是，市场经济与制定法的关系，已经能够体现出公司章程作为公司法法源，以及成为市场中的公共物品这一不言而喻的地位。可见，公司无疑具有契约性，而公司章程对公司成员的权利义务，抑或对既有安排的调整是能够遵循契约法逻辑的。由此，我们可以遵循契约法的逻辑轨迹，对公司章程防御性条款制度所作出的安排进行检视，明确其边界以及具体作用方式。

二、公司法的赋权性

既然"契约理论"作为公司章程防御性条款制度的建构内核，那么就需要考察该内核在法律规则中的适用环境。公司法分属于商法视阈下，而无论是在民商合一抑或民商分立的立法体系中，商法皆具有浓重的私法色彩。法律关系的调整原则和方式在

---

[1] Machen, A. W., "Corporate Personality", *Harvard Law Review*, 4 (1911), 253~261, 转引自邓峰：《普通公司法》，中国人民大学出版社2009年版，第56页。

[2] 常健："论公司章程的功能及其发展趋势"，载《法学家》2011年第2期。

[3] 温世扬、廖焕国："公司章程与意思自治"，载王保树主编：《商事法论集》（第6卷），法律出版社2002年版，第4页。

[4] 虽然有极端的契约论者相信强制性规定可以通过某种形式来进行规避，或者有些规则仅仅是对现实交易中所采取的措施的一种必然反映。Black, B. S., "Is corporate law trivial: a political and economic analysis", *Ssrn Electronic Journal*, 2 (1990), 542~597.

私法中主要表现为意思自治，换言之，私法规范在形态上即主要表现为任意性法律规范，而任意性法律规范本质上属于赋权型规范。[1]公司契约论认为，公司法应当基本由缺省性规则或者"赋权型"规则构成。[2]在法律许可的范围内，或者不违背法律规定的前提下，公司法既赋予民商事主体形成或调整法律关系的自由，也授权民商事主体创设行为规范的自由。

契约论者认为公司法主要由"赋权型"规则构成的理由为：首先，公司法是一套复杂的明示和默示的合同，其能够为人们提供合作的模板，以推动股东之间协议订立的进程，降低交易成本。故公司法所赋予参与者的是在风险与机会的不同组合下的最优安排选择，绝非在自由空间内通过立法对个人的选择进行剥夺。正所谓"公司法的发展历史，也就是那些试图将所有的公司统一为单一模式的法律不断被淘汰的历史"，因而塑造了公司法的"赋权型"结构。[3]其次，公司章程具有法源地位。学界对公司章程是否可作为法律渊源的态度莫衷一是，否定说认为，虽然公司章程对公司内的主体具有约束力，但并不能因此认定公司章程具有法律规范性。[4]亦有观点认为"章程与由国家立法机关制定的法律、行政法规或规章迥然不同"，将其当作公司法的渊源极为不妥。[5]持肯定说观点的学者不在少数，理由有以下几种：如公司章程（契约性）为法源的表现形式，"契约或协约对参与意

---

[1] 郭富青："公司创制章程条款研究"，载《比较法研究》2015年第2期。

[2] 所谓缺省性规则或者"赋权型"规则，是指由公司参与者依照特定方式采纳的，被赋予法律效力的规则。Eisenberg, M. A., "The Structure of Corporation Law", *Columbia Law Review*, 7 (1989), 1461.

[3] [美] 弗兰克·伊斯特布鲁克、丹尼尔·费希尔：《公司法的经济结构》（中译本第2版），罗培新、张建伟译，北京大学出版社2014年版，第4、59页。

[4] 王泽鉴：《民法总则》（增订版），中国政法大学出版社2001年版，第183页。

[5] 刘俊海：《股份有限公司股东权的保护》，法律出版社1997年版，第27~28页。

思表示者有规范上的说理,因此,契约或协约也是一种法源",[1]又如"公司章程(2005年《公司法》修订后)真正成为公司法的替代性规则和裁判法源";[2]再如"早期的公司立法直接吸收公司章程中的成熟经验……章程自治行为的法律化——产生了公司法"。[3]有日本学者直接将公司章程视为公司法的渊源。[4]英美法学者在追溯其公司法发展沿革的研究中发现,公司脱胎于合伙组织,公司章程发轫于合伙契约,[5]公司法的原则与规则是逐渐从合伙法中发展分离出来的,正因契约是合伙的规范模式,所以公司章程(契约性)应当是公司法的法源。[6]

公司作为独立的市场主体能够在合法的范围内,依据自己的意志和需求创制公司章程条款,这是充分实现私法自治(意思自治)与尊重公司制度存续的基本保障。市场主体为适应复杂的市场经济环境,在设立目的、所有权结构、治理模式、行为偏好上都存在很大的差异。如果能够允许市场主体在合法的范围内通过章程设计出符合自身需要的各种特殊条款,同时又能够在市场环境改变时,允许公司及时顺应变化对自身条款进行调整,对内外部关系等方面作出合理的制度安排,不仅会使得公司的发展获得

---

[1] 黄茂荣:《法学方法与现代民法》(第5版),法律出版社2007年版,第14页。

[2] 钱玉林:"作为法源的公司章程:立法表达与司法实践",载《中国商法年刊》2010年第0期。钱玉林:"公司章程对股权转让限制的效力",载《法学》2012年第10期。同样认为是裁判法源的,还可见刘俊海:《现代公司法》(第3版),法律出版社2015年版,第53页。

[3] 蒋大兴:《公司法的展开与评判:方法·判例·制度》,法律出版社2001年版,第286页。

[4] [日]堀口亘:《会社法》,国元书房1984年版,第3页。

[5] [美]拉里·E.利伯斯坦:《非公司制组织的兴起》,罗培新译,法律出版社2018年版,第34页。

[6] Davies, P. L., Worthington, S., Gower, L. C. B., *Gowers Principles of Modern Company Law*, London: Sweet et Maxwell, 1987, P. 218. 参见葛伟军:《英国公司法要义》,法律出版社2014年版,第16页。

更大的自由和空间，也使得公司制度乃至公司法的创新与发展得到了保证。就像契约论者所描述的，公司法应当是开放式的"合同"，在这种"合同"形式下，公司法的规则应当是对"缔约者"的补充，而非直接替代"缔约者"。换言之，公司法应具有谦抑性和适应性的品格。诚然，无论是应然还是实然层面，契约自由原则在公司法中的适用都是有限度的。换言之，在公司法中适用契约精神，具有边界性的品性。它将公司历史演进中沉淀下来的市场智慧，转化为具有边界性的公共产品，同时为了保持适应性的品格，它又允许公司及其成员作出"选掉"公司法规则的安排。[1]

三、公司自我创设章程条款的法律空间

（一）从价值层面考察公司自我创设章程条款的法律空间

对公司法理论进行研究，首先需要面对的问题，即公司为何存在，股东为何需要建立公司。无论是霍布斯、洛克与卢梭等的社会契约论，还是科斯以及诺斯的产权理论，均对此作出了重要的回应。其次，股东通过公司章程自治对公司各项事宜作出安排，在带来更多一致性收益的同时，还存在利益分配问题，甚至是利益冲突。因此需要一定的原则、规则来指导利益之间的选择，达到一定的份额分配平衡。[2]这种利益分配实际上是一种不同主体间的博弈，这种博弈需要遵循怎样的价值位阶要求抑或受到怎样的原则指导，均需得到明确。

民法作为私法的支柱，主要关注的是人的本体，民法的精神主要是源于人人平等的自然伦理法则。而商法则以获取经济效

---

[1] 罗培新："公司法强制性与任意性边界之厘定：一个法理分析框架"，载《中国法学》2007年第4期。

[2] 龚群：《罗尔斯的政治哲学》，商务印书馆2006年版，第19页。

益、推动经济发展为优先导向，鼓励私人在商事领域对收益的最大追求，因此伦理性的人人平等并非商法的首要法则。换言之，民法更注重公平价值，而商法更倾向于效率价值，与此同时，它们又共同遵循着自由价值的指导，以上是国内学界的基本共识。然而，商法的价值对社会的发展也并非不存在消极作用，市场经济会引发市场主体追逐利益最大化，商事价值的相应扩张会严重冲击社会伦理。因此，需要借助民商合一立法体系下的民法，发挥其调整功能，以此消除商法的负面性。[1]这就印证了我国《民法典》编纂过程中，没有单独制定"商事通则"或"商法总则"，而是通过《民法总则》发挥民商法共同的总则效力的做法。一方面，《民法总则》需要容纳商事伦理价值；另一方面，对于商事规范空白的情形，也往往需要回溯到《民法总则》中去。

鉴于此，需要对公司法的基本原则进一步进行考察。国内有学者认为各个部门法都应该有其基本原则，公司法也应当如此，借以体现其基本价值观念。[2]根据民商合一与民商分立的不同立场主张，学界主要有两种类型的公司法原则划分：一类与民法原则相较差别不大，例如将公司法的原则归纳为：利益均衡原则、分权制衡原则、自治原则、股东平等原则、股东有限责任原则等。[3]另一类则根据公司法自身价值进行归纳：商主体严格法定原则、企业维持原则、保障交易自由、简便、迅捷原则和维护交易安全原则等。[4]正如前文所述，我国的民商事立法体系采取的

---

[1] 范健："民法典编纂背景下商事立法体系与商法通则立法研究"，载《中国法律评论》2017年第1期。

[2] 雷兴虎主编：《公司法新论》，中国法制出版社2001年版，第48页。

[3] 张景峰："论公司法的基本原则"，载《河南师范大学学报（哲学社会科学版）》2002年第3期。

[4] 范健："我国《商法通则》立法中的几个问题"，载《南京大学学报（哲学·人文科学·社会科学）》2009年第1期。

是民商合一体例,《公司法》当然地遵循《民法总则》所确立的原则。[1]所以,对于公司章程防御性条款制度,创制或修改公司章程条款显然是自愿原则(意思自治)的直接表现。进一步说,以保护某一类公司成员利益为出发点的公司章程防御性条款应是自愿原则、公平原则与平等原则及其背后的自由价值的映射,但同时又不能触碰其他法律原则的底线。这与公司法乃至民商法体系的价值要求是一致的。此外,公司章程防御性条款所反映的价值并不是非此即彼的单一取向,而是在意思自治的基础上还承载着其他原则,如以公平为目的,通过章程自治设计相应的条款以平衡公司成员的利益。可见,从与法律相得益彰的价值体现来看,公司章程防御性条款的法律空间是开阔的。当然,这个空间并不是无限的,其边界就是后文所需要讨论的。

价值分析对于公司章程防御性条款制度也是不可或缺的,或言之,寻找该法律制度的"合理边界"需要价值分析的指导。正如日本学者北川善太郎所言:"法律制度是事实、逻辑与价值的结合体。"[2]对此可以借鉴"利益衡量理论"区分层次结构的分析方法来考察具体的"利益分配问题"。[3]所谓层次结构,即在具体实践中解析主体的具体利益、群体利益、制度利益和社会公共利益四个不同层次。若要在法律体系中搭建公司章程防御性条款的框架,首先要探析不同公司章程设计中蕴含的不同规则,即具体利益;而这些不同的规则背后隐藏着不同的原则及价值,反

---

[1] 详见《民法总则》第4条至第9条所确立的平等原则、自愿原则、公平原则、诚信原则、守法与公序良俗原则以及绿色原则。

[2] [日]北川善太郎:《日本民法体系》,李毅多、仇京春译,科学出版社1995年版,第3~4页。

[3] "利益衡量理论"在我国最早见诸日本学者加藤一郎的论文"民法的解释与利益衡量",同时梁慧星教授也介绍该制度进入我国学界视野中。参见梁慧星主编:《民商法论丛》(第2卷),法律出版社1994年版。

映了一类或多类公司成员的利益,即群体利益;这些不同的规则和原则及其反映的价值形成了不同性质的法律制度,即制度利益。[1]有观点认为需要重点关注制度利益问题,一方面,每一种法律制度都包含着特殊的制度利益;另一方面,它联结着具体利益、群体利益与社会公共利益。[2]实际上,从具体利益到制度利益的前三个层次往往是公司法基本价值追求的反映,而社会公共利益层面则时常可以对应到整个民商法体系或者说《民法总则》所确立的框架中。

总而言之,从价值层面分析,公司章程防御性条款是符合公司法的价值追求以及民商法体系的价值要求的。同时也有必要通过价值分析方法来构建公司章程防御性条款制度的"合理边界"。

(二)从规范层面考察公司自我创设章程条款的法律空间

1. 基于比较法上的考察

在大部分大陆法系国家及受其影响的立法例中,公司章程指公司存在的一种书面文件(如法国、日本、韩国和我国)。在英美法系国家的立法例中,立法通常要求公司章程表现为两个文件,如美国分为设立章程与组织章程;英国亦有章程大纲与章程细则之分。

大陆法系根据事项在章程中的地位和效力,将公司章程记载事项分为三种类型,即必要(绝对)记载事项、相对必要记载事项和任意记载事项。必要(绝对)记载事项一般都是与公司设立或与公司组织活动等与公司外部关系存在重大影响的基础性事项,因此公司法往往要求其必须记载于章程中。必要(绝对)记载事项只是对事项类型进行了限制,对于事项的具体内容并没有

---

[1] 梁上上:"制度利益衡量的逻辑",载《中国法学》2012年第4期。
[2] 梁上上:"利益的层次结构与利益衡量的展开——兼评加藤一郎的利益衡量论",载《法学研究》2002年第1期。

强制性要求，[1]如《法国商法》第 L210-2 条和《日本公司法》第 27 条。相对必要记载事项是指法律所列举的一些事项，这些事项由公司股东（往往为创始股东）作出是否纳入公司章程的决定，这些事项一经纳入即生效，若该记载事项违法或未写入章程，不对章程整体效力产生不利影响，如《德国股份公司法》第 24 条、第 26 条和第 27 条。任意记载事项是指法律上并没有明确要求或规定的一些事项，由公司股东（往往为创始股东）在不违反任何法律法规的前提下所选择记载的事项。在大陆法系国家，公司章程将公司各事项囊括其中，公司法对公司章程及其相关内容的规定显得广泛具体、繁杂详尽。以德国为例，《德国股份公司法》第 23 条是关于设立股份公司是公司章程应具备内容的规定，而根据《德国有限责任公司法》第 3 条规定的公司合同，有限责任公司则是以公司合同而非公司章程来进行规范。如此规范设计意味着更尊重设立者的意思自治。[2]实际上，作为当今德国公司法基础的 1965 年《德国股份公司法》第 23 条第 5 款规定，如果法律允许，公司章程可以不按法律确定的模式而制定。并在 1993 年修订《德国股份公司法》时，对股份有限公司的规则作了进一步的扩充，包括公司的合并、解散和公司变更等方面的条款，减少了过多的管制，如针对市场保护的条款，增加了公司的自治，此次修订更多的是涉及技术性的问题而非结构性的问题。

  英美法系采取了强制性记载条款和任意性记载条款二分法。在英美法系公司法立法例中，章程大纲通常规定公司外部关系，一般仅涉及公司状态的必要对外表征，内容固定、简单且明确，是作为公司设立的必备法律文件。公司法往往会对这部分内容进

---

  [1] 赵旭东主编：《公司法学》（第 2 版），高等教育出版社 2006 年版，第 179 页。
  [2] 朱慈蕴："公司章程两分法论——公司章程自治与他治理念的融合"，载《当代法学》2006 年第 5 期。

第一章 公司章程防御性条款的基础理论

行直接规定和限制，多表现为强制性记载条款，以方便政府和公众对其监督及问责。章程细则则主要涉及公司内部的管理决策等内部事务，如公司的所有权结构、公司治理、公司成员的关系等，由于主要涉及公司内部事务，一般也不需要核准登记，立法较少进行干预，多表现为任意性记载条款。此外，虽然存在示范性的章程细则，但公司依然可以对其条款进行自主选择。[1]关于强制性记载条款，英美公司法呈现出简化的倾向，赋予公司更多的自由空间。从1998年初到2006年末，英国公司法改革活动的公司法审议指导小组在《总结报告》中说明："公司法首先应当是赋权性和便利性的（有利于商业交易，使得交易者感到便利）……以便于（公司成员）采取最优的可能促进相互利益和有效生产的方式安排和事务管理……"[2]再观美国，各州公司法原来大都对公司设立章程的必要记载事项作了较多要求，而如今已经取消了上述大多数条款的要求。[3]此外，对《美国标准商事公司法》第2.02节关于公司章程记载事项的立法沿革进行观察，可以发现1990年与1998年两次修订均对公司章程自治的空间进行了拓展。[4]实际上，美国法向来注重企业自治，在19世纪末

---

[1] 如英国为公开公司准备了示范性章程细则"表A"，这可以被认为是一种补充型规则。

[2] Department of Trade and Industry, The Company Law Review Steering Group, "Modern Company Law for a Competitive Economy: Final Report", pp. 10~14.

[3] 如今必要记载事项仅要求如公司名称、发行股票数量、公司注册所在地、设立人的信息等。参见余倩倩："公司章程相对必要记载事项研究"，中国政法大学2012年硕士学位论文。

[4] 1990年《美国标准商事公司法》通过第2.02节第（b）款第（4）项，授权公司章程可以就减轻或者限制董事对公司或者股东的责任作出规定。1998年《美国标准商事公司法》第8.31节承认董事可以根据第2.02节第（b）款第（4）项提出抗辩。See Model Business Corporation Act 1986—1990, 载https://www.americanbar.org/publications/the_business_lawyer/find/find_by_subject/buslaw_tbl_mci_mbca8690/shtml, 最后访问时间：2018年12月9日。

和20世纪初就出现了公司法的自由化高潮,[1]各州公司法竞相降低对公司的限制性要求,其民主化与自由化达到了美国历史上前所未有的高度,也奠定了美国现代公司法自由发展的基础。[2]

2. 基于我国立法实践的考察

对我国《公司法》的立法沿革进行考察,可以发现我国《公司法》于1993年公布正在进行第六次修改,2005年、2013年分别进行了较大规模的修订(正),尤其是2005年修订的《公司法》,对公司章程自治作出了跃进式的扩张。具体而言,我国1993年《公司法》没有为公司自由地制定章程提供多少空间,用法学界和法律界共识性的语言来讲,就是公司章程缺乏所谓的个性。[3]1993年《公司法》第11条规定"设立公司必须依照本法制定公司章程",2005年《公司法》则对此作出了修订,即"设立公司必须依法制定公司章程"。"依照本法"与"依法"看似仅仅两个字的差距,然而其词义大相径庭,1993年《公司法》不允许公司章程排除成文法的适用,而2005年《公司法》则为股东自由制定公司章程,抑或公司章程排除公司法的适用打开了一扇便捷大门。[4]学界对此多有赞誉,评价这一修改"处处虑及公司参与方之谈判空间,大大拓宽了任意性规范之适用范围"。[5]由此,笔者对《公司法》的公布、两次重大修订(正)以及当下最新法律条文中的任意性规范表述与强制性规范表述进行了统计,详见表1和表2:

---

〔1〕 正如美国学者所言:"这一发展在20世纪头20年的一系列判决中达到顶点……" Herbert Hovenkamp, *Enterprise and American Law*, Cambridge: Harvard University Press, p. 60.

〔2〕 韩铁:"试论美国公司法向民主化和自由化方向的历史性演变",载《美国研究》2003年第4期。

〔3〕 钱玉林:"公司章程'另有规定'检讨",载《法学研究》2009年第2期。

〔4〕 钱玉林:"公司章程'另有规定'检讨",载《法学研究》2009年第2期。

〔5〕 罗培新:"公司法强制性与任意性边界之厘定:一个法理分析框架",载《中国法学》2007年第4期。

表1 1993年、2005年、2013年、2018年《公司法》任意性规范类型统计表

	任意性规范表述	1993年《公司法》	2005年《公司法》	2013年《公司法》	2018年《公司法》
赋权型规则	"可以"	60处	88处	86处	87处
	"由公司章程规定"	10处	11处	11处	11处
	"公司章程规定的"	5处	10处	13处	13处
	"依照公司章程的规定"	0处	5处	5处	6处
	"经股东会或者股东大会决议,还可以"	0处	1处	1处	1处
赋权型规则	"有符合公司章程规定的"	0处	0处	2处	2处
分计		75处	115处	118处	120处
补充型规则	"全体股东约定……的除外"	0处	1处	1处	1处
	"公司章程另有规定的除外"或"公司章程……另有规定"	0处	5处	5处	5处
分计		0处	6处	6处	6处
总计		75处	121处	124处	126处

— 027 —

表2 1993年、2005年、2013年、2018年《公司法》强制性规范类型统计表

强制性规范	强制性规范表述	1993年《公司法》	2005年《公司法》	2013年《公司法》	2018年《公司法》
强制型规则	"应当"	136处	178处	177处	178处
	"不得"	59处	67处	60处	60处
	"必须"	46处	29处	27处	27处
总计		241处	274处	264处	265处

需要特别说明的是,以上统计仅仅是对带有明显任意性或强制性规范表述语词或语句的统计。纵观《公司法》的立法表述,不乏用语表意模糊或者性质不够清晰的法条,这对直接判断其条款属性带来了阻力。其一,存在未使用清晰表达规则属性的语词或语句;其二,存在着语词错配的情况。例如,2018年《公司法》第152条关于股东对管理层违法违规诉权采取了"可以"的表述,如果仅简单通过文义解释认定可以通过章程排除对公司管理层的诉讼问责,显然存有不妥。[1]对于以上具体法律条文,将在后文展开具体论述,此处不赘述。

由表1可见,1993年《公司法》中"可以""由公司章程规定""公司章程规定的""依照公司章程的规定""经股东会或者股东大会决议,还可以""有符合公司章程规定的"等赋权型规定,以及"全体股东约定……的除外""公司章程另有规定的除外""公司章程……另有规定"等补充型规则总计75处。而作出章程自

---

[1] 有学者认为2005年《公司法》第152条即现行《公司法》第151条中的"可以"同样属于上述情况。参见罗培新:《公司法强制性与任意性边界之厘定:一个法理分析框架》,载《中国法学》2007年第4期。笔者采取立法解释的方法,认为现行《公司法》第151条的"可以"应当指代提请诉讼的前置条件,而不是非黑即白地肯定或否定诉讼权本身。

治重大调整的2005年《公司法》将任意性规范激增到了121处，其中2005年《公司法》首次引入了5个公司章程可以排除公司法适用的"另有规定"的规范。[1]有学者评价这5个条文虽然数量不多，但是价值不容小觑，因为它为股东自由制定公司章程打开了一个缺口。[2]2013年《公司法》和2018年《公司法》少量增加，分别为124处和126处。以上这些任意性规范的表述出现在了公司利润分配、内部治理结构、公司对外担保权限的配置等规则中。

观察表2可知，1993年《公司法》中"应当""不得""必须"等总计241处。1993年《公司法》条文总共230条，2005年《公司法》对其进行的"大手笔"调整，包括删除46条、增加41条、修改137条，而2005年《公司法》的全部条文有219条。然而，与法经济学关于商事自由思维不同的是，2005年《公司法》在大幅增加任意性规范且条文总数减少的情况下，其强制性规范不减反增。其修订一方面开拓了公司自治的空间，另一方面并没有放弃商事组织法的职能，在公司设立登记、控股股东和高管人员的责任承担、公司人格滥用之避免、公司社会责任之承担、公司工会的组织建设等方面，设定了大量的强制性条款。[3]2005年《公司法》中"应当""不得""必须"等共计274处。2013年《公司法》又针对商事登记相关事项作出了12处规定，即三个方面的修正，[4]着实减少了强制性规范并相应增加了任意

---

[1] 如我国2005年《公司法》第42条第1款、第43条、第50条第2款、第72条第4款、第76条。其中第76条为新增法条，其余4条对1993年《公司法》相应条款作出了修订。

[2] 钱玉林："公司章程'另有规定'检讨"，载《法学研究》2009年第2期。

[3] 罗培新："公司法强制性与任意性边界之厘定：一个法理分析框架"，载《中国法学》2007年第4期。

[4] 可概括为三个主要方面：将注册资本实缴登记制修改为认缴登记制、取消注册资本最低限额和现金出资比例要求、简化公司登记事项。

性规范的内容。2018年《公司法》又对股份回购的规定进行了修改，在增加了强制性规范的同时，又增加了2013年《公司法》原第142条不具有的任意性规范内容。[1]

毋庸讳言，从1993年《公司法》到2018年《公司法》的发展沿革可以看出，公司自治从训示性的特质走向了实践性的品格，成为一个存在于公司规范中、具有自治性内在价值的体系。基于公司章程自治进行的公司条款个性化设计，无疑已经超出了一般法律文本的意义，具有了更为广阔的法学内涵。

四、对公司章程事项调整的制度基础

（一）对公司章程事项调整的效力来源

有观点认为"公司章程只能在公司法授权的范围内对涉及公司内部管理的事项进行自治"。[2]这与我国学界对于股东自治抑或公司自治的传统态度相一致，正如江平教授对公司自治所作的三层意思分析中所强调的，"……第二层意思是现代企业是章程企业，它靠章程来维系，在计划经济下国家靠指令性计划和上级主管部门来约束企业行为……第三层意思是自治企业要独立于政府，没有上级领导机构一说……"[3]由此可见，我国学者对"公司章程自治"的解释主要从强调公司作为独立主体不受过多干预的角度展开。这呼应了段首观点，两者具有相似的思维进路，即认为公司的权力、权利源自法律的授权，因此"公司章程需要在法律授权的范围内进行自治"。实际上，公司章程抑或股东自治并不必须得到公司法授权。首先，公司的实质是股东的投资工

---

〔1〕 第142条第2款新增"可以依照公司章程的规定或者股东大会的授权"。

〔2〕 王建文、孙清白："论公司章程防御性条款的法律效力"，载《南京师大学报（社会科学版）》2014年第5期。

〔3〕 江平："公司法与商事企业的改革与完善（五）"，载《中国律师》1999年第6期。

第一章　公司章程防御性条款的基础理论

具,换言之,公司股东具有企业收益的剩余索取权,为所有者权益的承担者。因此,公司自治应当优先表现为股东自治,公司自治的权利来源并非法律,而是更接近股东"所有权"权利的一种延伸。其次,虽然通说认为公司法为具有公法性质的私法,但究其本质依然是私法。因此,通过契约理论解释公司性质,可以得出一项当然的解释:股东利用公司章程进行自治的规则应依据"在私法领域中,法无禁止即自由"的理解进路,而公司法中的强制性规则更多地被作为公司自治的边界或底线。

综上所述,通过公司章程进行的公司自治是存在底线的,亦即公司章程防御性条款的效力需要受制于公司法中的强制性条款。正因为公司自治衍生于股东的权利,股东对自身的权利进行调整才具有了正当性基础。简而言之,在不触及公司强制性规范的底线的情况下,公司章程防御性条款是有效的。

(二) 对公司章程事项调整的界分:限制的界定

从《公司法》第 20 条对权利滥用损害其他股东利益的禁止性规定中,可以发现股东相互之间的权利空间并不是无限的。由此,在一定的权利空间内,对一方权利的调整必然会影响相对方的权利行使空间。换言之,一方权利受到限制,另一方的权利就会相应获得扩张,对大股东的权利作出限制,必然会更易实现中小股东权益的保护。因此,为避免论述冗长,下文选取权利限制的角度展开探讨。

所谓限制,其中文字义作为动词是"不让超过……的界限",作为名词是"规定的范围"。在哲学领域中,亚里士多德称"限制"为"是每一事物的末点,在这一点以外,再不能找到这事物的任何部分,在这一点以内,能找到这事物的每一部分……"[1]

---

[1] [古希腊] 亚里士多德:《形而上学》,吴寿彭译,商务印书馆 1959 年版,第 107 页。

由此，对股东权利的限制乃是对股东权利的空间延展进行划界，将股东的特定权利规定在一定的范围内。根据设定限制的主体将股东权利限制分为行政限制、立法限制与股东自我限制三种类型。以公司限制来源于公司内还是公司外作为标准，又可以将股东权利的限制区分为两种：一种为外部制约机制，即受到来自公司法强制性法律的限制，以及国家行政机关与司法机关的公权力的监督与干预，亦即行政限制与立法限制。另一种为内部制约机制（自治限制），即通过公司章程防御性条款安排对某些股东权利作出限制，以此达到公司内部治理结构的互动与制衡。就公司内外两种机制的关系而言，内部机制是外部机制存在的基础，外部机制通过内部机制发挥作用。后者是为克服法人治理结构——"公司运作的自我调节机制"之局限性而存在，例如司法程序保障对内部机制能够起到恢复运作或替补的作用。[1]此外，限制并非总是独立且自发地执行，根据德国制度经济学者沃依格特的陈述，"许多约束机制都以一个（独立的）第三方的存在为前提，该第三方能够对违背承诺的情况作出监督与惩罚"。[2]因此，对于股东权利的限制，除了行政限制外，立法限制与股东自我限制往往需要借助司法手段才能实现有效的监督与惩罚。在我国公司法的法制发展沿革中，从1993年《公司法》向2005年《公司法》的过渡中可以发现，对于公司内部性事项，国家由行政行为向公司法立法的限制手段转变，再由纯粹强制性立法向柔性立法发展，为公司的设立与经营提供了稳定且可期的制度规范以及良好的参考模板和纠纷解决途径。表现如前文所述，2005年《公司法》修订前对于公司内部事务如公司章程内容往往存在较多的强

---

[1] 缪剑文："公司运作的司法程序保障初探"，载《法学》1998年第5期。
[2] ［德］斯蒂芬·沃依格特：《制度经济学》，史世伟等译，冯兴元、史世伟统校，中国社会科学出版社2016年版，第68页。

制性规范；对于公司章程违法行为，多采取撤销登记的行政制裁手段。而 2005 年《公司法》的修订，带来了众多赋权性的新增条款。

市场经济与公司制度较为发达的国家的规定，往往表现为减少国家对市场经济的限定。国家在市场经济中仅发挥最低程度的保护作用，充当"守夜人"或"仲裁员"的角色。这些国家仅制定必要的法律规则维护市场的公平与秩序，对违反法律的行为进行制裁，以保证市场经济的运行效率。但公司在经营过程中无可避免地会涉及第三人利益和公共利益，此时国家则通过信息披露及其管理、职工参与等制度，将行政干预渗透进公司的经营管理中。所谓行政机关对公司经营管理的干预，主要限于公司的各项登记管理以及股份有限公司的股票发行、交易监管两个方面。以上监督与干预是从外部性的角度对公司进行管理，虽然有益于提升公司治理结构的有效性，但并不能直接调整公司内部各主体间的利益平衡。因此，公司的行政限制不作为公司章程防御性条款规则的主要探讨范畴。通过以上说明，法律往往划定了规则底线，在底线之上，股东可以自由发挥其股东权利，甚至根据股东权利为自己设置限制——作为行为约束的框架。综上所述，法律底线之上与股东约定框架内的空间，为真实的股东权利的范围。

第三节　公司章程防御性条款的功能

一、限制资本多数决的滥用

防御性条款的制度价值体现在可限制资本多数决的滥用，并强化公司章程自治。众所周知，资本多数决这一机会削弱中小股东对公司事务的决策权，甚至还存在被滥用的危险，导致股东会流于形式。因此，如何限制资本多数决的滥用就成了保护少数派股东利益的应有之义。对此，可以从立法保护和司法保护两个方面进行检验。

在立法方面，各国公司法都存在着防止资本多数决滥用的规则及其适用的刚性表现。其一，对表决权的限制。根据1982年《意大利商法》第157条的规定，股东持股在100股以下时，每5股享有一个表决权，而持股在100股以上时，每20股才有一个表决权。[1]其二，需要满足一定前置条件才可以适用的限制规则，如异议股东回购请求权，股东派生诉讼等。[2]在存在主体资格限制条件的情况下，未满足条件的股东甚至面临着行权困难的窘境。

在司法实践方面，司法介入往往是适度且克制的，一般以合法性审查为原则。具体表现在，对于股东会决议，仅针对决议程序与内容进行合法性审查，而对于其合理性或妥当性则不予审查。[3]尽管我国《公司法》第20条禁止滥用股东权利的规定，可以对资本多数决滥用起到一定的限制作用，然而并非任何对中小股东不利的公司决议都应当被认作是资本多数决滥用，法院在进行合理性或适当性审查的时候，依然要基于商业判断原则进行考量。

针对以上情况，可知公司章程防御性条款可以在一定程度上弥补上述立法与司法中的缺憾。一方面，公司章程防御性条款可以由公司全体股东自由选择是否采用。在适用上不设门槛，理论

---

[1] "表决权限制制度"，载https://wiki.mbalib.com/zh-tw/%E8%A8%E5%86%B3%E6%9D%83%E9%99%90%E5%88%B6%E5%88%B6%E5%BA%A6，最后访问时间：2019年3月15日。

[2] 一些国家往往会对股东的持股期限作出限制，如德国、日本；一些国家则会对持股数量作出限制，如法国。

[3] 范黎红："大股东滥用资本多数决进行增资扩股的司法介入"，载《法学》2009年第3期。

上任何股东都可以依靠防御性条款限制资本多数决的滥用。[1]另一方面，公司章程防御性条款的内容能够根据利益诉求进行个性化设计，覆盖的决议事项也更广泛，在不触犯强制性规范的前提下能够极大地满足条款设计者的利益。综上，公司章程防御性条款可以发挥出显著的限制资本多数决滥用的效果。

二、强化公司章程自治

公司章程防御性条款在公司章程自治方面具有强化制衡机制的正外部性内部化和灵活化功能。公司章程作为公司这一组织形式的核心，在现实中收益不甚理想，并没有发挥其应有的作用，资本多数决滥用和管理层滥权的问题比比皆是。

公司法立法也未能积极引导公司及其股东通过公司章程约束、控制股东滥用表决权的行为，这表现在缺少细化的公司治理规范和缺失引导填补章程漏洞的规范两个方面。此外，公司设立者或初始股东在作出公司设立、章程设计以及修改行为时，因未足够考虑中小股东利益，反倒产生损害其他（中小）股东利益的负外部性。对此，公司章程防御性条款可以在内部规范的角度下，就股东利益保护产生正外部性，并有可能进一步将正外部性内部化。一旦在公司章程中加入防御性条款的设计，对公司内部所保护的主体（如某一小股东）会产生收益，而对于其他存在于该主体类型内的个体（如"中"股东或其他小股东），亦会附加产生正外部性。正是因为对某一类公司成员（如中小股东）的利益保护变成公司最高自治规则，从而具有了长期性。在存在防止权利滥用的机制下，又会鼓励这类公司成员积极正当参与公司治理与行权，由此外部性又有了实现内部化的可能。另外，对诸如

---

[1] 王建文："论我国引入公司章程防御性条款的制度构造"，载《中国法学》2017年第5期。

控制股东等防御"对象",也会为其带来正外部性。因为就某次公司决议这样的短期甚至是单次的博弈来看,往往表现为零和博弈,即短期行为具有负外部性。但是设计于公司章程中的条款,往往并不存在适用次数上的单一性,一旦进行长期多次博弈,短视行为自然会被排斥而产生追求长期收益的行为。

公司章程自治使得章程条款具有更贴合公司股东意志的灵活性功能。所谓章程内容的灵活化,体现为公司设立人或股东可以对公司条款进行个性化的设计,调整公司法对公司章程内容所要求的相对必要记载事项和任意记载事项,以及取代并排除缺省性规范的规定。公司章程防御性条款不是拘泥于公司法的非强制性安排,而是基于特定(类别)公司主体的需求而作出的对自身利益的保护性设计,其涵盖了我国《公司法》第43条第2款所列举的特别决议事项以及其他公司重大事项决策、董监高人选及其职权与责任承担等内容。[1]由此可见,公司章程防御性条款所涉及的事项,在内容设计上具有极大空间,在一定程度上强化了章程自治。

三、平衡公司不同成员间利益

为了实现有限资源的有效配置,需要通过多种手段促使公平与效率达到均衡,进而能够平等、合理地分享收益,正所谓利益冲突的平衡并不等于利益冲突的消灭。因此,规则(如法律)只能在利益衡平中对一种利益给予较其他利益更加适当的从低保护,如对其中任何一种利益完全予以否定,并不符合社会生活的正常状态,而且简单化否定的做法很可能损害具有普遍性的共同利益。[2]

---

[1] 如我国《公司法》第37条第1款、第99条等规范内容。
[2] 何自荣:"论法律中的利益衡平",载《昆明理工大学学报(社会科学版)》2008年第10期。

第一章　公司章程防御性条款的基础理论

基于公司章程防御性条款的词义可以找到三个方面的解读。其一，防御作为手段与目的，显然具有对利益平衡进行再调整之意，体现出公司章程防御性条款鲜明的价值导向性。其二，公司章程防御性条款必然具有防御对象，即为了保护特定利益而被"牺牲"的利益。其三，公司章程防御性条款所影响的公司内主体具有广泛性。设立防御性条款的主体以及利用防御性条款的主体可以是多样的，换言之，各公司成员都有可能在公司章程中加入保护自己利益的规则，并且其他成员也可以利用这些规则进行自我保护；另外，受保护主体与被防御主体的身份在一定条件下还可能互换。综上，公司章程防御性条款能够满足不同设置主体的利益追求，从而发挥利益在不同主体间的调整与平衡作用。

四、降低权益保护的代理成本

从法律漏洞填补的视角来看，将公司章程防御性条款在法律规范层面进行制度构建能够有效降低特定公司成员利益保护的代理成本。根据"不完备合约"理论，类似于公司章程这种调整长期发生的复杂关系的合同，不可能是完备的。[1]因此，在合同签订时无法预见的或可以预见但因某些原因未规定于合同之中的事情，可以通过颁布新规则予以应对，以降低代理成本。

在未颁布新法律的情况下，法院也可以通过解释公司章程中私人订立的合同条款来填补这些漏洞。然而，从大量的案例中可以发现，在法律未明确对该类条款设计的效力进行肯定前，法院往往会采取谨慎甚至保守的态度，并且对采取同样章程设计思路或者方式的条款倾向于作出相同的解释。对于以上情况，如果将该类特殊的章程条款在法律规范层面进行制度构建，赋予其成为

---

[1] See Coase, R. H., *The Firm, the Market and the Law*. Chicago: University of Chicago Press, pp. 26~38.

在标准章程外的另一套标准化体系的地位,那么采纳标准化体系的公司就会从法院的解释中收获利益,[1]也就意味着特定公司成员利益能够得到更好的实现。此外,根据共同进路激励所带来的网络效应,防御性条款一旦实现在法律规范层面的肯定,将会使得采纳这类章程条款设计的公司产生大量先例,而这些先例会触发生生不息的漏洞填补活动,更进一步地促进制度的完善,最终不断降低特定公司成员利益保护的代理成本。[2]

第四节 公司章程防御性条款的类型化

类型在商法体系的建构中具有重要的意义,对公司章程防御性条款的类型化研究,应当围绕其功能核心,即公司股东对决议产生影响的关联要素进行抽象归纳,同时整合现行法律规则进行确定。诚然,类型是抽象商事规则的基础,但理论建构的类型无法穷尽所有情形,笔者在类型化建构中难免出现空白的情况,但可以借助"趋近调整"以及法律基本原则回溯的策略予以应对。

一、类型化标准:公司决议的影响因素

本章伊始作出的公司章程防御性条款定义,就对公司章程防御性条款的目的与手段进行了明确。对此,围绕公司章程自治中对公司决议产生影响的手段因素进行类型化区分:一类为"达到公司中权力与权利配置调整",另一类为"决议形成与变动机制调整"。前者主要为对与公司决议相关的实体权利的调整,后者

---

[1] Ayres, I., Easterbrook, F. H., Fischel, D. R., "Making a Difference: The Contractual Contributions of Easterbrook and Fischel", *The University of Chicago Law Review*, 3 (1992), 1391.

[2] Kahan, M., Klausner, M., "Standardization and Innovation in Corporate Contracting (Or 'The Economics of Boilerplate')", *Virginia Law Review*, 4 (1997), 713.

第一章　公司章程防御性条款的基础理论

主要为对公司决议产生的相关程序进行调整。

笔者将以上两个类型称为公司决议实体权利事项与公司决议程序性事项。有必要作出说明的是，公司成员如股东所具有的实体性权利与程序性权利为一对关联概念，公司决议的实体性事项与程序性事项为相互关联且对应的概念。前者乃基于权利主体是直接享有具有实际物质或精神意义的固有权利，还是享有基于某项权利实现而派生出的权利为标准进行的分类；后者乃基于公司相关会议决议内容本身抑或公司决议所需程序性事宜进行的区分。由于分类标准不同，导致这对概念本不应直接关联。若从一项公司决议通过所涉及的要素上进行路径探索，能够发现一项"准公司决议事项"[1]是否能够得到通过，可以总结为两部分：其一是决议的产生。主体参与会议以及提出议案，甚至能否参与议案的讨论并根据自身权利决定议案的命运，此为某一公司决议得以存在的前提。此部分涉及相关主体是否具有相应的实体性权利以及权力大小的问题。其二是决议的通过。一项议案被提出需要怎样的组织程序才能获得通过并成为一项有效的公司决议，亦即从会议的召集通知到议程中的一项议案的表决机制，以及该议案的决议形式与最终通过，这一过程所涉及的主要事项可归为程序性问题。下文即基于这两个方面对公司章程防御性条款进行自治性设计，以实现特定的权益保护目标。

二、公司决议实体权利事项

（一）实体权利事项的内涵

我国公司法对股东的权利并没有进行集中列举，除了在《公司法》第4条的位置特别强调"资产收益、参与重大决策和选择

---

[1] 即尚未得到通过又未得到提出的，可能交由公司股东会（董事会）讨论并有可能通过的提案。

管理者等权利"三项基本权利,其他股东权利都散见于《公司法》各条文中。对于管理者的选择,往往需要通过公司作出相关决议,为方便后文论述,笔者认为可以将选择管理者的权利(提名权)吸收进参与重大决策的权利中(如提案权)进行讨论。在公司章程防御性条款的范畴内,所谓实体性事项,即股东所享有的与公司决议相关的实体性权利。因此,笔者将公司决议实体性事项主要与重大决策参与权进行关联。[1]换言之,公司决议实体性事项是一项公司决议通过时所涉及的股东权利,解决的是权利的有无,或者权利行使所需的条件即权利的"多少"的问题。

(二)我国现行法与比较法对实体权利事项的规定及其类型化

需要说明的是,我国《公司法》将公司法人组织形式分为有限责任公司与股份有限公司两种,因此需要将两种组织形式下的股东所享有的实体权利事项(以下简称"实体权利")进行整合。我国公司法关于股东实体权利的规定散见于整个公司法体系中,因此通过检索我国《公司法》,可以发现虽然关于公司决议相关的股东实体权利的直接规定相对比较法的规定未臻细致,但也已经覆盖了公司决议相关的股东权利的基本面(如表3):

表3 《公司法》股东实体权利法条统计

权利名称	法律条文编号
决策参与权和管理者选择权(一般规定)	第4条
表决权的行使(决策参与权)	第42条
	第103条第1款

---

〔1〕 公司决议实体性事项对股东本身的实体性权利的限制问题主要涉及股东、公司和管理层内部之间的权力划分,但是并非完全与公司决议的通过的领域相交,因此笔者将在后文的讨论中对于该方面的内容仅作必要的考察。

续表

权利名称	法律条文编号
首次股东会会议召集和主持权	第 38 条
	第 90 条第 1 款
股东（大）会与临时股东（大）会会议召集权	第 39 条第 2 款
	第 100 条第 3 项、第 6 项
	第 40 条第 3 款
	第 101 条第 2 款
临时提案权	第 102 条第 2 款

由上表可见，决策参与权包括两类：一类为被动性的权利，指收到召集股东会的通知，并能够出席股东会会议，同时参与公司决议并对决议事项行使表决权。另一类为主动性的权利，指对公司股东会会议进行必要的召集，以及对发起重大的决议事项进行会议表决，包括召集权与提案权。由此我们可以看出，我国《公司法》关于公司决议的股东实体权利的规定为召集权、提案权和表决权三类。

观察两大法系公司法相关规定，可以看出在英美法体系方面，主要立法例在两权分离模式下采取了董事会中心主义，因此经营权落在了董事会的权力内。鉴于此，英美法系公司法下的股东似是拥有相对较"弱"的股东实体权利，但英美公司股东相对应的参与权并未被排除。[1]首先，在召集权方面。《英国 2006 年公司法》第 305（1）条规定股东不但享有对股东会会议的直接召集权，还基于第 145（3）（c）条拥有要求董事召集成员大会的

---

[1] 董事会中心主义下的股东权利并不如股东中心主义下的股东权利具有更宽泛的外延。

权利,即召集请求权。虽然英美公司的股东会议案由董事会提出,但是股东根据《英国2006年公司法》第305(2)条的规定依然具备固有的提案权。其次,在决议事项方面。董事会享有一般经营权,大部分经营性事项归于董事会管辖,但英美的公司法还是对涉及股东法定和约定的权利产生重大影响的领域作出了强制性的规定,要求须得到股东的同意,包括"修改公司章程;变更公司类型;法定股份或者不适用股份优先购买权;减少股本,或者股份回购;变更依附于股份的类别权利;采纳安排的计划;批准与董事的重大财产交易;授权董事配售股份;自愿清算公司的决定等"。[1]对此,美国州公司法,如《特拉华州普通公司法》也作出了相似的规定,如该法第211条的会议召集权、第212条的表决权和第219条置备有股东名单的表决权。值得关注的是,该法第221条还赋予了公司债券持有人以表决权,第228条至第230条对于股东出席权的调整作出了更多特殊规定(详见后文)。

在大陆法系方面,可以发现以德国和日本为代表的立法例主要规定了召集权、提案权和参与权这三类股东实体权利。《德国股份公司法》第121条、第122条规定了股东会的召集权以及少数股东的会议召集权,第124条至第127条规定了股东的提案权以及对于经营者的选举建议权,第134条、第136条对股东的表决权及其否定作出了详细规定。《日本公司法》第297条、第306条对股东会的召集权作出了规定,第303条、第304条对股东的提案权以及对于审议事项的议案的提出作出了规定,第308条对股东的表决权作出了规定。此外,《日本公司法》第299条的判例"最判平9.9.9."作为补充,强调了对股东出席权的保护。

---

[1] 葛伟军译注:《英国2006年公司法》(第3版),法律出版社2017年版,第242页。

第一章　公司章程防御性条款的基础理论

（三）对股东实体权利限制的两种方式

根据股东是否持有一定比例的股份才能行使特定权利为标准，可以将股东权利区分为单独股东权与少数股东权。法律出于平衡公司利益冲突的目的对单独股东权与少数股东权进行了规定：其一，对于某类股东权利的列举性规定，旨在通过立法规范的强调，对抗大股东或多数股东的利益侵犯，以实现对少数股东权益的保护。其二，对资本多数决原则的矫正举措，防止因资本多数决导致少数股东权因决议而被"合法"剥夺。其三，少数股东权的存在，一定程度上反映了法律对于分散的公众股东行使特定权利的否定态度，意在防止任意股东滥用股东权降低公司运行效率甚至做出恶意伤害公司利益的行为。因此对于股东权利的限制，应当检视现有公司法对于股东实体权利的规定是否达到了平衡，依据公司章程自治能否对股东实体权利作出调整，可以作出哪些调整，调整是否会打破原有的平衡，带来更符合不同公司个性化利益的新秩序。

由此，对于决议通过所需的股东实体权利的限制，可以根据以上分类采取两条路径来探索。其一是对于单独股东权的限制，即对某一权利全有或全无的调整，涉及我国《公司法》第4条关于股东表决权的规定、第41条第1款与第102条第1款关于股东出席权的规定和第38条、第90条第1款关于首次股东会会议召集和主持的权利。其二是针对少数股东权的限制，通过调整持股比例的要求来实现对少数股东权的调整，涉及我国《公司法》第40条第3款和第101条第2款关于股东大会的召集和主持的规定、第110条第2款关于董事会临时会议的召集的规定、第102条第2款关于股东临时提案权的规定和第110条第2款关于提议召开董事会临时会议的规定。

（四）股东实体权利限制的藩篱：股东固有权探析

将股东实体权利放入公司章程自由及其边界的领域内讨论，

会与股东固有权产生联系。至于何为股东固有权，现行法规定并没有作出详细的说明。在此笔者需要与传统大陆法系学者对自然权利的表述相区分。[1]一方面，两者均具有主体权利的不可剥夺性；但是另一方面，两者的权利来源不同，股东权利是基于公司章程这一契约基础建立的。因此，所谓股东权利的绝对不可剥夺性是难以在此稳固立足的，笔者还需要进一步分析何为股东固有权。

我国现行法律规范，尚未对所谓"股东固有权"以及"股东非固有权"给出明确的法定概念。中华全国律师协会发布的行业规定，即《中华全国律师协会律师承办公司治理业务操作指引》第11条对其外延作出了列举，股东固有权包括"确认公司决议无效权、请求撤销公司决议权、股东知情权、股东质询权、股权回购权、股东代表诉讼、股东直接诉讼、公司财产分配请求权等"；股东非固有权包括"限制或剥夺表决权、股利分配请求权、股权转让权等"。[2]以上规定对股东权利调整规则作出了有益的指导，但遗憾的是其列举并不完全囊括《公司法》所涉各股东权利，且对于分类列举的标准还需要进一步说理论证。

学界对股东固有权的概念多有阐释，主要有四类：其一，与自益权和共益权挂钩，基于权利内容进行划分。有的学者认为共益权就是固有权；[3]有的学者认为自益权是固有权，部分共益权亦为固有权。[4]其二，为股东不可被剥夺的权利，学者多认为股东固有权为非股东自愿不可被剥夺的权利。[5]其三，在前一解释

---

[1] 自然法学派代表格劳秀斯、洛克、卢梭等学者认为自然权利是"天赋的、不可剥夺的、一切生物与生俱来即享有的固有权利"。
[2] 《中华全国律师协会律师承办公司治理业务操作指引》第11.3.1条。
[3] 赵旭东主编：《新公司法讲义》，人民法院出版社2005年版，第153页。
[4] 曹魏：《公司法人治理结构研究》，知识产权出版社2010年版，第70页。
[5] 朱慈蕴：《公司法原论》，清华大学出版社2011年版，第248页。王欣新：《公司法》（第3版），中国人民大学出版社2016年版，第39页。

第一章 公司章程防御性条款的基础理论

的基础上,添加了"由公司法赋权"的表述,所谓股东固有权为法律赋予的非股东自愿不可被剥夺的权利。[1]该说认为"赋予股东权的规范大多属于强行法规范,故多数股东权都属于固有权"。[2]换言之,股东的固有权是法律赋予的,用来克服股东利己主义天性以及资本多数决导致的权利滥用可能,使股东利益应受强制性法规保护来证成固有权存在的正当性。[3]其四,在借鉴英美法系期待权理论的基础上提出了期待权的解释。股东固有权是"股东基于相互之间的契约约定而产生的、对契约的实际履行所带来的权利或利益拥有合理期待的一种权利","是建立在期待权理论之上的一种自然法上的……基于公司利益合理期待而享有的、不受剥夺的基本权利"。[4]除了以上四种解释,还有观点认为应当以是否涉及股东股本利益为标准进行解释,[5]区分强制性规范中的效力性规范与管理性规范来对股东固有权与非固有权进行对应解释等。[6]以上四类观点对于股东固有权的概念表述存在差异,但均坚持了权利不可剥夺的立场。然而,重新审视各类解释可以发现:

前三类解释均存有一定不足之处。第一类解释的瑕疵较为显著。将自益权抑或共益权认定为固有权,是基于保护股东利益而确定的。实际上对于股东利益保护,自益权与共益权都能够发挥其作用。其中,股东投资目的的实现是自益权的成就,共益权是

---

[1] 叶林主编:《公司法原理与案例教程》,中国人民大学出版社2010年版,第113页。
[2] 范健、王建文:《公司法》(第5版),法律出版社2018年版,第271页。
[3] 陈景伟:"有限公司股东固有权探析",载《行政与法》2018年第1期。
[4] 陈景伟:"论股东固有权的权利性质",载《理论界》2017年第9期。陈景伟:"有限公司股东固有权探析",载《行政与法》2018年第1期。
[5] 吴建斌:《最新日本公司法》,中国人民大学出版社2003年版,第88页。
[6] 刘俊海:《现代公司法》(第3版),法律出版社2015年版,第276页。

自益权的保障。因此，单纯根据自益权抑或共益权来确定固有权的标准是具有局限性的。第二类解释虽明确了不可剥夺性这一调整，但是该观点没有明确界分股东固有权的确定和股东固有权的保护，缺少对股东固有权的外延界定，难以指导实践辨明股东固有权。第三类解释明确了如何辨别股东固有权及其效力来源，该解释得到了当下主流公司法学者的认可。但是所谓法律赋予股东权利的条款即为强制性条款，以及凡是法律明确赋予股东的权利就具有不可剥夺性，此类主张缺乏实定法依据。试举一反例：根据《公司法》第33条第2款以及最高人民法院《关于适用〈中华人民共和国公司法〉若干问题的规定（四）》（以下简称《公司法规定（四）》）第8条第3项、第9条，法律明确赋予股东的会计账簿查阅权（知情权）并非不可被剥夺。结合以上三条规定，公司对于股东的查阅请求，可以根据《公司法规定（四）》第8条的三项法定列举情形进行抗辩。实际上，对于查阅请求的拒绝也构成对股东权利的剥夺，其不论基于何种理由作出暂时性的剥夺，均属于对股东权利的限制或调整。另外，《公司法规定（四）》第8条第4项使用了"其他情形"的表述，意味着公司章程是否能够对"股东有不正当目的"进行规制存在着自治讨论的空间。总结前三类观点的发展可知：首先，只要公司章程不存在对于股东权利全有全无的调整，只是区分具体情况，抑或在某种"程度"上作出限制，是符合现行法规范要求的。其次，面对复杂的市场实践，对于何种情况以及作出何种程度的限制是难以完全交由立法来解决的。第四类解释将固有权视为一种期待权。该解释承袭了美国的立法与司法态度。股东固有权起初是为了对抗各州政府对公司章程的修改以及对公司的控制，保护私有财产权。在契约理论的基础上，经过一定的发展和变迁，股东固有权在美国法院审理少数股东压迫问题以及少数股东救济的判例中日

第一章 公司章程防御性条款的基础理论

益发挥着重要的作用。将股东固有权视为一项期待权的判例不胜枚举，其说理也不断发展。值得关注的是 1984 年纽约州上诉法院在 In re Kemp & Beatley, Inc. 一案中提出的"合理预期"标准，法院认为这种"合理预期"是股东最初参与公司的基础，对于这一基础的挫败即构成了对少数股东的压迫。[1] Meiselman v. Meiselman 案[2]进一步拓宽了预期的范围，既包括股东加入公司时的预期，还包括伴随公司的发展而产生的预期。[3]诚如我妻荣教授有言："固有权理论，是为保护社员本质的利益多数决原则的界限问题。至于什么是不能以章程变更或股东大会决议剥夺的权利？结果在于根据公司的本质和法律的规定来决定。"[4]可见对股东实体权利的调整需要结合我国公司法体系以及市场中公司的现状来进行考量，应当将它视为一个发展的、相对动态的权利体系来进行考察。通过对第四类解释的梳理，我们可以认为作为期待权的股东固有权是存在三个层次的：其一，它是基于团体成员共同的正义观和相互对基本法律地位的尊重——团体成员权利不因为团体的成立而受到贬损的期待（加入公司前的期待）；[5]其二，它是合理期待公司按照其加入时的状态运行（加入公司时的期待）；其三，它是股东对于公司的发展而产生的合理预期（加入公司后的期待）。因此，对于股东实体权利的限制就不再是简单地判断某

---

[1] The referee considered oppression to arise when "those in control" of the corporation "have acted in such a manner as to defeat those expectations of the minority stockholders which formed the basis of [their] participation in the venture." In re Kemp & Beatley, Inc., 473 N. E. 2d 1173.

[2] Meiselman v. Meiselman. 307 S. E. 2d 551 (N. C. 1983).

[3] 楼秋然："《公司法》第 20 条中'滥用股东权利'规定的理论与实践"，载《西部法学评论》2016 年第 3 期。

[4] [日] 我妻荣等编：《新法律学辞典》，董璠舆等译校，中国政法大学出版社 1991 年版，第 341 页。

[5] 蔡立东：《公司自治论》，北京大学出版社 2006 年版，第 169 页。

一权利本身是否具有可剥夺性，而是呈现出更复杂的本质：不但需要判断可以对哪些权利作出限制，还需要判断可以对其作出限制的程度边界在哪里，以及如何限制，是否符合合理的标准；另外，还要考察是否需要和需要什么替代性措施或补偿性措施以满足对股东利益的平衡。其中，限制的程度边界是可以确定的，是为本身在公司初始章程中就不可以进行限制的股东实体权利。[1]比较法上即存在此类规定，表现为允许股东对自身权利限制或章程中存在对自己不利的条款进行同意的规定。例如，《特拉华州普通公司法》第242-(2)条规定如果某项权利无法通过自我同意进行调整的，就可以反向确认其为股东固有权。

三、公司决议程序性事项

（一）程序性事项的内涵与外延

所谓公司决议程序性事项（以下简称"程序事项"），即与公司决议形成相关的程序性规则。正如前文所述，程序性事项涵盖了会议的准备事项，如会议的召集、通知；会议的议事方式以及决议得以通过的机制。一般认为，广义的程序性权利派生于实体性权利，设置程序性权利的必要性在于通过间接影响的方式更彻底地实现股东的利益和需要。不容忽视的是，公司决议程序性事项虽然同样被公司法赋予了独立的规范地位与功能，但是它存在直接影响股东利益与需要的可能性。[2]公司法将公司决议程序性事项从纯粹的保障自由与权利的程序性设置功用中分离，确认了其相对独立的规范地位与功能，拓展了影响股东利益实现的作用空间。因此，有必要将程序性事项作为公司章程防御性条款研究的核心。

---

[1] 刘俊海：《现代公司法》（第3版），法律出版社2015年版，第276页。

[2] 例如股东的某项需求在提出后能否通过公司决议以最终满足该股东的利益。

第一章　公司章程防御性条款的基础理论

（二）国内法和比较法对公司决议程序性事项的规定及其类型化

我国对于程序事项的现行法规定主要分散在《公司法》各处，有的在有限责任公司部分进行规定，有的在股份有限公司部分作出了陈述，笔者将两种组织形式下的程序事项进行整合如下（如表4）：

表4　《公司法》程序事项法条统计

权利名称	法律条文编号
股东会会议的通知	第41条第1款
	第102条第1款
股东会的议事方式和表决程序	第43条第1款
	第103条第2款（第1句）
议事方式	第37条第2款
特别决议事项（表决程序）	第43条第2款
	第103条第2款（第2句）
	第121条
	第181条
其他决议事项列举（表决程序）	第16条第2款、第3款
	第104条

可以发现，上表的内容梳理已经基本覆盖了一项决议得以科学性通过的各个方面，所涉及的程序事项可以归为三类：股东会会议的通知（召集）、股东会的议事方式和股东会的表决程序。

第一，股东会会议的通知。《公司法》第41条第1款体现出了实体性权利与程序性权利的划分相对性，印证了"实体法与程序之间不可能截然地画出一条线"，"也不可能对实体性权利与程序性权利作截然的划分，某些程序性权利本身又是实体

— 049 —

性权利"。[1]解析《公司法》第41条,一方面规定了股东会的会议通知规则:其一是要提前通知,"于会议召开十五日前通知"的规定是为了方便股东有足够的时间为参会作准备;其二是要将讨论的议题同时通知每一个股东,保证股东平等知情。以上是程序性权利。另一方面又明确了股东对于股东会的出席权这一实体性权利。笔者认为该法条所允许作出的自治内容为提前通知的日期,而自治边界很可能为"同时通知每一个股东",亦即不得不当排除出席权这一实体性权利。

第二,股东会的议事方式。从《公司法》第37条第2款以及《公司法规定(四)》第5条第1项可见,现行法规则下的股东会议事方式为召开会议与不召开会议即书面决议两种,股东会最直接的议事方式为召开股东会。所谓书面决议,是指在不召开股东会会议的情况下,采取书面的形式由股东对某一事项进行一致同意的表决,其效力等于股东会会议的表决通过。[2]此书面决议并不同于书面表决,后者实为表决手段,属于通讯表决的一种。[3]基于实践,书面决议规则显然仅适用于有限责任公司。除此之外,美国大多数州公司法在书面决议的"一致同意"基础上作出进一步延伸,即"非全体一致的书面同意",作为另一种股东会决议的取代方式。[4]

另外,伴随着科技发展,传统的股东会议事方式间的界限也开始出现模糊,现场表决与否和股东会是否召开不存在必然联

---

[1] 孙笑侠:《程序的法理》,商务印书馆2005年版,第214页。

[2] 需要说明的是:书面决议不同于书面表决,书面表决仅为股东会的表决方式的一种,而书面决议实质上取代了股东会的召开。

[3] 通讯表决包含了书面表决、电话表决、电报表决、网络表决等多种形式。

[4] 如《加州公司法》第603条。"Regulation 14C and the Effectiveness of a Non-Unanimous Shareholders' Written Consent",载https://www.jdsupra.com/legalnews/regulation-14c-and-the-effectiveness-of-19335/,最后访问时间:2018年12月9日。

系。首先，多数国家和地区都承认网络通讯表决方式与传统表决方式有同等效力，并明确将其列明于法条中，如《特拉华州普通公司法》第212条、《德国股份公司法》第134条等。其次，我国《公司法规定（四）》第5条第1项的内容在表述中使用了"决定文件"，采取了一种外延较广泛的概念，为电子通讯表决等新型表决方式留足了空间。在这一电子化的趋势下，传统股东会召开方式与现代会议出席方式模糊了股东会的议事方式，如美国特拉华州法律"认可完全没有有形会场的虚拟股东大会的合法性"。[1]由此可知，法律一般对股东会的议事方式的自治进行肯定，但若不召开决议所采取的书面决议机制是否允许进一步的自治，则有待考量。

第三，股东会的表决程序。通过对前两类的解析，不难发现股东会会议通知、股东会议事方式的自治空间有限。而股东会表决程序则存在着较大的自治自由，是公司章程防御性条款发挥作用的"主战场"之一。

第一子类型为股东会决议通过条件。我国现行《公司法》主要从三个角度进行规定：其一，对决议通过比例的规定。如规定一般决议通过规则的第16条第2款、第3款、第43条第1款、第103条第1款、第104条等；规定特别决议通过规则的第43条第2款、第103条第2款、第121条和第181条。其二，对适用特别决议通过规则事项的列举性规定，与前述特别决议通过规则的规定内容相同。以上两个角度均体现了从决议通过规则特别是表决权比例方面进行自治性调整的逻辑。如在有限责任公司部分第43条第1款给予了最大的章程自治自由，在股份有限公司部分决议通过涉及"三分之二以上"的表述，同样存在章程予以调整

---

[1] 叶林、刘辅华："构建上市公司股东大会网络通讯表决制度的法律思考"，载《当代法学》2005年第5期。

的空间。其三,虽然《公司法》中并没有相对应的股东会法定出席人数或比例的规定,[1]但《公司法规定(四)》第5条第3项提及了"出席会议的人数",即股东会定足数。以上法规则包含纯粹表决权比例提高型、特别决议事项扩增型和股东会定足数要求型三个子类型,均具备表决权比例调整型程序事项逻辑,笔者将其统称为表决权比例调整型防御性条款。

第二子类型为决议表决机制,即对决议通过的表决机制进行调整的程序事项。该类型表决程序主要基于类别股制度,分为类别表决机制型与特定股东同意型。调整决议表决机制并不具有直接的现行法律适用基础,虽然《公司法》第131条已对类别股的发行间接预留了制度空间,但具体适用规则仅出现在一些部门规章与实践应用中,如我国证券监督管理委员会(以下简称"证监会")《优先股试点管理办法》第10条规定了就特定事项与普通股股东分类表决的表决机制。实际上,至于特定股东同意方能通过的决议程序事项,可以认为是赋予特定股东对某些决议事项具有一票否决权。所谓一票否决权,主要发生于公司设立与扩大经营过程中对于外部投资者的引入:一种情况为原股东为了保护自身权利与收益而不希望失去对公司的控制或影响力,另一种情况是前期投资者为了防止公司大股东滥权增资,或再融资而导致原投资者利益贬损。总而言之,对于股东会的表决程序,可以将其分为表决权比例调整型程序事项与表决机制调整型事项,其中前者又可分为纯粹表决权比例提高型、特别决议事项扩增型和股东会定足数要求型三个子类别,后者继而分为类别表决机制型与特定股东同意型两个子类别。

以上根据权利限制的效力来源作了框架性分类,然而这种粗

---

[1] 如若存在,也应当放在表决程序的规则中进行细化,如《公司法》第103条。

线条的规则分类依然无法满足市场中纷繁复杂的规则适用需要。对于公司章程防御性条款,需要针对其调整的对象,通过筛选或整合对公司决议产生影响的因素,根据法律规则的功能进行更深入的类型化的探析。

第二章
实体性公司章程防御性条款

第一节 召集权调整型防御性条款

一、召集权调整型防御性条款的类型分析基础

（一）召集权调整型防御性条款的定义

股东会的召集，是由适格主体决定股东会举行以及有关会议召开的事项，具体包括：决定召开的时间、地点、决议讨论事项等。召集权调整型防御性条款，是指对股东所享有的股东会的召集权作出调整，并对公司决议产生间接影响的防御性条款。召集权是股东出席股东会，进而在股东会上行使其他股东权利的前提，其重要性可见一斑。

（二）股东会召集权的制度本质

法律之所以赋予少数股东以股东会召集权，是由于在现代公司制度中，公司经营管理权主要集中于董事会，而董事会一般又在大股东的掌控中，中小股东经营管理权的行使机会因而容易落空。为了防止大股东和董事会不经召集股东会就直接作出决议，从而影响少数股东的重大利益，也为了保证少数股东召集和参加股东会的平等权利，需要通过股东召集权制度来对此予以强调和保护。

股东会召集权在立法上主要表现为两种形态：自行召集权与

召集请求权。前者为适格股东直接发起对股东会会议的召集,后者为适格股东需要先向董事会、监事会等发出会议请求,再通过特定公司机关发起会议的召集。目前有坚持股东只能请求董事会召集股东会的观点,[1]但多数国家已将少数股东召集股东会的权利脱离了董事会的影响。诚然,股东会一般由董事会召集,且召集股东会是董事会的一项重要职责,但如果仅仅赋予股东以股东会召集请求权,其权利行使则往往会流于形式,如此意味着召集会议的决定被置于董事会的实质控制之下,一旦董事会怠于或故意拒绝召集股东会,极可能损害股东利益。因此,为保障中小股东有效行使决策权和实现对公司管理层的监督,股东的自行召集权在制度设计上是必不可少的。一切权利都有被滥用的可能,为防止股东出于消极目的而动辄提起股东会,干扰公司的正常运营,需要将召集权定性为少数股东权,以此保证公司的运行效率。

(三)股东会召集权的类型化

我国《公司法》对股东会召集权的相关规定散见于第38条、第90条第1款、第39条第2款、第100条第3项、第40条第3款和第101条。根据以上法规范的立法逻辑,可以对股东会召集权作出类型化区分:

第一,以股东会的召集事由为标准,可以将股东会召集权分为首次股东会(创立大会,为方便论述,以下统称"首次股东会")召集权、定期股东会召集权和临时股东会召集权。对《公司法》第39条、第40条、第100条、第101条进行文义解释,其中"定期会议应当依照公司章程的规定按时召开",可以发现定期会议是基于公司章程确定一个明确期间而召开的会议;"董事

---

[1] 卞耀武主编:《当代外国公司法》,法律出版社1995年版,第630页。

会……召集股东会会议职责……",即定期会议必须由董事会召集且只能由董事会召集。若董事会不能或不召集定期股东会,则满足条件的股东所召集的会议为临时股东会,该次会议讨论的内容可以是定期会议的内容,亦即基于定期会议没有被董事会顺利召集而由股东会通过临时会议的形式来审议原本定期会议的内容。同时,股东也可以基于其他事项原因或在满足召集条件和程序的条件下召集临时股东会。因此,理论上临时股东会有两种类型,一种作为对定期会议的"补救措施",另一种是基于特定事由所召集的临时会议。诚然,实践中两者之间的界限可能并不明晰,如临时会议的召开原因既可以是对定期会议的补救也可以是对特定事项的提出。[1]

第二,以股东会召集权的内容为标准。《公司法》第39条第2款和第100条第3项采取了"提议""请求"的表述,此表述与其他法规范并不相同。通过文义解释可以认为除了股东会的自行召集权,还存在着适格股东的会议召集请求权,亦即向董事会或监事会请求召集股东会。

第三,以会议召集权的权利性质为标准,可依单独股东权与少数股东权进行区分。根据现行法的规定,首次股东会召集权为单独股东权,而临时股东会召集权与定期股东会召集权为少数股东权。对单独股东权(第39条第2款)的调整往往是全有全无的,而对少数股东权(第100条第3项)则需要从三个方面进行讨论:其一,能否全部剥夺或全部赋予其会议召集权(召集请求权);其二,能够对召集权进行多大程度的调整(包括持股要求的调整、自行召集权、召集请求权的转换调整等);其三,能否将特定事项作为召集权行使的条件。笔者将以第一种分类,即首次股东会

---

〔1〕 因本书主要讨论的权利主体为股东,为了方便论述,笔者依然将因"补救"定期会议而召集的临时会议称为"定期会议"。

召集权、定期股东会召集权、临时股东会召集权,作为讨论的主要逻辑线索,结合其他两种类型化标准,最大化地依托现有法律规则的解释论路径,并避免断然适用立法论的路径进行论证。

二、首次股东会召集权调整探究

(一) 首次股东会召集权的国内法与比较法考察

首次股东会召集权为股东的自行召集权。《公司法》第38条对首次股东会召集权进行了规定,明确首次股东会由出资最多的股东召集和主持。所谓"'出资最多'指的是向公司认缴的出资额最多",[1]该内容从1993年《公司法》颁布以来未被作出任何修改。《公司法》第90条第1款使用"创立大会"代替"首次股东会",其召集权属于发起人,就其立法沿革,自1993年《公司法》首次颁布以来并没有实质性的变更,仅将"二分之一"替换为"过半数"。从比较法上考察,《法国商法》第L225-103条第2款第4项将股东会召集权赋予第一大股东。[2]美国《特拉华州普通公司法》第107条规定,在公司章程未明确董事会人选的情况下,由设立人确定公司章程内容以及董事会人选,由发起人决定通过首次股东会的决议事项。《美国标准商事公司法》第2.05 (a) (2) 条也有相同的规定。《日本公司法》第65条和《德国股份公司法》第28条亦作出了相似的规定,将设立人或发起人视为召集股东会并确定公司章程的股东。由此可以发现,国内外法律对召集权归属均作出了规定。主要考察的各国立法例均将公司的首次股东会召集权统一赋予了发起人,而我国针对有限责

---

[1] 宋燕妮、赵旭东主编:《中华人民共和国公司法释义》,法律出版社2019年版,第84页。

[2] 并非完全形式意义上的首次股东会,而是作为股权收购、交换或整体转让后对于董事会不召集股东会的补救措施,但其规范在影响决议的控制权配置逻辑上是相似的。

任公司则将范围进一步明确或限缩为出资最多的股东。

(二) 首次股东会召集权的法规则适用检视

将召集权人限定为具体的人,从规范意义上进行逻辑推导,就必然存在以下两种纠纷的可能:其一,如果存在相同的最高出资比例时,召集权是否由相应股东均享;其二,在出资最多的股东不召集或不能召集的情况下如何处理,是否允许其他主体召集该会议。我国司法实践中涉及首次股东会召集权行使的案例数量有限,且一般采纳由出资最多的股东行使首次股东会召集权,如"洪某簏诉厦门洪氏企业有限公司要求履行改选董事变更登记手续案"[1]"周某林与榆林市工商行政管理局工商变更登记行政纠纷申诉案",[2]但尚未发现存在上述推导情形的判例。

除此之外,我国法律没有明确首次股东会召集权人怠于行使召集权而对其他利益主体造成损失时的补救措施。若首次股东会召集无法引致定期股东会召集规则,亦即无法作出适用相同规则的当然解释时,法律漏洞随即显现出来。司法实践中的此类纠纷,主要出现在请求公司解散之诉中。[3]以"大连园林花木工程有限公司诉大连视界影城产业发展有限公司公司解散纠纷案"[4]这一典型案例为代表,首次股东会因出资最多的股东长期不召集与主持,甚至故意拖延至两年,以致满足《公司法》第 182 条股东请求法院解散公司的条件。这就导致公司经营受到影响,损害

---

〔1〕 [2006] 厦民初字第 387 号。

〔2〕 "×××与榆林市工商行政管理局工商变更登记行政纠纷申诉案",载 http://www.pkulaw.cn/case/pfnl_ a25051f3312b07f34b5145e375ffff3c9addcae8bd4b2b9ebdfb.html?keywords=%E9%A6%96%E6%AC%A1%E8%82%A1%E4%B8%9C%E4%BC%9A%20%E5%8F%AC%E9%9B%86&match=Exact,最后访问时间:2019 年 5 月 5 日。

〔3〕 基于"北大法宝"数据库以"首次股东会"或"股东首次会议"或"创立大会"和"召集"作为关键词进行检索,所获 236 件判例的考察。

〔4〕 [2017] 辽 0202 民初 4313 号。

了其他股东的利益。可见，仅仅将首次股东会的召集权固定在特定人身上的立法逻辑并不严谨，为了防止出现前一案例这种"向死而生"的公司设立行为，或者出现其他召集纠纷，避免将召集权人范围限缩得太小的做法不妨是一条出路。

（三）关于首次股东会召集权的调整与防御性条款设计

为不增加不必要的制度成本，在坚持解释论的前提下，允许由公司章程自治进行补充是最佳解决路径。鉴于此，有必要进一步讨论章程自治对规则的调整边界问题。

1. 能否剥夺出资最多的股东的首次股东会召集权

检视我国现行法规定与《法国商法》第 L225-103 条的立法思路可以发现：其一，赋予第一大股东首次股东会召集权是因为公司治理与经营发展对其利益影响最大，其采取机会主义行为的可能性最小。其二，公司股权结构中往往会存在控制股东，而控制股东对董事会往往会以直接（亲自出任董事会成员）或者间接（控制选任董事会成员）的方式对公司治理施加影响。控制股东对公司治理施加影响与首次股东会的决议往往是存在关联的，因此限制其召集首次股东会的权利缺少实义。但是在股份有限公司中，发起人往往并非一人，此时是否能适用《公司法》第 38 条的情形，将召集权限缩到一个人身上？或言之，能否对个别或部分，发起人的召集权进行限制或剥夺？笔者认为答案是肯定的。这是因为根据《公司法》第 90 条第 2 款第 2 项，首次股东会的内容包括"通过公司章程"，意味着在此之前对发起人行为进行约束作用的是股东协议。签署股东协议的股东既能够在一项协议中自愿放弃自己的权利，也能够对自己的权利进行限制，以上情形在意思自治原则下可以被推定符合该股东的个人预期。此外，正因股东协议往往会在公司成立后转化为公司章程的内容，意味着可以在股东协议中设立"广义的公司章程防御性条款"对首次股东会召集权进行调整。

2. 在有限责任公司中能否赋予其他股东首次股东会召集权[1]

欲论证有限责任公司中赋予其他股东首次股东会召集权的可行性，首先需要判断《公司法》第 38 条的规定是否属于强制性规范，判断标准是出资最多的股东的召集权是否被实质性剥夺。对于判断标准的探析进路，需要从首次股东会的会议内容切入。笔者根据规则抽象程度将首次股东会的重点决议事项分为两类：一类为概括性的公司章程通过规则，另一类为具体的公司机关产生办法、职权、议事规则以及成员名单等确定规则。以上内容均会对公司未来的经营治理产生重要影响，从而间接影响股东的收益。对于公司章程通过规则，一方面，公司章程的内容主要是由股东协议转化而来，各股东之间对初始章程内容已存在合意；另一方面，由《公司法》第 43 条第 2 款可推导出：通过公司章程属于须经代表 2/3 以上表决权的股东通过的特别决议事项。决议通过须 2/3 的表决权比例往往更需要有大股东的参与和支持，相较普通决议更有利于对出资最多股东的利益保护，因此关于公司章程的通过是允许进行调整的。对于第二类具体的公司机关产生办法、职权、议事规则以及成员名单等确定规则，根据《公司法》第 25 条第 6 项可知，其中董事会的产生办法、职权与议事规则属于公司章程的必要记载事项，属于通过公司章程的一部分，意味着需要代表 2/3 以上表决权的股东通过，因此其并不会对出资最多的股东的召集权产生实质性的剥离，理由此处不再赘述。需要特别注意的是，董事会名单在我国现行法上并非必要记载事项，因此对于董事会的人选的决议，在此逻辑上属于普通决议。换言之，1/2 的表决权比例即可确认董事人选，亦即董事的

---

[1] 由《公司法》第 90 条可知，此处对于股份有限公司的探讨并无实义，故仅限于对有限责任公司的情况的探析。

选任属于普通决议事项。但实际上，董事任命事项依然会在同一会议上与其他特别决议事项共同进行表决，这意味着难以在出资最多的股东缺席的情况下损害其利益。因此，可以赋予其他股东首次股东会召集权，也可以基于此设定公司章程防御性条款。

综上所述，首次股东会召集权是允许进行章程自治调整并允许设置首次股东会召集权调整型公司章程防御性条款的。但是，为了不过度改变股东利益平衡结构，理性的公司章程防御性条款指引性设计应当是在保障公司设立发起人利益的范围内行使首次股东会召集权。此外，在有限责任公司中，出资最多的股东享有首次股东会召集权，其他股东享有的为召集请求权，在召集请求权难以得到实现而利益受损时还有必要赋予其一定补救措施，如次生自行召集权或请求法院指令召开首次股东会。

三、定期股东会召集权调整探究

（一）定期股东会召集权的国内法与比较法考察

《公司法》第40条和第101条分别就有限责任公司和股份有限公司的股东会召集作出规定，前者包含的行权条件自2005年《公司法》修订以来沿用至今；后者作出了较大调整：明确了股份有限公司股东具有股东会召集权，但附有"连续九十日以上单独或者合计持有公司百分之十以上股份"的条件限制。可见，无论在何种公司组织形式下，股东意欲行使定期股东会召集权均需基于一定的前提。这是因为，一方面，定期股东会的召集、组织和主持属于董事会的主要职权；另一方面，根据《公司法》第37条，股东会所审议的主要议题为董事会提交的公司经营管理事项。在两权分离的现代公司治理模式中，这也是董事会的主要职责，因此股东所享有的定期股东会召集权应当是被动的，属于防止自身利益受损的补救措施，这也回应了为何我国现行法称股东召集的会议为"临时股东会"。

从比较法上考察,美国《特拉华州普通公司法》第 211(c)条规定如董事会怠于或不能在规定时间内召集任何形式的股东会,则任何股东有权向法院提出召集股东会的申请,并由衡平法院发出股东会召集指令。[1]《美国标准商事公司法》第 7.03(a)(1)条对此的规定相同。《法国商法》第 L225-100 条作出了与美国相似的规定,但其允许任何利害关系人向法院提出申请,责令公司领导人召集股东会或者指定一名委托代理人进行大会召集。德国与英国公司法对不同组织形式下的股东会召集作出了统一的规定。结合《德国有限责任公司法》第 49 条与第 50 条可以发现,虽然股东会召集权(自行)原则上属于"业务执行人"(董事),但持股份额达到 1/10 的股东,有权在说明目的和原因的情况下,行使股东会召集请求权,在召集请求权无法得到满足的情况下可以再自行召集股东会。《英国 2006 年公司法》第 303(1)(2)条、第 305(1)条、第 306(1)(2)条也对股东的召集权作出规定,即原则上需要通过持股比例达到 5%或表决权比例达到 5%以上的股东向董事会行使召集请求权。若董事会未能适时召集股东会,将会导致出现两种新的自行召集权:一为行使召集请求权的股东获得自行召集权,二为"具有代表请求召集会议的所有成员全部表决权的半数以上的任何成员"获得自行召集权。如果还是无法成功召集会议,法院可以基于自身动议或股东[2]的申请,命令股东会的召集。

通过比较,可以看出我国现行法规定与域外立法例的规则差异主要体现在两个方面:一是召集权的提出主体范围,二是召集权的行使方式。在召集权的提出主体方面,英国公司法规定的主

---

[1] See 8 Del. C. 1953, §211c.
[2] 原文直译为"有表决权的公司成员",不局限于股东身份。

体范围最为宽泛，即除了行使召集请求权的股东，还允许"代表请求召集会议的所有成员全部表决权的半数以上的任何成员"行使召集权。美国公司法次之，《美国标准商事公司法》《特拉华州普通公司法》将主体范围限定为股东，但不对主体范围（行权条件）作出要求，仅规定为"任何股东"。但其他国家大都将主体范围限定为股东，并进一步对持股比例或持股份额以及持股期限作出要求。在召集权的行使方式方面，在召集请求权无法得到满足的情况下，共有产生自行召集权、存在产生新的召集请求权（召集权保障措施）和既产生自行召集权也产生新的召集请求权三种规范进路。德国公司法与我国公司法的规定即出于第一种规范进路，但我国法规范比德国立法例多了一项股东请求程序（董事会未召集的情况下还须请求监事会召集）。美国、法国立法例基于第二种规范进路，产生向法院申请召集股东会的权利。英国立法例则将前两种规范结合形成第三种规范进路，即在召集请求权得不到满足的情况下，将会产生自行召集权，而自行召集权行使依然存在障碍，导致无法顺利召集股东会的，产生向法院申请召集的权利。此外，在比较法研究结果中还发现存在一些请求行政机关许可进行召集的保障措施。[1]

（二）定期股东会召集权的法规则适用检视

通过对北大法宝数据库就有关定期会议无法召集且由股东提起、代替定期会议的案例进行考察，[2]发现适用《公司法》第40条、第101条的争议点主要有三项：其一，召集会议的主体资格。法院在说理中对股东持股比例或持股期限的法规范要求进行

---

[1] 程兵、于毅："公司股东的股东会召集权之完善"，载《特区经济》2010年第11期。

[2] 通过北大法宝数据库分别进行全文关键词检索"定期会议""召集"获得160例判例，以及"《公司法》（2013年修正）"第40条、第101条分别关联案例与裁判文书131篇、12篇，共计303篇案例进行筛选和考察。

肯定，认为股东行使召集权的持股比例或期限属于强制性规范，未满足此条件的股东不得享有召集权，如"曹某林审查与审判监督案"[1]"彭某勇、杜某财诉长沙电机厂有限责任公司公司决议撤销纠纷案"[2]。其二，召集权行使的前置程序。司法实践普遍确认了股东最初享有的权利为会议召集请求权。同时，司法实践普遍肯定，对股东在获得自行召集权之前须向董事会、监事会行使会议召集请求权，但是也存在判例支持简化召集权的前置程序，并允许根据实际情况灵活处理，如"北京贝瑞德生物科技有限公司诉吕某公司证照返还纠纷案"[3]。在此类案件中，法官认为行使召集权的前置程序可被简化甚至调整，它并不是一个绝对形式化的要求，而是实质上能够达到一定通知效果时即可被确认为有效，如"金某权诉上海乙烽金属制品有限公司股东会或者股东大会、董事会决议效力纠纷案"[4]的法官即直接进行了阐释。其三，公司解散纠纷。召集权行使作为认定是否符合最高人民法院《关于适用〈中华人民共和国公司法〉若干问题的规定（二）》（2014年修正）第1条第1款规定情况的判断因素，虽然公司董事会以及监事会怠于或不能召集股东会，但是如果股东也不行使股东会召集权，并以此诉请法院解散公司是不能得到法院的支持的，如"北京信德祥资产管理有限公司诉北京前门实业股份有限公司公司解散纠纷案"[5]"赵某兰与孙某等公司决议效力确认纠纷上诉案"[6]。

---

[1] [2017] 粤民申 3666 号。
[2] [2017] 湘 0103 民初 3920 号。
[3] [2013] 二中民终字第 17025 号。
[4] [2009] 浦民二（商）初字第 7985 号。
[5] [2017] 京 02 民初 91 号。
[6] [2016] 甘 06 民终 451 号。

第二章 实体性公司章程防御性条款

（三）关于定期股东会召集权的调整与防御性条款设计

基于司法实践中所表现出的问题，有必要结合现行法规则，针对定期股东会召集权的调整展开如下解释论分析：

1. 能否剥夺定期股东会召集权

公司章程能否作出完全剥夺股东对定期股东会召集权的规定，首先需要判断其是否为固有权。基于法定权利说和期待说这两种主要学说的角度进行判断，定期股东会召集权属于不可被公司章程完全剥夺的股东固有权。其一，从法定权利说的角度看，定期股东会召集权属于法律明确规定赋予股东的权利，因此具有不可剥夺性。其二，从期待说的角度看，定期股东会召集权除了具有实定法依据外，以股东对公司享有"所有权"视角观察可以发现，召集权是股东所有权的合理延伸，是股东所有权的实现方式之一。诚然，并非所有股东都期望通过公司良好的经营管理行为而获取收益分红，还有大量的投资者期望通过二级市场的交易获利。正因如此，定期股东会召集权以少数股东权的形式确立，从而区分了不同股东的持股期待。可见，对召集权的剥夺违背了本应具有该权利股东的合理期待，因此不能完全剥夺股东的召集权。

2. 能否调整行使召集权的持股比例与持股期限要求

（1）更严格的持股要求。

有学者认为"因《公司法》第39条、第100条、第101条未禁止章程对拥有召集权的股东作出更严格的规定，故限制股东的召集权并不存在法律上的障碍"。[1]诚然，以上法条没有作出禁止公司章程提高持股比例或持股期限要求的规定，但笔者认为仍应对限制股东的召集权持谨慎态度，因为召集权行使要求的提

---

[1] 王建文："论我国引入公司章程防御性条款的制度构造"，载《中国法学》2017年第5期。

高，可能意味着对原有部分股东召集权的剥夺。对此，笔者从实践中的公司股权结构进行论证，通过 Wind 经济数据库对中国上市公司 2012 年至 2017 年的股权结构进行统计分析（如表 5）可以发现，中国上市公司普遍存在第一大股东"一股独大"的现象，其他股东则呈现出分散持股的特点。另外，这六年整体市场的第二大股东平均持股比例有两年无法达到法定 10% 的持股比例标准，即使达标，也仅堪过 10%，而在 B 股市场和主板市场的也无法达标。但这一情况在创业板和中小企业板上市的公司中有所缓解，其第一大股东和第二大股东基本都具有独立行使召集权的能力。这就意味着我国上市公司中除了第一大股东以外，部分第二大股东以及剩余其他股东单凭自身的力量难以成功召集股东会，也意味着只要董事会、监事会不召集定期股东会，抑或控制股东排斥股东会的召开，其他股东就难以保证其对公司所有者权利的合理行使。由此可见，现行法规定 10% 的持股比例规则，在适用过程中难以实现保障中小股东利益的立法目的。若公司章程设置更高的持股比例要求，以此防止股东固有权被不当剥夺，对此应当设置更严格的条件，如限制该条款于公司设立时加入公司章程，或在公司全体股东同意的情形下方可加入公司章程。

（2）更宽松的持股要求。

正如前文所言，定期股东会召集权是对本应召集的股东会没有被召集的补救性措施。为明确实现其保护股东利益的功能，美国《特拉华州普通公司法》第 211（c）条允许任何股东行使该项召集权的立法思路值得借鉴，即让受利害关系影响更大的股东得以行权。

综上，应当允许对行使召集权的持股比例进行更严格或更宽松的调整，以此根据公司的实际情况，在公司章程中设计相应的

第二章 实体性公司章程防御性条款

防御性条款。同理,持股期限的要求也可以进行双向调整,并据此设计公司章程防御性条款。

表5 2012年至2017年各市场上市公司第一大股东至第五大股东平均持股比例统计

分市场					
平均持股比例(%)	第一大股东	第二大股东	第三大股东	第四大股东	第五大股东
2012年	36.1	10.0	4.5	2.6	1.8
2013年	35.6	9.8	4.3	2.5	1.8
2014年	35.2	9.9	4.4	2.6	1.9
2015年	34.5	10.3	4.8	2.9	2.1
2016年	33.5	10.6	5.0	3.2	2.2
2017年	32.9	10.6	5.2	3.2	2.3
分市场					
分类一:A股/B股					
A股:平均持股比例(%)	第一大股东	第二大股东	第三大股东	第四大股东	第五大股东
2012年	36.0	10.1	4.5	2.7	1.8
2013年	35.6	9.9	4.4	2.6	1.8
2014年	35.2	10.0	4.4	2.7	1.9
2015年	34.4	10.4	4.8	3.0	2.1
2016年	33.5	10.7	5.1	3.2	2.3
2017年	32.8	10.6	5.2	3.3	2.3

续表

分市场					
B股：平均持股比例（%）	第一大股东	第二大股东	第三大股东	第四大股东	第五大股东
2012年	36.8	6.3	2.7	1.6	1.2
2013年	36.2	7.0	3.4	2.0	1.4
2014年	35.8	7.1	3.5	1.9	1.4
2015年	35.8	7.7	3.6	2.0	1.4
2016年	34.7	8.1	3.6	2.1	1.4
2017年	35.1	8.1	3.8	2.1	1.4
分类二：主板/创业板/中小企业板					
主板：平均持股比例（%）	第一大股东	第二大股东	第三大股东	第四大股东	第五大股东
2012年	35.9	8.0	3.2	1.8	1.3
2013年	35.7	8.2	3.4	1.9	1.4
2014年	35.6	8.7	3.6	2.1	1.5
2015年	35.4	9.4	4.1	2.4	1.7
2016年	35.1	10.0	4.5	2.7	1.9
2017年	34.6	10.2	4.7	2.9	2.0
创业板：平均持股比例（%）	第一大股东	第二大股东	第三大股东	第四大股东	第五大股东
2012年	35.0	13.5	7.3	4.5	3.0
2013年	34.5	12.5	6.6	4.0	2.7
2014年	34.0	12.1	6.2	4.0	2.8

续表

分市场					
2015 年	32.9	12.0	6.2	4.1	2.9
2016 年	31.1	11.5	6.2	4.2	3.0
2017 年	29.6	11.3	6.2	4.1	3.0
中小企业板：平均持股比例（%）	第一大股东	第二大股东	第三大股东	第四大股东	第五大股东
2012 年	37.0	12.1	5.4	3.2	2.2
2013 年	36.2	11.5	5.1	3.1	2.1
2014 年	35.1	11.0	4.8	3.0	2.1
2015 年	33.7	11.0	5.2	3.2	2.2
2016 年	32.2	11.0	5.3	3.3	2.4
2017 年	31.8	10.8	5.4	3.3	2.4

* 以上数据源自 Wind 经济数据库。[1]

3. 能否调整召集权行使的前置程序

纵观国内外立法例，关于董事会不行使或不能行使其召集职责一事，股东对定期股东会的召集方式主要存在四类：第一类为向公司内部机关请求召集股东会；第二类为向法院请求召集股东会；第三类为向主管行政机构请求批准召集股东会；第四类为在请求权无法实现时直接产生股东自行召集权。

---

[1] 选取数据样本为全体中国上市公司，其样本分布在清理错误数据后（如明显不合法的持股比例被排除等），分为三个子表格，其中包括样本总计 3538 个的 A 股（样本数量 3441 个）与 B 股（样本数量 97 个）；样本总计 3538 个的创业板（样本数量 725 个）、中小企业板（样本数量 906 个）、主板（样本数量 1907 个）；以及整体市场的数据（样本数量 3538 个）。

就后三类召集方式而言，通过法院指令或主管行政机构命令召集股东会看似更加低效，但实际并非如此，如根据美国公司法，法院以禁令救济或紧急动议的行使而非通过诉讼来指令召集股东会，实际为通过第三方权威保证了公司经营对效率的需求。

我国现行法主要采取第一类和第四类召集方式。在股东获得自行召集权前设置了向公司内部机关请求救济的两层前置程序：第一层为需先请求董事会召集；第二层为在董事会不召集的情况下，要求监事会召集；在监事会也不召集的情况下，少数股东才得以享有自行召集权。早在2000年修订的《上市公司股东大会规范意见》（已失效）中，第19条和第23条就曾规定满足条件的股东向董事会请求召集会议被拒绝时可以自行救济。但在其后2006年发布的《上市公司股东大会规则》（已失效）与《公司法》又作了统一的规定，不再采取允许股东直接获得自行召集权的规则。这一强制性要求的前置程序，可能因适用僵化而在一定程度上有违公司经营对效率的追求。因为监事会在公司经营过程中，主要起到监督以及维护股东权益的作用，但是股东对自身权利的保护行为并不一定需要通过监事会，并且已经存在行权要求（持股比例、持股期限）的情况下，不必再设置强制性的程序来防止股东滥用召集权。司法实践中已有判例支持以上观点，如在"北京贝瑞德生物科技有限公司诉吕某公司证照返还纠纷案"[1]中，北京贝瑞德生物科技有限公司有两名股东，持股95%的大股东请求召集股东会，而作为执行董事的持股5%小股东却怠于召集。大股东在提议召开会议并通知了小股东的情况下，无须再重复请求执行董事进行召集，再在执行董事不召集的情况下重新行使自行召集权。从结果上看，无论小股东是以执行董事的身份怠

---

[1] [2013] 二中民终字第17025号。

于召集还是以股东的身份拒绝参加股东会，其会议召开及其决议的最终结果都是一样的。因此，法院认为此处应当遵循效率原则，支持大股东的会议召集，而非死板遵守股东自行召集的前置程序。无独有偶，"金某权诉上海乙烽金属制品有限公司股东会或者股东大会、董事会决议效力纠纷案"[1]也体现了相同的裁判思路，即兼有持股90%股东和监事双重身份的原告，在执行董事怠于召集股东会的时候一并行使了双重身份上的会议召集权，召集的会议并不因违反程序而违法。虽然股东与监事应分别行使会议召集权，但在对会议能否成功召集的结果没有实质影响的情况下，法院因"公司决策效率原则"而不会认定该股东会程序违法。

过度严苛的召集权行使前置程序并无必要。一方面，设置召集程序的目的在于使股东能够充分获知股东会会议中的决议信息，有足够时间对会议表决作必要准备，因此在这一基础上并不应僵硬地认为决议因缺少召集程序而无效。可见，召集程序的缺失能够得到治愈，"股东全会经在该股东全会上可行使表决权的全体股东同意时，可不经召集程序而召开"。[2]另一方面，定期股东会的召集是对拖过期限的股东会的补救措施，其是为股东及时止损提供方便。正如现行法简化中小企业董事会、监事会的人数设置要求所体现的务实立法思路一样，定期股东会召集权的行使前置程序应当降低其强制性程度，可将在请求董事会召集失败后向监事会提出请求这一程序交由公司章程自治规定，并赋予公司股东对此进行设置防御性条款的可能。对于如何设计相应的防御性条款需要根据具体的情况来考量，详见表6：

---

[1] [2009] 浦民二（商）初字第7985号。
[2] "公司法修改"研究小组编写：《中国公司法修改草案建议稿》，社会科学文献出版社2004年版。

表6 定期股东会自行召集权前置程序的防御性条款设计

利益保护主体	董事会（执行董事）实际控制主体	事由	是否需要设计必须经过监事会的召集的防御性条款及其原因
大股东	大股东	董事会（执行董事）怠于召集会议	否，无影响
大股东	小股东		否，基于决策效率考量
小股东	大股东		是，多一层小股东利益保护手段
小股东	小股东		否，无影响

四、临时股东会召集权调整探究

（一）临时股东会召集权的国内法与比较法考察

观察我国公司法可知，有限责任公司的临时股东会召集权最早规定于1993年《公司法》第43条，2005年修订《公司法》时对此作出了较大调整，即第40条第2款将临时股东会召集权的股东持股比例要求由"四分之一"降低为"十分之一"，此调整增强了临时股东会召集权的可实践性。此外，将与原第2款矛盾的第3款规定删除，肯定了临时股东会召集权并非董事会的特权。股份有限公司的临时股东会召集权最早规定于1993年《公司法》第104条，该条第3项关于临时股东会召集权的10%持股比例要求的内容沿用至今。2005年修订《公司法》时又对此条款增加了第6项兜底内容，赋予公司章程对临时股东会召集原因的自治空间。结合证监会《上市公司股东大会规则》第9条和《上市公司章程指引》第49条规定可以发现，临时股东会召集权应当属于一种"复合"权利，即在向董事会、监事会分别行使股东会召集请求权而被拒绝或无法实现时，才产生可以由自身出面召集股东会的召集权。由此可见，除了《公司法》第100条第6项允许通过章程自治设置临时股东会召集原因事项外，临时股东会召集权规则与前述定期股东会召集权规则基本相同。

从比较法上考察，美国《特拉华州普通公司法》第211（d）条规定临时股东会召集权除了董事会享有，还可由公司章程大纲或章程细则授权给特定一人或数人，[1]亦即临时股东会召集权人以及权利行使条件由公司章程规定，法律不作特别限制。《美国标准商事公司法》第7.02（a）（2）条将股东临时股东会召集权行权要求定为持股10%以上，但允许公司章程对持股比例作出或高或低的调整，并划定最高持股比例不得超过25%。同时，该法第7.03（a）（2）条为前一款召集权的实现提供了救济，在适格股东召集权未能得到满足时还可以请求法院通过指令要求召开股东会。《韩国商法》第366条（股份公司）和第572条（有限公司）明确股东召集权为向董事会作出的召集请求权，并且具有最低持股比例3%的要求。此外，在董事会不召集的情况下向法院请求许可后才能自行召集。《日本公司法》作出了较为详细的规定：首先，该法第297条规定原则上需要股东连续持有占比3%表决权的股份满6个月，方可向董事会请示召集股东会，但持股期限可以由章程调整为更短的期间，持股比例也可以调整为更小的比例。其次，对于非公开发行股票的股份有限公司，召集权不再强制要求连续持股6个月。再次，对于提出召集请求而未得到会议召集的股东，可以通过法院批准召集股东会。最后，对于召集权人没有召集股东会，但是全体股东同意并出席的，该会议形成的决议是有效的。《法国商法》第L225-103条在2005年将股

---

[1] 8 Del. C. 1953, §211d.

东行使临时股东会召集权的持股比例由 10% 降为 5%。此外，赋予利益关系主体在特定原因事项下的召集权，换言之，存在更多元的临时股东会召集权行权主体。如该法第 L225-24 条规定在董事会席位空缺下，董事会不召集会议时，"任何利害关系人均可请求法院指定一名代理人负责召集股东会"；第 L225-27-1 条赋予薪金雇员请求法院在特定情况下召集临时股东会的权利。另外，根据《德国股份公司法》第 122 条的一项特别规定，对德国的股份公司股东而言，需要单独或合计持有 1/20 股份抑或持股金额达到 50 万欧元方可向董事会请求召集股东会。同时，法律明确章程自治可以调整持股份额的要求。英国立法规则与"定期股东会召集权"部分内容基本重合，此处不再赘述。

  从以上比较法规定中可以发现以下规律：首先，在行权要求（持股）方面，除美国特拉华州完全交由公司章程指定召集权人以外，各国立法例普遍设置了一定持股比例要求。国外立法例的持股比例要求普遍较我国规定低，甚至德国公司法还作出了"50万欧元"的具体持股金额的可选择性规定。同时，持股比例要求普遍明确允许公司章程自治，美国、英国、韩国等立法例还对章程自治设置一定边界。其次，在原因事项方面，我国现行法允许章程自治规定特定的原因事项，相较而言更具灵活性。再次，在对特定主体利益保护方面，美国、英国和法国立法例还允许根据特定原因事项赋予更广泛主体召集权。最后，在行权途径方面，部分国家将召集权设置为召集请求权，并在请求失败后通过向法院请求指令召集来进行救济。我国法规要求行权需通过两层前置程序，但最终赋予的是股东自行召集权，这与英国公司法的立法思路相似，契合了公司经营对效率的追求，但遗憾的是，我国同其他大陆法系国家立法例一样，也没有通过法院命令的方式来进行行权救济的规定。

第二章　实体性公司章程防御性条款

（二）临时股东会召集权的法规则适用检视

通过统计分析北大法宝数据库检索案例，[1]可以发现相关案件纠纷主要涉及临时股东会决议确认之诉以及公司解散诉讼。因公司解散诉讼争议焦点与定期股东会召集权基本相同，此处不再赘述。在观察决议确认之诉时，笔者发现临时股东会召集权的行权前置程序是否可以省略或调整存在差异：如"王某龙诉吉林省黎明房地产开发有限公司公司决议撤销纠纷案"[2]"上海顶员汽车配件有限公司与陈某公司决议撤销纠纷上诉案"[3]的说理认为，临时股东会召集权的前置程序不得违反公司章程规定，换言之，如果公司章程明确采用了《公司法》关于前置程序的规定，则股东行权时不得违反该规定。"刘某与江某国等公司决议纠纷上诉案"[4]的说理则认为在股东表决权已经能够得到充分保障的情况下，如果未履行召集前置程序而存在瑕疵的临时股东会决议结果，与重新召开会议并作出的决议结果实质上一致时，是可以省略前置程序而确认其会议决议有效的。由此可见，《公司法》第40条关于行使自行召集权前置程序的规定，在司法实践中允许在特定情况下根据效率原则对其予以调整。

（三）关于临时股东会召集权的调整及其防御性条款设计

1. 定期会议召集权与临时会议召集权的调整比较

定期会议召集权与临时会议召集权虽然都属于广义的临时股东会召集权，但是两者所针对的会议提起事项是不同的：前者是定期股东会没有成功召集时的一种补救手段，后者则还包括

---

[1] 通过北大法宝数据库分别进行全文关键词"股东临时会议""召集""十分之一""股东"检索获得227例判例，以及《公司法》（2013年修正）"第100条关联案例与裁判文书7例，共计234件案例。
[2] [2018] 吉01民终1654号。
[3] [2018] 沪02民终207号。
[4] [2017] 粤06民终9840号。

《公司法》第 100 条所列举的事项及其他章定情形。但是，即使《公司法》第 100 条第 6 项赋予公司章程自治的空间，临时股东会也并不是一种可以随意"任性"召开的会议。出于会议成本与经营效率，以及《公司法》第 100 条第 1 项和第 2 项的立法目的考量，只有在公司需要尽快作出重要决策或者出现重大的，甚至严重的问题时，权利主体才能够依据法定程序进行临时会议召集。与此相对，一般性的与定期性的事项则应当交由定期股东会来进行决议。可见，召集临时会议需要存在一定的人员要求、比例限制。[1] 综上，定期会议召集权的行使条件，无论是在持股比例、持股期限的要求还是行权前置程序等方面均较临时会议召集权的要求更宽松；临时会议召集权往往会因为特殊的事由出现而不得不召集股东会进行决议，更具紧急性。应当肯定此类防御性条款设计的效力，其中临时股东会的召集事由并不是一种对本应召开的定期会议的补救，而是针对特定的事项，甚至是章程规定的事项。也正因如此，公司章程防御性条款对临时股东会召集权的调整与定期股东会召集权的调整会存在一定差异。另外，同时存在定期股东会召集权与临时股东会召集权的防御性条款时，临时股东会召集权的行权持股比例要求应当更严格。

2. 临时股东会召集权的剥夺和召集权行权要求的调整

临时股东会召集权是不能被完全剥夺的。同定期股东会召集权的理由一致，即一旦公司因长久积累矛盾或者突发窘况陷入无法有效经营管理的泥潭，股东需要通过召集股东会作出新的决议来扭转现状，从而保护公司与自身利益。如果剥夺股东的临时股东会召集权，便意味着在董事会及控制股东不作为的情况下，除了解散公司外别无其他破局办法，这对股东、公司以及市场整体

---

[1] 宋燕妮、赵旭东主编：《中华人民共和国公司法释义》，法律出版社 2019 年版，第 85 页。

而言都是不利的。

行使临时股东会召集权所需的持股比例或持股期限要求是可以进行调整的。现行法相关法条如《公司法》第39条、第40条、第100条和第101条均未对提高行权要求作出否定性的评价，因此是可以通过公司章程规定更高的持股比例或更长的持股期限要求的。相反，是否允许将行权要求通过自治进行一定程度的降低，抑或如《美国标准商事公司法》第7.02（a）（2）条划定最高持股比例上限，笔者亦认为是肯定的。正如前文表5数据所反映出的，临时股东会召集权的行权条件在实践中难以发挥实效，如果仅在形式上赋予中小股东召集权而不顾公司运行实际，则意味着实质上将临时股东会召集权置于董事会的控制之下，导致股东的临时股东会召集权形同虚设。因此，允许章程自治调整行权要求，既能够有效促进中小股东参与公司的经营管理，也能够对董事会的经营权形成监督。

综上所述，不应允许公司章程防御性条款剥夺股东的临时股东会召集权，但是可以对临时股东会召集权的行权条件进行调整。

3. 召集权行使前置程序的调整

对行使召集权的前置程序的自治性调整，因与股东的定期股东会召集权存在一定重合，在此仅以实践中存在的"双重股东会决议"问题作为切入点展开讨论。所谓双重股东会决议，即股东在履行完所有召集请求权得不到实现后，自行召集股东会，然而董事会同一时间已经召集了股东会，或者不同的股东同时召集了股东会，最终形成了两个股东会决议的情形。这两个股东会的决议往往会相互矛盾，实践中往往出现选任不同董事的情况，如"东方银星'双头'董事会案"[1]"九龙山、*ST新梅'双头'

---

[1] 张晓晖：“罕见'双头'董事会东方银星争夺战趋于白热化”，载经济观察网：http://www.eeo.com.cn/2015/0902/279448.shtml，最后访问时间：2019年5月13日。

董事会案"[1]"西藏药业'双头'董事会案"[2]等。以上案例的争议焦点是两个股东会决议的有效性，而股东会形成决议有效性的基础为股东会的合法性，股东会的合法性又始于会议召集权的有效性。[3]为避免上市公司出现此种情形，证监会《上市公司股东大会规则》规定股东自行召集股东会的，应当书面通知董事会，同时向公司所在地证监会派出机构和证券交易所备案。此规定虽能在一定程度上避免上市公司出现双股东会，但其作用依然有限：一方面，该规定仅要求备案，而备案意味着不对决议内容作出审查，争议仍可能存在。另一方面，此规定仅针对上市公司，忽略了非上市的股份有限公司和有限责任公司。

再次审视股东会召集前置程序，为维持原有经营秩序，临时股东会的召集往往为一定特殊事项的发生而不得不进行。一般而言，少数股东在提议召开临时股东会时已经与现任管理层存在利害冲突，管理层有可能设法阻挠会议的召开，或者破坏会议的进程。[4]因此，在股东召集权前置程序中设置由监事会进行召集会议是为了发挥较为中立的会议召集作用，从而减少私人利益冲突，以作出更符合公司整体利益的脱困方案。有学者认为，"在双方利益无法调和或者彼此缺乏对等的协商能力的情况下"，需要由立法建构一个相对公平并能够协调各方利益的运作框架，这个框架即为前置程序，且前置程序规则应当被视为强制性规范。[5]总结

----

〔1〕 唐强："盘点'双头'董事会上市公司：经营业绩乏善可陈 控股方式简单粗暴"，载《证券时报》2015年8月28日。

〔2〕 熊锦秋："'双头'董事会是A股市场切肤之痛"，载http://finance.sina.com.cn/zl/stock/20141015/142320545901.shtml，最后访问时间：2019年5月13日。

〔3〕 程兵、于毅："公司股东的股东会召集权之完善"，载《特区经济》2010年第11期。

〔4〕 徐子桐："ST宏智'双头董事会'案评析"，载《法学》2004年第5期。

〔5〕 徐子桐："ST宏智'双头董事会'案评析"，载《法学》2004年第5期。

前述案例，[1]反映出的是监事会并没有发挥其理论上应有的作用。在缺乏请求法院命令召集临时会议的外部救济规范下，笔者认为应当赋予公司章程对临时股东会召集权前置程序调整的自治空间，明确相应的公司章程防御性条款的设置基础。由此，在股东中心主义的立法视阈下，在出现董事会与股东会的矛盾决议时，应当以当前股东的实际利益为优先；在出现股东之间的矛盾决议时，预先通过公司章程防御性条款设定与此相对应的权利归属，更有利于公司经营效率的实现。

(四) 临时股东会召集权滥用的限制

允许公司章程降低临时股东会召集权的行权条件，有可能带来股东会过度频繁召开，甚至召集权滥用从而损害公司及其他股东利益的现象。实际上，由《公司法》将召集权设计为少数股东权的立法思路可知，低效又高成本的临时股东会是不被法律所鼓励的。因此针对临时股东会召集权的防御性条款设计，也应当在一定程度上避免股东会的泛滥。具体设计进路如下：其一，可以对《公司法》第100条第6项所允许公司自治的召集原因事项作出限定，将原因事项确定为公司治理所涉及的必需条件、股东会的职权所涉及的事项等。其二，对非因导致公司经营或存续产生重大影响的事项[2]而提起的临时股东会，设置会议之间的隔离期限。

第二节　提案权调整型防御性条款

一、提案权调整型防御性条款概述

股东提案权指符合条件的股东依照法定程序提出提案作为股

---

[1] [2018] 吉01民终1654号、[2018] 沪02民终207号、[2017] 粤06民终9840号。

[2] 如《公司法》第100条第1项、第2项。

东会议审议事项的权利。[1]股东提案权是股东实现公司经营管理权的重要手段，能够提升少数股东参与经营管理的主动地位，是少数股东提供监督权的实现途径。之所以确立股东提案权制度，是因为在两权分离模式下，股东会的议题和决议事项往往由董事会提出并确定，而董事会的提案往往更倾向于体现大股东的利益，中小股东只能被动进行表决，由此法律为保护中小股东的权益而将股东提案权制度固定下来。因此，股东提案权制度被认为是有效促进公司民主和经济民主的重要制度，美国联邦上诉法院曾经声明：股东提案权的首要目的是保证股东能够行使其权利，以实现其作为公司所有者对公司重要决策的控制。[2]提案权调整型防御性条款即在保护特定股东（中小股东）利益的基础上，对股东提案权的行权条件与实现路径进行调整的一类公司章程条款。

鉴于实体权利制度需要包括权利的行权资格、权利内容、行权相关程序、防止权利滥用、权利的救济等组成部分，笔者认为亦可将提案权制度的组成规则分为主体资格要求、提案内容要求、提案排除规则（提案权审查规则）和提案权相关程序性规定四个部分来进行观察和讨论。

二、股东提案权的国内法检视

（一）股东提案权立法沿革考察

我国《公司法》第102条第2款对股东临时提案权的行使作出了明确规定。《公司法》第102条的立法目的是明确的，即既

---

[1] 宋燕妮、赵旭东主编：《中华人民共和国公司法释义》，法律出版社2019年版，第216页。另外，需要说明的是，本书采广义的提案权，包含股东对公司董事的提名权与罢免权。

[2] 熊锦秋："堵塞漏洞 完善股东提案权制度"，载《证券时报》2014年5月9日。

第二章　实体性公司章程防御性条款

要保证中小股东能够有机会提出议案，又要确保其他参会人员、股东能够有充分的时间对该提案进行审议，并作出表决。

纵观股东提案权的立法沿革，股东提案权的规范最早并没有出现在《公司法》中，而是首次规定于1994年国务院颁布的《关于股份有限公司境外募集股份及上市的特别规定》，随后又在1997年《上市公司章程指引》（已失效）与1998年《上市公司股东大会规范意见》（已失效）中进行规定，最后于2005年《公司法》修订之时，正式作为一项法律规范被固定下来。股东提案权的规则内容在此过程中存在较大的差别，主体表现在以下四个方面：其一，持股比例。行权持股比例要求从原来的5%下降到目前的3%。其二，提案期限。最初的规定为要求在股东会会议召开期间提交议案，而《公司法》则调整为在股东会会议召开10日之前提交临时议案。其三，提案内容。原规定要求提案的内容应当属于公司经营范围和股东会职权范围，2005年《公司法》修订后的规定只要求提案的内容属于股东会职权范围。其四，董事会审查权。若董事会决定不将股东的临时提案列入议程，应当在会议中进行说明，并在会议后对其进行公告。[1]若出现（全部）提案违法违规或违反公司章程时，应当不召开会议，并及时向行权股东作出说明。[2]之后的《公司法》删除了董事会对股东提案合规性进行审查的规定，也未再具体规定对提案进行审查的机关。

（二）股东提案权的规则检讨

《公司法》第102条第2款、《上市公司股东大会规则》第13条和《上市公司章程指引》第四章第四节等规定组成了现行股东提案权规则。我国现行股东提案权规则内容不够翔实，尚不具备

----

[1] 1997年《上市公司章程指引》（已失效）第60条。
[2] 2000年《上市公司股东大会规范意见》（已失效）第13条。

提案权制度所需的四个部分的规则,笔者就现行股东提案权规则进行了梳理(详见表7)。

表7 我国现行提案权规则

权利名称	规则条文	组织形式	主体资格要求 持股比例	主体资格要求 持股期限	主体资格要求 会议期间持续持有	披露	提案内容要求
临时提案权	《公司法》第102条第2款	有限责任	未规定	未规定	未规定	未规定	未规定
临时提案权相关规则补充	《上市公司股东大会规则》第13条	股份有限公司	3%以上公司股份	无要求	股权登记规则(第11条)	未规定	1.应当属于股东会职权范围;2.有明确议题和具体决议事项;3.符合法律、行政法规和公司章程的有关规定。
临时提案权相关规则补充	《上市公司章程指引》第四章第四节	股份有限公司	3%以上公司股份	无要求	股权登记规则(第32条)	通知、公告。应当充分、完整披露所有提案的具体内容,以及为使股东对拟讨论的事项作出合理判断所需的全部资料或解释。	1.应当属于股东会职权范围;2.有明确议题和具体决议事项;3.符合法律、行政法规和公司章程的有关规定。

我国《公司法》将公司的基本组织形式分为有限责任公司与股份有限公司,对应立法条文也作了划分性安排。由此形成了一项立法习惯:对股份有限公司部分未作特别规定的内容适用有限责任公司的规定,以避免条文的重复与冗杂,但这一立法习惯反

第二章 实体性公司章程防御性条款

之未必亦然。[1]笔者认为,因临时提案权规则出现于股份有限公司部分,有限责任公司部分并没有具体规定提案权,此为明显的法律漏洞。此外,针对现行提案权规则,通过主体资格要求、提案内容要求、提案排除规则(提案权审查规则)、提案权相关程序性规定四个部分进行梳理,具体如下:

1. 主体资格要求

《公司法》第 102 条第 2 款规定单独或者合计持有公司 3%以上股份的股东,有权提出提案。由表 5 关于股东持股比例数据统计可知,符合持股比例超过 3%条件的股东仅为持股前三大股东。换言之,持股 3%的股东在现实中很可能并非小股东,真正的小股东即使合计持股也是难以达到 3%的要求的,这就意味着股东提案权的行权条件与提案权制度目的相左。因此,3%的持股比例相较现实要求过高,有必要适度降低持股比例门槛。

2. 提案内容要求

股东的提案内容应当符合下列要求:提案内容与法律法规和公司章程的规定不相抵触,并且属于公司经营范围和股东会职权范围;有明确议题和具体决议事项。可见,现行法将一部分提案内容要求交予公司章程,仅规定提案内容应符合法律与股东会职责范围,难以满足日益复杂的实践需求,很容易引发争议,还需要提案排除规则相配套。

3. 提案排除规则(提案权审查规则)

现行规则对此并未作出相关规定,仅规定提案提交的对象为"公司",法律没有规定公司的哪个机构可以对股东提案的适格性进行审查,因此在董事会是否有审查权利和义务方面也引发了很大的争议。

---

[1] 如《公司法》第 99 条、第 108 条、第 113 条、第 117 条、第 118 条等规范内容。

4. 提案权相关程序性规定

《公司法》第 102 条第 2 款规定符合主体资格要求的股东可以在股东大会召开 10 日前提出临时提案并书面提交董事会；董事会应当在收到提案后 2 日内通知其他股东。然而根据《公司法》第 102 条第 1 款"召开股东大会会议，应当将会议召开的时间、地点和审议的事项于会议召开二十日前通知各股东；临时股东大会应当于会议召开十五日前通知各股东"的规定，股东会的通知应当包括股东会内容即所需审议的事项，但是通知日期往往要早于股东临时提案的日期。虽然会进行补充通知，却不利于其他股东对临时提案进行充分了解，行使提案权的股东也可能难以对瑕疵提案作出及时有效的补救。[1]

三、股东提案权的比较法探察

虽然比较法上董事会中心主义与股东中心主义的立法例具有不同的法效果，但对股东提案权规则的重视是一致的。股东中心主义立法例下的股东提案权之重要性毋庸置疑。以董事会中心主义的典型代表——美国法为例，股东提案权性质是咨议性的，意味着股东提案获得股东会通过会对公司董事会形成约束，但作为决策机关的董事会是否执行该提案决议受到"经营判断规则"保护。[2] 诚然，董事个体无法完全忽视股东的提案呼声，如果对股东的合理期待采取漠视态度，则其可能会在下一届董事选举中被替换。可见，股东提案权规则在不同立法例中均会对公司产生重要影响。笔者从主体资格要求、提案内容要求、提案权相关程序

---

[1] 周剑龙："中国股东大会制度的改革与完善"，载《法学评论》2005 年第 2 期。肖金锋："上市公司股东提案权制度研究"，载《证券法律评论》2014 年第 0 期。

[2] 刘胜军："论我国上市公司股东提案权——以美国法为借鉴"，载《河北法学》2016 年第 9 期。

性规定和提案排除规则（提案权审查规则）四个部分对不同立法例进行考察。

(一) 主体资格要求

1. 股东持股数量要求

从比较法上考察，各国立法例均将股东提案权设置为一项少数股东权，但对股东持股数的要求表现不一。较我国持股数量要求更高的如《德国股份公司法》第122条第2款和第3款对股东提案权的行权条件采取同股东召集权一样的要求，即"合计持有占基本资本二十分之一的股份或者持股金额达到50万欧元"。《法国商法》第L225-105条规定持有公司5%资本的一名或数名股东方可行使股东提案权；另外，"在公司资本超过此项法令规定的数额时"，这一比例可以减少。加拿大公司法则规定"代表总数不少于5%在提案拟将提交的会上有表决的股份或者类别、系列股份的一或多位持有人签名"。[1] 较我国持股数量要求较低的如《日本公司法》第303条和第305条规定为"持有全体股东表决权的1%（章程规定更小比例的，为该比例）以上表决权或300个（章程规定更少数量的，为该数量）以上表决权的"。《美国联邦规章汇编》第240.14a-8节（b）款规定："为了达到提交提议的资格……持有市值至少2000美元或者1%有权在会议上对提议享有表决权的公司证券。"[2]

2. 股东持股期限要求

《美国联邦规章汇编》第240.14a-8节的问题2第（2）(i)项内容强调股东须在提交提议之日前至少1年，且连续持有最低

---

[1] 曹清清、金剑锋："上市公司股东提案权的章程表达——对202家上市公司章程的实证考察"，载《证券法苑》2017年第2期。

[2] 中国证券监督管理委员会组织编译：《美国〈1934年证券交易法〉及相关证券交易委员会规则与规章》（中英文对照本·第2册），法律出版社2015年版，第537页。

持股数量要求的股份。除此之外，还需要向公司提供书面陈述，说明在股东会会议日期前继续持有证券。《日本公司法》第303条规定须连续持有6个月（允许章程规定更短期间），如果是非公众公司，其"连续持有"则改为"持有"。

3. 会议期间持股要求

《美国联邦规章汇编》第240.14a-8节问题2（1）明确提及股东须在会议期间持续持有其股份。

（二）提案内容要求

《美国联邦规章汇编》第240.14a-8节问题9总共13项内容，回应了提案内容不适而应当被排除的13种情形。具体包括：根据州法律提议不是股东行动的合适标的；违反法律；因有重大虚假或误导性陈述而违反表决权代理规则；纯粹出于满足私益或个人不满；提议内容相关性不足；公司本身无权实施该项提议；内容仅为公司日常业务经营相关事项；涉及管理层选举；与公司的提议相冲突；公司已经实质实施的提案；与其他提案内容重复；在一定间隔期限内重复提交相同内容的提案；内容涉及具体的股利。

（三）提案权相关程序性规定

1. 提案数量要求

《美国联邦规章汇编》第240.14a-8节问题3规定，针对某一特定股东会会议，每个股东只能提出一项提议。

2. 提案字数限制

《美国联邦规章汇编》第240.14a-8节问题4回应了股东提议的篇幅应当在500个单词以内，其中还包括了所附的任何支持性陈述内容，如果超过字数限制，还可以基于股东14天的期限删减字数。

3. 提案提交期限

《美国联邦规章汇编》第240.14a-8节（2）就提案提交的期

第二章 实体性公司章程防御性条款

限进行了说明,以 120 日为原则,并允许在出现公司年会日期相差 30 日的情况下以"合理时间"为例外。《德国股份公司法》第 122(2)条规定,提案须至少在股东会会议召开前 24 天提交,如果是上市公司,则在召开前 30 天送达公司。《日本公司法》第 305 条规定股东需要在股东会会议召开前 8 周(章程规定更短期间的,为该期间)提交提案。

4. 提案间隔期

《美国联邦规章汇编》第 240.14a-8 节问题 9 第(12)项规定提案的间隔期应当是 3 年,但并非 3 年以内重复提出就一定会被排除。如果在 3 年内重复提出了被认定为相同内容的提案,则需要回顾之前 5 年实质内容相同的提案,如果符合以下条件,则会被排除:在过去 5 个公历年内提出 1 次的,得到少于 3% 的表决权;在过去 5 个公历年内提出 2 次的,在最后一次提交后得到少于 6% 的表决权;在过去 5 个公历年内提出 3 次以上的,在最后一次提交后得到少于 10% 的表决权。[1]《日本公司法》第 304 条也对此作出了规定,对实质上被认定为同一(重复)的议案,如果前一次提出时没有取得全体表决权的 1/10 以上(章程规定更小比例的,为该比例)的赞成通过,需要间隔 3 年才能再次提出。

(四)提案权审查规则

作为提案权审查规则,除了《美国联邦规章汇编》第 240.14a-

---

[1] 中国证券监督管理委员会组织编译:《美国〈1934 年证券交易法〉及相关证券交易委员会规则与规章》(中英文对照本·第 2 册),法律出版社 2015 年版,第 545 页。笔者此处的理解与翻译与原文存在较大差异,原文翻译如下:提议处理的标的与过去 5 个公历年内已包括在公司表决权代理资料中的其他提议的标的实质相同的,若该提议获得以下表决数,公司可将其排除在自上次被纳入后 3 个公历年内所举行的任何会议的表决权代理资料之外。(i)在过去 5 个公历年内提出 1 次的,得到少于 3% 的表决权;(ii)在过去 5 个公历年内提出 2 次的,在最后一次提交给股东后得到少于 6% 的表决权;或者(iii)在过去 5 个公历年内提出 3 次以上的,在最后一次提交给股东后得到少于 10% 的表决权。

8节问题9规定了13项应当排除的股东提案内容,该法律还针对享有提案权股东的不适当行权采取了一定的惩罚措施,以要求股东积极行权、充分履行其职责。这在一定程度上为公司发展提供了良性压力:问题6第(2)项规定股东如果未能按照其承诺在股东会会议日期前继续持有所要求数量证券的,公司可以将其随后2年的所有提议进行排除。问题8第(3)项规定如果股东及其合格代表没有充分理由不能到会提出提议的,公司可以将其随后2年的所有提议进行排除。《德国股份公司法》第126条第2款则规定了七种"反"提案及其理由无须通知的情形。另外,《日本公司法》第303条、第304条也规定了提案权排除规则,因内容重复此处不赘述。

四、股东提案权的实践考察

(一) 主体资格要求

实践中不乏通过公司章程对股东提案权的行权主体资格进行调整、改变主体行权条件的案例,如"湖南盛宇高新材料有限公司诉湘乡市村镇银行股份有限公司董事会决议效力确认纠纷案"。[1]该案法院说理肯定了湘乡市村镇银行股份有限公司章程对提案权主体资格的调整,认定"持有公司5%以上股份的股东才能提交提案写入公司章程的规定属于'法律规定的范围'",并不违法。再如,有研究者对上海证券交易所202家上市公司章程中关于股东提案制度的条款进行了统计,发现在有关章程调整提案权主体资格的案例中,涉及持股比例特别约定的有1家,持股期限特别约定的有2家。[2]

---

[1] [2012]湘法民二初字第134号。

[2] 曹清清、金剑锋:"上市公司股东提案权的章程表达——对202家上市公司章程的实证考察",载《证券法苑》2017年第2期。

第二章 实体性公司章程防御性条款

(二) 提案内容要求

我国《公司法》虽然赋予了中小股东临时提案权,但是因缺少提案内容及其内容审核的规定,在实践中出现了许多提案权行使异化的案例,如满足行权条件的股东,在证券交易二级市场散布"未来"提案内容而对成交价格产生影响,但到股东会召开时又已不再持股,之前的提案可能成为欺骗其他投资者从而获取不当收益的诱饵。实践中这样的案例屡见不鲜,如2011年3月凯诺科技曾提出高送转的议案——"向全体股东10送10股并派现1元",在公司对该提案进行公告后,其股价在随后的三天内疯涨23%;又如2011年5月劲嘉股份的股东太和实业也提出"向股东10转10派4元"的议案并进行公告,而公司的实际情况是其资本公积金和可分配净利润不足以满足该提案的请求,因此被股东会审议后否决,太和实业在提案公告后股价上涨的阶段趁势减持;再如2014年4月宁波联合的股东华润信托提出了"每10股派发现金红利1.60元(含税),以资本公积金转增股本方式向全体股东每10股转增15股"的议案,在提案被公告后宁波联合2天之内股价涨幅达到19.57%。宁波联合在之后公布该决议不通过的结果后股价跌停,对利好配分抱有期待的股东被套。而由于华润信托仅持有宁波联合4.98%的股份,低于《证券法》关于短线交易5%的标准的限制,证券市场专业人士怀疑其在高位出货,股东会决议时其所持股份所剩无几,具有操纵股市交易嫌疑。[1]实践中还存在着大量其他滥用提案权损害公司利益的案例,如有的提案内容不着边际,有的不断重复提出同一提案,有的一次性提出巨量议案,有的提出大量内容相互矛盾的提案,这

---

[1] 刘胜军:"论我国上市公司股东提案权——以美国法为借鉴",载《河北法学》2016年第9期。熊锦秋:"堵塞漏洞 完善股东提案权制度",载《证券时报》2014年5月9日。

都严重影响了股东会的正常运行及其效率。2017年1月的"ST慧球奇葩议案事件"就是一例典型,ST慧球在2017年1月提交了召开2017年第一次临时股东会的通知,拟审议议案高达1001项。其中奇葩提案数不胜数,如"关于调整双休日至礼拜二、礼拜三的议案"。证监会发言人张晓军对此评价:"ST慧球把重大政治问题当成炒作的噱头,性质极为恶劣,社会影响极坏。"[1]

(三)提案权相关程序性规定

《公司法》第102条第1款和第2款存在会议通知日期早于股东提出临时提案日期的规范现实,从而不利于其他股东充分了解提案内容。实践中即已存在此类矛盾:中百集团于2013年5月28日发布股东会通知:将于6月18日召开年度股东会,其股东新光控股集团有限公司于6月6日、6月8日两度提出股东提案,但均被公司排除。[2]6月8日以后股东已无法在规定期限内再次提出议案,可见提案提出距股东会的期间非常短,如此既不利于其他股东充分理解提案,也不利于其自身利益。

(四)提案权审查规则

在商事实践中,有研究对上海证券交易所202家上市公司章程进行统计,存在两份章程规定董事会享有股东提案审查权的特别约定,[3]它们均明确了董事会对股东提案具有审查权,其中《中国农业银行股份有限公司章程》(2014年修订)第92条对董事会的审核权采取了一定的限制措施,要求董事会应当在本次会

---

[1] "1001项奇葩议案事件之后 ST慧球争斗各方终于觉悟了?",载 http://finance.sina.com.cn/stock/s/2017-01-19/doc-ifxzuswr9454131.shtml,最后访问时间:2019年5月21日。

[2] 肖金锋:"上市公司股东提案权制度研究",载《证券法律评论》2014年第0期。

[3] 曹清清、金剑锋:"上市公司股东提案权的章程表达——对202家上市公司章程的实证考察",载《证券法苑》2017年第2期。

议上对被排除的决议作出说明和解释,这无疑较其他公司的章程规定更具有保护中小股东利益的先进性。

五、关于提案权的调整与防御性条款的设计

(一)防御性条款的提案权规则完善前提

结合公司制度以及股东提案权制度的目的,对股东提案权的设置应当一方面保护中小股东的利益,另一方面维护公司整体的利益。这两者并非总是冲突而不可调和的,两者平衡是设置具体制度实施措施所应当追求的目标。通过对提案权现行法规范的检讨与实践检视,总结比较法经验,可以发现我国股东提案权法规则尚有完善必要,具体完善思路如下:首先是股东提案权的主体资格要求过高,不符合我国当下商事实际,因此需要降低行权持股比例的要求。但是一旦降低该要求,因为缺乏合理控制行权人资格的措施,会导致权利滥用、损害公司利益的风险增加。这就需要通过以下两层思路去设置股东行权要求:其一是应当将提案权赋予那些有足够的经济动因去行权的股东;其二是尽量将提案权赋予"有企业家精神"或者至少是具有积极参与公司治理意愿的股东,而非普通"股票持有人"。具体而言:

首先,设置法定最低持股期限和会议期间持续持有股份的要求。这可以参考美国、日本立法例对提案股东进行筛选,防止股东提案权出现异化的规定。其次,设置提案权审核制度。赋权公司章程:其一,将不适格的股东提案予以排除,降低公司经营成本,保证公司经营效率。其二,对不符合行权程序的提案也予以排除,即辅以相应的提案权程序规则,作出一定的行权程序限定。最后,强调董事的受信义务,防止董事会侵害股东提案权。规定提案权审核制度又可能带来新的问题,即董事会权利滥用的可能,因此还需要对此再作出限制。应当强调董事的受信义务,

以满足股东合理行权的需要与对公司整体利益的保证。同时，为了避免董事会审核提案标准过于抽象，可以参照美国立法例列举提案的排除事由。以上是针对我国股东提案权当下困境的解决路径，在现行法律规范不完善的情况下，公司章程就需要发挥保护股东与协调公司整体利益的功能，原本股东提案权制度在不采取立法论的情况下就需要借助章程自治发挥更大的作用。

（二）能否直接取消持股比例要求

在进行股东提案权防御性条款规则设计前，有必要探讨是否可以直接取消持股比例要求。《公司法》第 102 条第 2 款将提案权规定为少数股东权，对条文中的"百分之三"可以作出两种解读：其一，只有股东持股 3% 以上时才产生提案权。其二，提案权是每个股东伴随获得其身份而随即拥有的，3% 不是权利本身产生的原因，而是因立法政策而设置的董事会必须进行讨论的条件。[1] 笔者更支持后一种解读，因为基于公司章程契约性理论，3% 应为股东权利行使的限制性条件，而非权利产生原因。之所以将提案权设定为少数股东权，有以下两方面考量：

第一，提案权不等同于建议权。首先，两者内容的重要程度不同，建议权是对公司内部事务合理的干预，直接向董事会作出，无须通过股东会全体讨论。而提交给股东会审议的议案往往针对公司的重大事项，需要经过股东会的全体讨论。其次，提案权也不同于《公司法》第 97 条中股东"对公司的经营提出建议或者质询"的权利。此处的"建议"为对公司的经营活动采取的监督行为，应是表达自由的一种表现，而非提案。另外，根据《上市公司章程指引》第 54 条第 1 款"……持有公司百分之三以上股份的股东，有权向公司提出提案"的表述可以看出，提案权

---

〔1〕 "公司法股东会提案权含义是什么"，载 https://www.66law.cn/laws/550642.aspx，最后访问时间：2019 年 5 月 14 日。

第二章 实体性公司章程防御性条款

和建议权的对象一个为公司,一个为董事会,显然存在区别。特别是股东在行使股东会召集权的同时往往会提出提案,若为自行召集会议,其对象即包含了董事会和公司。

第二,对于股份有限公司,特别是上市公司而言,赋予所有股东不作任何限制的提案权是不现实的。此类公司往往具有数量庞大甚至不断流动的股东群体,而不同股东的持股目的不同,除恶意行使提案权或滥用提案权导致公司的不效率外,各种细枝末节无关公司重大经营或治理事项的提案会带来巨大的代理成本。直接的结果是:每次股东会的会期因庞杂的审议事项而无限延长。因此出于对公司基本的经营效率的保证,股东提案权的持股比例限制不能被完全取消,仍应保持股东提案权为少数股东权的性质;同时,股东提案权的其他行权要求也不应当完全取消。可见,不能通过公司章程防御性条款的设计,直接取消持股比例要求,将股东提案权的性质由少数股东权改变为单独股东权。

(三)能否降低行权持股比例要求

前文已论述是否可以直接取消持股比例要求,法律并不禁止更严格的章程条款设计,通过将提案权限缩在特定的股东范围内,以此达到防止敌意收购者或中小股东滥用提案权,将公司的管理权牢牢掌握在特定股东范围内的目的。但现行法对股东持股比例的要求已然过高,应当适当降低这一门槛要求。亦知降低门槛并不是将门槛一味降低甚至消除这一门槛,而是仍然对提案权的行权主体资格进行限制。因此我们在调整提案权主体资格时,一方面应抑制股东的短期投机行为以及短期套利行为,另一方面应将提案权赋予那些有足够的经济动因去行权的股东,尽可能鼓励那些积极参与公司治理以及更会考量公司整体利益和长远利益的股东来行权。笔者认为,可以通过设置股东最低持股时间以及在会议期间持续持股的要求来对前述股东进行筛选:首先,因股东召集权和提案权的主要设立目的均为保护中小股东利益，且两者具有一定关联性，故可以参照我国《公司法》第 101 条第 2 款关于股东会召集权"……连续九十日以上单独或者合计持有……"的规定，对提案股东规定一定的持续持股时间要求。[1]其次，可参照《公司法》第 139 条第 2 款关于股东会召开前股东名册不得变更的规定。《公司法》第 139 条第 2 款的立法目的为保证顺利召开股东会以及防止有害的机会主义行为，要求会议召开前一段时间内的表决权是确定的，而股东会的顺利召开自然包括其中能够顺利审议会议议案，因此根据同样的立法目的，有必要增加对会议期间的持股要求。最后，在前一会议期间持股要求的基础上还可以要求提案股东在决议结果公告后方可进行股份转让，即通过对股东退出时机的限制，使得股东不得利用信息的不平等优势来损害公司与其他股东的利益。综上所述，就股东提案权主体资格要求进行章程自治是可行且有效的，在此基础上可以设置防御性条款以平衡与增强对中小股东利益以及公司整体利益的保护。

（四）提案审查规则与提案行权程序的设置

学界目前对设置提案行权相关程序的必要性多有发声。具体而言，在提案数量及其字数上，应当作出适当限制，以防止垃圾提案蔓延，节约公司议事成本，提高股东会效率；在持股期限上，设置持股期限要求，以防止投机性提案扰乱公司经营；[2]在

---

[1] 肖金锋：“上市公司股东提案权制度研究”，载《证券法律评论》2014 年第 0 期。

[2] 伍坚：“股东提案权制度若干问题研究”，载《证券市场导报》2008 年第 5 期；肖和保：“股东提案权制度：美国法的经验与中国法的完善”，载《比较法研究》2009 年第 3 期；李荣：“我国提案制度的缺陷与完善——兼论新《公司法》第 103 条第 2 款"，载《社会科学研究》2006 年第 6 期。

第二章 实体性公司章程防御性条款

提案间隔期上，亦有必要性论证。[1]

　　现行《公司法》一方面缺少董事会对股东提案审查权的明确性规范，另一方面没有明确将防止股东合理提案权利被侵害作为审查的要求。此外，缺少明确的审查规范，意味着不论提案情况为何都会全盘呈递给股东会进行表决，董事会均无须考察。这虽在一定程度上能够保证股东提案权的充分行使，但赋予董事会以提案排除权并不一定会妨害中小股东行使提案权，没有必要因噎废食。对提案权的适当限制及其审查这一规范逻辑是为了保护涉及更广泛主体的公司利益。实际上，《公司法》第 102 条第 2 款"提出临时提案并书面提交董事会"并非限制性规定，公司章程具有"续写"该条文的空间，明确董事会的审核权。对此有必要参照美德日立法经验，作出更具体的规定，根据公司需要着重保护的利益而设置防御性条款。具体而言：

　　在提案内容方面，可以参考美国的立法例经验，为防止规则繁杂混乱而采取反向列举的形式进行规定。在提案数量方面，当特定股东提案数量超过规定时，可以允许股东自己确定提案的优先顺序，其他超出限制的提案则自动被排除。在提案计数方面，若股东的提议与董事会审核的计数出现矛盾时，应当进一步在章程中细化提案计数规则，预防争议。在提案字数限制方面，出于股东会审议效率的考量，可以借鉴美日经验，作出提案字数上限的限制。在提案提交期限方面，若股东众多且分散，公司可以根据自身股权结构特点，适当延长通知期限，给予股东合理且充分的时间了解具体议案内容，以便作出理性表决。在相同提案间隔期间方面，出于公司股东会成本以及效率的考虑，排除一定期限内重复提出的公司已经不予通过且短期内不可能再通过的议案，

---

[1] 梁上上、[日]加藤贵仁："中日股东提案权的剖析与借鉴——一种精细化比较的尝试"，朱大明部分翻译，载《清华法学》2019 年第 2 期。

如与公司当下经营计划相悖的提议。此时为了保护提案股东的权益，美国设置的"考量最后一次提案的表决支持比例"是值得借鉴的，因为一定的支持比例可以反映出该提案至少具有一定的价值。此外，为了防止董事会滥用权力，欺压中小股东，除了可以依赖董事的受信义务规则，还可以在章程中明确董事排除提案后需要对提案股东以及在股东会上进行解释和说明。

第三节 表决权调整型防御性条款

一、表决权调整型防御性条款的类型分析基础

（一）表决权调整型防御性条款的定义

股东表决权在我国立法规则上可以被归入决策参与权和管理者选择权的范畴中。所谓表决权，是指股东基于投资人的法律地位对公司的有关事项表示自己同意、不同意或放弃发表意见的权利。[1]表决权调整型防御性条款是指为保护特殊主体利益，通过章程自治所设置的、对股东表决权进行分配调整的防御性条款。

（二）表决权调整的现行法规范考察及其制度构成

我国《公司法》关于股东表决权的一般规定见于第42条与第103条第1款，为区分两种公司组织形式而采取了不同的规定，此外在第105条作了特殊性规定。《公司法》第42条与第103条第1款关于股东表决权的一般规定为有限责任公司的股东按照出资比例行使表决权，但是允许公司章程对此作出自治性调整；股份有限公司则采取"每一股份有一表决权"的规定。可以对这两款法条作出进一步的含义延伸解释：首先，股东有权出席股东会

---

[1] 宋燕妮、赵旭东主编：《中华人民共和国公司法释义》，法律出版社2019年版，第89页。

第二章　实体性公司章程防御性条款

会议，表决权与股东会会议参加权是紧密联系的，[1]后一权利是前一权利得以行使的前提。[2]其次，有限责任公司股东享有表决权，有权对股东会决议事项表达自己同意、不同意或弃权的意思。再次，有限责任公司的表决权行使，原则上依据《公司法》第42条规定按照各出资人的投资比例确定，但是出于有限责任公司更强人合性的考量，表决权的行使允许优先遵循章程规定，体现了章程自由。最后，股份有限公司中的表决权则应当采取狭义的理解。因股份有限公司具有更强的资合性，是由股东的资本投入划分为等份额的股份构成的，所有的股份都平等地拥有一票表决权，而股东在公司中享有多少权利，是以股东所持股份的数额表达出来的，这是我国股份有限公司同股同权特性的体现。换言之，股东所享有的实际上是"投票权"，而表决权对应的是股份。同时，由于本法规定允许公司在特定情况下持有自身股份，为了防止公司及其股东人格难以区分，公司所持有股票上所依附的表决权不能由公司所享有。此外，《公司法》第105条规定累积投票制作为特殊的表决权行使规则，是为了防止控制股东凭借其控股优势而在股东会上操控董事、监事的选举，导致中小股东特别是股份有限公司中持股分散的小股东所提名的董事、监事根本无法当选，最终中小股东在公司经营管理中难以反映自身意见的情况。当然，第105条采用了"可以"表述，意味着该现行规定为缺省性规则。

审视《公司法》第42条、第103条和第105条的立法沿革，可以发现第42条关于有限责任公司表决权行使规则的规定，早在1993年第一部《公司法》中即已出现，直到2005年修订时，

---

[1] 为方便论述，除特别说明外，笔者将参加权的内容吸收进表决权中进行统一论述。

[2] 王欣新：《公司法》（第3版），中国人民大学出版社2016年版，第44页。

为了有利于公司的发展与股东间的协作，才加入了允许公司章程进行自治的赋权性条款。第103条的规定最早出现于1993年《公司法》，并固定了"一股一权"规则，在2005年《公司法》修订后，又明确了表决权排除的特殊情况，即公司不得依其持有的股份享有表决权。这次修订，既回应了公司作为独立法人，其股东应为公司以外的第三人的法理要求，也表明了表决权的排除应当依据法律的特定列举的立法态度。2005年《公司法》第106条确立了与直接投票规则相对应的公司董事、监事选举规则，发挥了限制资本多数决原则、扩大中小股东发言权，以保护中小股东利益的功能，其与2005年《公司法》进行大规模修订具有同样的立法思路，对累积投票制采取遵循任意性规则的态度。

从法释义学的角度对我国现行法规范进行剖析，可以发现当下我国股东表决权发展涉及如下几个方面的问题：

第一，表决权的归属。这在《公司法》第42条前半句即已体现，然而第103条的内容又采取表决权是"跟随"股份而来的表意，这就产生了对股东权利来源的疑问：究竟是基于股东的出资而享有，作为公司产权的一项延伸，还是基于特定身份，由法律赋予而产生的权利。基于公司契约论的解释，股东表决权应当作为股东付出财产权而获得对公司控制权的对价。英国公司法认为"股东表决权是财产权利，股东可以为了自己的利益并按其认为合适的方向行使"，[1]这显然更易达到逻辑上的自洽。但我国学者一般将投票权认定为一项管理型的权利，属于共益权。[2]既然认为投票权是一项管理权，那么公司其他主体能否具有此项管理者权利就需要得到回应。

---

[1] Northern Counties Securities Ltd v. Jackson & Steeple Ltd, WLR 1133 (1974)，转引自葛伟军译注：《英国2006年公司法》（第3版），法律出版社2017年版，第245页。

[2] 邓峰：《普通公司法》，中国人民大学出版社2009年版，第383页。

第二章　实体性公司章程防御性条款

第二，表决权的排除。原则上，股东表决权不能被剥夺，2005年修订后的《公司法》第104条新增了表决权权利排除的一项列举，然而对表决权的排除是否仅限于此一种情形，是否允许主体放弃自己的表决权，以及是否还存在其他情形，或者以公司章程或股东自治的方式进行调整则不无疑问。

第三，表决权的配置。2005年修订的《公司法》第43条加入了允许公司章程对表决权进行自由配置的规定，虽然其第104条第1款规定了"一股一权"，且第127条规定了"同股同权"，但也仅为对股份有限公司作出的限制。实践中早已出现同股不同权的需求，且在2019年发布的《上海证券交易所科创板股票上市规则》（以下简称《科创板上市规则》，已失效）对表决权差异安排作出了探索性规定，因此同股不同权的规定能否突破有限责任公司这一种组织形式的壁垒，到达股份有限公司的领域，该规则创新是否具有可行的理论基础是值得回应的。

第四，表决权的二次配置。我国《公司法》包含了如第106条的表决权代理，如国家作为投资者的身份或者国有控股的情况下，需要委派国有股权代表人行使表决权。然而，无论是理论梳理还是比较法借鉴，我国现有表决权的二次配置规则都不甚完整，有必要再探索我国公司章程自治设置表决权流转的其他问题，如转让、信托等。

二、表决权的归属

（一）公司内部成员的表决权归属

根据契约理论，公司这一合同束涉及公司股东、公司管理层、员工、债权人等多方主体。主体间存在利益的异质性，意味着无论将表决权赋予何者，均会产生"集体行动成本"，但因公司合同的不完备性，必须有主体来行使表决权以决定公司事项，并且这一主体的制度选择应当以最小"集体行动成本"为导向。投票权可能由股东、董事、监事、经理、公司雇员甚至债权人单独或由他们的任意组合所享有。然而事实上,世界各国立法例均毫无例外地将投票权首先赋予股东,而并非具有信息优势的公司管理层。对此,经济学对赋予且仅赋予股东表决权这一现象的标准解释为:"股东是唯一对公司资产和盈利拥有剩余、不固定的、事后的索取权的成员。"[1]这是因为,就除股东外的公司成员而言,他们往往在事前已与公司确定固定的报酬,且该报酬安全性较高,债权人甚至还享有一定的担保可能,故这一群体的收益受到公司经营状况的影响较小。另外,在一定周期后,该群体还可以通过与公司的重新谈判获得更有利的回报。而就股东而言,无论公司是盈利还是亏损,都必须一体承受,并无可预期的固定回报可言。同时,股东与公司之间的契约是"无限期"的,往往难以对其中的条款进行重新谈判,而股东的分散性又进一步深化了重新谈判的不可实现性。由此可见,股东具有追求公司利益最大化的理性激励,认真对待表决的可期待性最高,代理成本最小。

(二) 公司外部关系对表决权归属的影响

以上结论并不能完全解释在公司外部关系中的股东机会主义行为。在一定情况下,股东利益会与债权人利益产生冲突,如股东采取的抽逃出资行为或通过控制管理层作出让公司参与高风险活动的决议。因此,当股东行为使债权人面临不可预见的风险时,债权人事实上就成为最后的"索取人"。[2]债权人往往会采取两类措施实施控制:其一,通过合同规制公司的行为,禁止公

---

[1] Easterbrook, F., Fischel, D., *The Economic Structure of Corporate Law*, Harvard University Press, pp.66~72.

[2] [美]弗兰克·伊斯特布鲁克、丹尼尔·费希尔:《公司法的经济结构》(中译本第2版),罗培新、张建伟译,北京大学出版社2014年版,第68页。

第二章　实体性公司章程防御性条款

司采取高风险行为，如将某类投资行为作为借贷合同违约的条件；抑或享有对公司重大资产变动行为的批准权，如银行贷款合同中经常限制贷款企业资金投资用途。其二，通过对公司施加再融资的压力，如进行债转股抑或重新在金融市场发行可转换债券进行二次融资，债权人转变为公司的股东，直接对公司施加影响力。这也释明了如美国《特拉华州普通公司法》第221条的规范逻辑，其允许公司章程赋予公司债券或无担保债券持有人以表决权，并将持有人视为股东，将债券或其他债务视为股票。因此，是否可以直接移植美国《特拉华州普通公司法》的相关规定，允许公司章程为债权人等公司外部主体设置表决权仍有待考察。

基于债权性角度，表决权作为对固定收益的请求权，正常情况下并不会与公司的实际经营与收益相挂钩，只有在公司不再具备按时偿付债务能力时，才会与公司的经营业绩产生关系。债权长期被认为是一种融资工具，并且债权人本身存在基于合同的请求权，然而伴随着利益相关者理论的发展，在合同请求权外如何进一步保护债权人利益的方式方法被不断提出，典型的如债权治理，这一概念虽未引起传统法学界的过多关注，但却使之不能回避表决权的归属问题。纵观对此问题的实证研究，学界尚未形成统一的结论。持负面评价的研究发现，债权治理对我国上市公司企业投资效率的影响并不显著，无法很好地抑制非效率投资。[1]由此学者主要得出以下结论："其深层次原因在于债权各构成部分的有效性不一致：商业信用的治理作用显著，但银行贷款、企业债券的治理作用不明显；短期债权的治理作用显著，而长期债权不明显。"[2]

---

〔1〕　邓莉、张宗益、李宏胜："银行债权的公司治理效应研究——来自中国上市公司的经验证据"，载《金融研究》2007年第1期。

〔2〕　张亦春、李晚春、彭江："债权治理对企业投资效率的作用研究——来自中国上市公司的经验证据"，载《金融研究》2015年第7期。

而支持论者则认为银行债权治理能够有效改善国有企业绩效。[1]虽然基于不同侧重点的实证研究结果大相径庭，但是多数结论依然将问题抛向了法律领域以期寻求完善之道。可见，纯粹的经济学路径并不能解决此问题，如此又回归法律途径以待论证。

(三) 对表决权归属主体调整条款的否定

一般认为，明确表决权归属主体时不应忽略一个概念——剩余控制权，剩余控制权经常与剩余索取权相伴出现。[2]剩余索取权主要表现为在收益分配优先序列中的"最后的索取权"；剩余控制权主要表现为"投票权"，即契约中没有说明的决策权。[3]而拥有剩余控制权的人通常总是能拥有剩余索取权，反之则不一定。[4]从法概念上观察，剩余索取权对应的是财产的所有权，而剩余控制权对应的应当是企业的所有权。反观债权人对公司形成控制的情形，在不考量通过契约形成控制的情况下，实践中真正实施"债转股"的情形十分有限：一种情况为作为破产重整方案的"债转股"，另一种情况为大股东对公司进行资金拆借而形成的债权，因无力偿还而将对应的债权转换为股权。

综上所述，在法律视阈下，表决权最终还是应当归属于公司股东，不应设置调整表决权归属的公司章程防御性条款。

三、表决权的排除

(一) 表决权排除的定义与分类

表决权原则上与股份、股权相伴而生，反之则不亦然。换言

---

[1] 简泽："银行债权治理、管理者偏好与国有企业的绩效"，载《金融研究》2013年第1期。

[2] Hart, O., Moore, J., "A theory of corporate financial structure based on the seniority of claims", Working papers.

[3] 张维迎："所有制、治理结构及委托—代理关系——兼评崔之元和周其仁的一些观点"，载《经济研究》1996年第9期。

[4] 李维安、郝臣编著：《公司治理手册》，清华大学出版社2015年版，第32页。

之,股东的表决权原则上不受限制,但是在特定条件下,也存在例外,而这一例外即为表决权的排除制度。本部分仅对狭义的股东表决权排除,亦即股东表决权回避作出讨论,对广义表决权排除中的发行无表决权股份不作讨论。就此而言,狭义的股东表决权排除主要是指,出于防止不公平关联交易或形成不当控制而损害公司利益或其他股东利益这一目的,而采取的表决权排除措施。股东表决权排除是资本多数表决权滥用的事前限制,具有被动性、客观性和预防性的特点。根据该制度,只要某一股东与股东会的决议事项存在利益冲突,无论其股东身份为何,无论其投票意向为何,其投票权一律被剥夺,违反表决权排除的股东投票也一律无效。具体包括如下四种情形:公司的库存股;纯粹的管理关系股东表决权排除;在相互持股的情况下,有的法律将表决权的行使限定在一定比例范围之内;在子公司持有母公司股份的情况下,有的法律规定子公司对母公司没有表决权。[1]

(二) 我国表决权排除的现行法规范检视

我国《公司法》第16条第3款规定,公司为公司股东或者实际控制人提供担保的决议,须排除该公司股东或实际控制人的表决权;第103条第1款规定了公司持有的本公司股份的表决权排除规则。从这两条法律规范中可以解读出其立法目的是限制股东通过资本多数决滥用权利以牟取私利,防止损害公司与其他股东利益。但现行法规范仅分散列举上述两项情形,是难以涵盖现实实践之多样性的。特别是缺乏第21条第1款中关联关系情况下表决权排除机制的一般规定,对不公平关联交易(以下简称"关联交易")的严格管控,本就是股东表决权排除制度的核心内容,也是中小股东利益保护的重要途径。但目前对预防关联交易

---

[1] 吴日焕译:《韩国公司法》,中国政法大学出版社2000年版,第369~372页。

的立法规则仅存于第124条，即上市公司董事会决议中对存在关联关系董事表决权的排除，其并没有完整涵盖第21条第1款所列举的可能通过关联关系损害公司与其他股东利益的主体，显然存在法律漏洞。对涵盖关联交易的表决权排除规则最早可以追溯到1992年《深圳市上市公司监管暂行办法》（已失效）第46条，其作出了要求"关连人士……或与……利益关系的人士"必须放弃投票权的规定。随后，证监会于1997年颁布的《上市公司章程指引》第72条正式赋予章程制定有关关联关系股东的回避和表决程序，这一规则沿用至今（现第80条）。《上市公司股东大会规则》第31条第1款也作出了关联关系股东的表决权排除规定。同时，《上市公司重大资产重组管理办法》对关联交易行为也进行了列举。

由此可见，现行法中的表决权排除规则存在三个方面的问题：一是关于股东表决权排除的立法例，采取了分散列举的形式，不存在统一的概括性规定；二是列举内容存在不完整的情况，即表决权排除的原因事项不足，导致该制度的适用范围过窄；三是具体的股东表决权排除机制主要以部门规章的形式呈现，规范位阶显然较低。

（三）表决权排除的比较法考察

大陆法系对关联关系股东的表决权排除规定起源于1861年《全德商法典》第190条，即通过表决减轻主体自身责任或义务的，该主体不具有表决权。[1]这一原则被1897年《德国商法》所承继，列为第252条第3款。最新《德国股份公司法》第136条亦专门对表决权的排除作出了承继性的规定，将表决权排除的情况进一步细分为"在对其应否免责或者应否免除一项义务或者公司应否向其主张一项请求权作出决议时"与"通过合同使股东

---

[1] 肖海军、危兆宾："公司表决权例外排除制度研究"，载《法学评论》2006年第3期。

第二章 实体性公司章程防御性条款

有义务按照公司、公司董事会或者监事会的指示或者一个从属企业的指示行使表决权的"两种情况。后者与《我国公司法》第103条的立法目的相似,故以上两种情形原则上均须被排除。此外,《德国股份公司法》主要在第16条、第17条、第19条到第22条、第56条、第71条和第328条对相互持股作出较为系统的规定,具体分为两种情况:一是子公司不得取得母公司的股份,否则其股份不具有任何表决权,且需要在限定期限内转让;二是如不存在从属关系的相互持股,则其股份上的表决权会受限,即部分排除,最高比例为25%。其他大陆法系国家也都作出了相同或相似的规定,如《意大利民法》第2373条禁止股东在存在利益冲突的场合行使表决权,《韩国商法》第368条禁止有特殊利害关系者针对股东会的决议行使表决权,第342条与第369条对相互持股的表决权排除作出了较详细的规定。[1]与前述事前规制的立法例相比,《日本公司法》稍有不同,仅在第308条第2款规定了公司自持股的表决权排除;在关联关系股东表决权排除方面,第831条第1款采取的是事后救济措施。

在英美法系方面,传统英国公司法认为表决权是一项财产权利。从表面上来看,股东可以为了自己的利益按照其意愿任意行使其权能,股东因而不对公司负有受信义务,不可由法律予以事先排除。[2]但这种法律传统也因法律的不断发展以及两大法系的融合借鉴而出现转变,英美法系也出现了规范的表决权限制制度,[3]如《英国2006年公司法》第四章以专门一章的规定来规制不当控制中的"子公司成为其控制公司的成员"情形。其中第

---

〔1〕 [韩]郑灿亨:《韩国公司法》,崔文玉译,上海大学出版社2011年版,第261页。
〔2〕 Northern Counties Securities Ltd v. Jackson & Steeple Ltd, WLR 1133 (1974).
〔3〕 王桂珍:"上市公司关联股东表决权限制制度研究——以中国证监会对四环药业股份有限公司处罚为例",暨南大学2010年硕士学位论文。

136条为一般规定,虽然没有直接叙述表决权的排除,但是直接禁止股权的持有足以涵盖对其表决权的否定态度。结合该法第137条的规定,可以发现只有在法定例外的情况下,才允许子公司持有母公司的股份,同时这些股份不具有表决权。另外,《英国2006年公司法》第五章"对上市公司和可交易公司的附加要求"部分强调了成员投票的独立性要求,如第345条明确列举了"关联人"的外延,亦即该章是对表决过程中不当关联关系的排除性规定。另外,《美国标准商事公司法》第7.21节第(b)(d)条亦分别列举了两种防止不当控制的规定,即对母子公司相互持股以及公司自我持股的表决权的排除规则。

可见,无论是大陆法系国家还是英美法系国家,均对股东表决权排除机制作出了规定,相较我国现行规则,可以总结出以下几项特点:其一,在关联关系排除方面,我国与大陆法系国家主要对股东在会议上的表决权进行直接排除,而英美法系国家多为限制关联交易本身,主要为股东会对董事(或控制股东)与公司进行自我交易时的一种独立性判断或批准。其二,在关联主体范围上,各国立法例普遍出现了关联关系股东代理人的表决权排除,而我国并没有相关的规定。其三,在立法结构上,我国与法国相似,采取分散列举的立法形式,并没有概括性地规定以及在同一条文中进行集中列举,而其他国家立法例多为集中性且列举式的规定。其四,在规则体例上,各国(包括我国)主要采取了事前规制的规则体例,经笔者观察,样本中仅日本采取事后规制的形式。其五,在排除原因事项上,主要存在两种立法例,即交叉持股的表决权全部排除与部分排除,但我国并不存在母子公司或一般公司之间的相互持股情形下的表决权限制抑或部分排除机制。而其立法保护的利益与我国《公司法》第103条关于排除股东自持股的表决权排除是一致的,既然存在第103条的规定,何不进一步明确交叉持股的规制，以上显属立法漏洞。

（四）基于表决权排除机制的防御性条款设计

1. 对表决权的直接剥夺

所谓对表决权的直接剥夺，即对股东原本所享有的或者基于股票上存在的表决权，在缺乏正当事由的情况下，直接通过公司决议或者公司章程修改的形式进行剥夺。学界普遍认为股东的表决权属于固有权，其固有权利不应被章程或者股东决议直接剥夺，同时董事会也不能提出剥夺股东表决权的提案。根据期待权理论，在允许公司发行优先股的情形下，股东在失去对公司决策参与权时以优先获取收益作为补偿，由此满足股东设立或投资公司的最初预期。在不允许公司发行优先股的情形下，直接"宣判"股东失去对公司决策参与权意味着股东面临失去全部所有者权益的可能：一方面，股东失去了基于其股权的表决权；另一方面，股东收益权的命运任由其他公司成员决定，很可能在其他公司成员不适当行权或遭遇外部风险时，导致该股东利益受到巨大损失。在缺乏任何利益平衡机制时，此时股东的出资行为无异于赠与行为。因此，是否可直接剥夺股东的表决权有待商榷。此外，在我国1993年《公司法》颁布以前，曾有一些上市公司在其发布的股东会召集通知中规定，只有单独或者合并持有公司一定比例以上有表决权股份的股东才有权出席股东会，限制小股东参加股东会并进行表决的权利。这实际上构成了对股东表决权的剥夺，因而1993年《公司法》实施之后仍发布此类股东会召集通知的上市公司，均被证监会要求发布更正通知。[1]综上所述，在缺乏正当事由的情况下不能直接通过公司决议或者公司章程修改的形式对股东的表决权进行剥夺。

---

〔1〕 王欣新：《公司法》（第3版），中国人民大学出版社2016年版，第44页。

2. 对表决权的放弃

既然股东的表决权不能被直接剥夺,那么股东的表决权能否"自我剥夺",即进行放弃呢?我国商事实践中不乏此类案例,笔者抽样选取案例两则进行考察:案例一,绿景控股在2015年3月开始实施定增。在实际定增后,新股东与原实际控制人签订了协议,安排新股东将其表决权的14.35%通过表决权委托协议委托给了原大股东,同时宣布放弃剩余的8.51%的表决权。这一安排的目的有二:一是保留原有实际控制人的地位不变;二是避免触发《上市公司收购管理办法》规定的要约收购机制。案例二,中金环境于2017年12月发布公告,公司拟将其子公司全部股权转让给公司大股东,由此将会导致公司部分股东和上市公司产生同业竞争关系。因此,相关股东应声明不可撤销地放弃中金环境部分股份对应的表决权,亦不可委托任何其他方行使该等股份的表决权,直至声明人解决与中金环境之间的同业竞争问题。这一放弃表决权的行为对于解决同业竞争问题以及保护公司整体利益起到了助益。

观察以上两则案例,可以发现股东对其所享有的表决权的放弃,是通过对自身权益的减损,以保护其他股东或者公司整体的利益。尤其在第二则案例中,该股东的表决权放弃实际上是对公司大股东可能存在的贬损公司整体利益的预防机制,并敦促其尽快解决同业竞争风险,有利于对中小股东的利益保护。

但是还需要注意两方面的问题:一方面是防止出现规则异化,即表面上表现为表决权放弃但实际为表决权交易。正如欧盟《第五号公司法指令》第35条规定:"股东约定以取得特别协议为对价而放弃表决权行使的协议无效。"[1]表决权的买卖被各国所普遍禁止,因为会导致不当控制的出现,即以较小的代价获得

---

[1] 刘俊海译:《欧盟公司法指令全译》,法律出版社2000年版,第130页。

第二章　实体性公司章程防御性条款

超额控制权，并利用该控制权侵害中小股东利益，以谋求自身收益。[1]其禁止原因也不断被学术界所论证，如有学者研究发现，控股股东的控制权与其现金流权的分离程度越高，其对中小股东进行侵害的可能性就越大，侵害程度也越深。[2]另一方面是避免出现公司僵局，基于历史原因，我国存在部分股份有限公司由国有股和法人股绝对控股的情形，如果要求其回避，将会导致股东会决议因无法达到法定表决权定数要求而无效，这亦可能导致公司陷入难以继续经营的僵局。另外，有学者还提及"目前的关联交易中也无法排除地方经济发展政策的权衡"。[3]对此，《上市公司章程指引》也设置了例外：在无法回避的特殊情况下，可以在取得行政部门批准后进行正常表决并作出说明。通过以上立法例与实践案例的观察，可以发现股东能够享有放弃其表决权的权利，但是仍然需要受到一定的限制，而这一限制即以保护公司及其他股东利益为必要条件。虽然这一限制在我国并无现行法规则，但是可以通过公司章程条款设计予以弥补。

3. 对关联关系的再修正

我国现行的关联关系股东表决权排除制度以保护公司与中小股东为初衷，但是，该规则实际上未臻成熟，实践中出现了与其规则设计初衷相悖的案例。2008年8月，中国东方航空股份有限公司（以下简称"东航"）发布公告称，新加坡航空公司及淡马锡控股全资子公司联德投资私人有限公司与东航订立的协议，由于先决条件未获满足而自动终止。排除其他因素，基于规范研究

---

[1] Grossman, S., Hart D., "One Share-One Vote and the Market for Corporate Control", *Journal of Financial Economics*, 20 (1988), 175~202.

[2] Porta, R.L., Lopez-De-Silane, F., Shleifer, A., "Corporate Ownership Around the World", *Journal of Finance*, 54 (1998), 471~518.

[3] 肖海军、危兆宾："公司表决权例外排除制度研究"，载《法学评论》2006年第3期。

可以发现导致此次并购重组失败的原因是关联关系股东表决权排除机制。在本案中，对控制股东的表决权排除是不利于公司整体利益的，因为东航彼时欲作出并购重组的目的是转变常年的亏损，引入外来投资是为了调整公司的经营策略、改善公司的管理。但作为中小股东的中国国际航空股份有限公司（以下简称"国航"）是其最大的反对者，国航一贯主张与东航合并，而国航的实际目的是替代新加坡航空公司收购东航股份并最终吞并东航。因此，国航通过大量买入东航股票成为第三大股东，并创造舆论影响其他中小股东，再加之许多中小股东的目的是"搭便车"或持理性冷漠的态度，最终导致并购重组失败。此后，东航的股价暴跌，经营困境雪上加霜，其结果不但损害了大股东的利益，也损害了其他中小股东的利益。通过这一案例，我们可以发现《上市公司章程指引》第80条、《上市公司股东大会规则》第31条关于表决权排除机制预设了这样一个前提，即关联关系股东会损害公司的利益。但是这一预设可能会导致其他股东具有超额控制权，从而产生的决议也未必是符合公司整体利益的，甚至会带来新的代理成本问题，这也意味着表决权排除机制的立法目的被落空。事实上，我们不能忽视这样一种情况，即关联交易对全部股东（虽然可能其他股东与其表决意向相左，但是却为这些股东带来了更多收益）以及公司整体均有利。此时若强制排除关联关系股东的表决权似乎有不合理之嫌，因此我国的规则呈现出规定过于绝对化与适用过于僵化的问题。

对此，笔者建议我国立法应当针对关联关系的行为及目的，而非关联关系股东的身份进行规制。根据《公司法》第16条第3款、《上市公司章程指引》第80条以及《上市公司股东大会规则》第31条，既然已采事前规制且列举式的规则形式，为了防止股东表决权被不当排除，应当明确关联行为有损于公司整体利益或对小股东权利造成实质性剥夺时，才应对其表决权进行排除。所谓具体的排除事由应当允许公司根据自身情况作出调整,允许公司章程遵循事前规制的思路进行自治性的列举。同样,遵循前述"防止有损于公司整体利益或对小股东权利造成实质性剥夺"的思路,意味着股东亦可以利用公司章程防御性条款就此事项作出自治性规定以进行自我利益的保护。诚然,纯粹的自治难以实现矫正目的,反而又可能回到大股东欺压小股东的循环中,因此可以在关联行为预将被排除时,允许关联股东对其行为的"无害性"进行举证,从而避免关联股东表决权的绝对排除。

4. 调整表决权排除的原因事项

我国《公司法》的现行规定缺少表决权排除原因事项的一般概括性条文。相关规则亦是分散性的列举,仅对公司自持股以及"公司为公司股东或者实际控制人提供担保的"两种情况进行了股东表决权的排除,另外,加之《上市公司章程指引》《上市公司股东大会规则》《上市公司重大资产重组管理办法》所规定关联关系股东表决权排除的三种情形,其规制范围狭窄抑或列举种类不足显而易见。"对有关股东在公司内部组织中的权利、义务、责任的增减以及公司对股东诉讼决议等,尚未考虑表决权的排除问题",[1]这无疑给少数人利用其他手段规避法律及相关规则留下了巨大的空间。

前文已提及,股东表决权的排除事项应当采取"法定与章定"相结合的体例,即在作出法定的强制性规定的同时,还应当允许公司根据自身治理情况,在章程中对股东表决权排除事项作出补充。实际上,我国法律实务界已经意识到章定股东表决权排除事项的重要性,《中华全国律师协会律师承办公司治理业务操作指引》第29.2.2条就已建议公司建立表决权排除制度。我国现行规则并无规定交叉持股情形下的表决权排除事项,这一法律

---

[1] 肖海军、危兆宾:"公司表决权例外排除制度研究",载《法学评论》2006年第3期。

漏洞亟待填补。在相互持股达到一定比例的情况下，可能会导致公司控制股东或管理层形成利益关联，构成新的实质上的关联关系。这同我国《公司法》第103条第1款关于公司自持股的表决权排除的立法理由是相同的。因此通过对上文比较法的考察可知，主要存在三种制约交叉持股的立法例：一是禁止相互持股；二是排除相互持股的股份的表决权；三是排除部分表决权，或者对能够行使的表决权作出上限限制。经过上述"对关联关系的再修正"部分的讨论，可以发现第三种立法例更适合我国国情。

综上所述，公司章程应当发挥对股东表决权排除原因事项的自治能动性，允许公司根据自身情况进行条款制定，特别应警惕不当或有害的关联关系、公司自持股或交叉持股所形成的不当控制，导致出现不健康的公司治理环境，造成股东权利的实质不公，损害股东或公司整体利益。

5. 对表决权的限制标准

对公司应当如何在具体章程中制定表决权排除规则，有学者提出："公司在做出限制股权的行为时，需要符合目的标准、手段标准以及程序标准。"[1]此即罗尔斯正义论的适用。笔者认为，可以进一步将表决权的限制标准明确为：表决权排除的规定应当同时符合有益于公司整体利益的提升或防止公司整体利益的减损，以及规避股东个人利益的不当减少，若需减损股东利益亦应当符合正义的要求。

四、表决权的配置

（一）表决权配置的定义与分类

表决权的配置是"同股不同权"的下位概念。因股权内含权

---

[1] 王湘淳："公司限制股权：为何正当，如何判断？"，载《西南政法大学学报》2017年第5期。

利丰富,"同股不同权"所表现出来的既可能是所有权也可能是控制权,既可能是财产权也可能是人身权,既可能是共益权也可能是自益权等形式。在我国法律下,表决权的配置将"同股不同权"的范围缩小至控制权即表决权的分配上,公司法以"表决权差异安排"进行表述,亦即存在"不同的投票权"(笔者讨论仅采以上针对表决权的"同股不同权"的狭义概念,优先权股与劣后权股此处不作展开)。另外,表决权配置的定义界定可采所有权与控制权之间的比例性配置的标准,若所有权与控制权之间比例完全相等,则为同股同权,反之则构成同股不同权[1](需要说明的是,此处采取广义的"同股同权"概念,为方便论述,与"一股一权"视为同义)。[2]总而言之,本部分着重讨论表决权配置的两种主要类型:其一,投票权具有不同的权重模式,即不同股票具有不同的投票权权重;[3]其二,投票权具有不同的对象模式,即不同股票享有针对不同事项进行不同权重投票的权利。

(二)表决权配置的法律表达、渊源与比较

对表决权架构的配置,主要存在三种立法模式。第一种是由法律明确规定"同股同权",不允许意思自治。表现为仅允许股份有限公司发行"一股一权"的股票,同时仅有优先股作为无投票权的特殊股。此种模式主要以《德国股份公司法》第 134 条为

---

[1] 张舫:"一股一票原则与不同投票权股的发行",载《重庆大学学报(社会科学版)》2013 年第 1 期。

[2] 有学者将"同股同权"作为"一股一权"的上位规则,因"同股同权"为核心内涵的股权比例性配置模式较"一股一权"的等比例配置样态更具弹性,因此将其放入"同股同权"的广义概念中。参见李洪佳:"同股同权规则的再释义与我国公司股权结构改革",载《西南政法大学学报》2018 年第 5 期。

[3] 差异性表决权安排包括"一股多权"与"多股一权"两种安排,"一股多权"的股份一般分给需要形成控制的股东,而"多股一权"的股份一般分配给不需要形成控制的其他股东,然而这两种安排的制度逻辑是基本一致的,为了阐释方便,"同股不同权"仅以"一股多权"的情形展开论述。

代表，该条明确规定任一股票都享有一个表决权，但优先股没有表决权，禁止一股多权。日本、韩国等均采此立法例模式。第二种是由法律通过赋权性的规则确定多种股份与投票权的架构，并交由公司通过股东会决议或公司章程的形式确定具体的股份与投票权架构。此模式以英国、美国、加拿大、瑞典、新加坡等为代表，[1]允许公司在章程中自行选择具体的股权种类和权利，发行多样化的股票。第三种是允许非上市公司采用"同股不同权"的架构，但禁止上市公司采取。此模式以澳大利亚为立法例代表。

我国学界主流观点曾长期认为，一股一表决权或同股同权是对股东平等原则的回应，这就要求每一股份所能够代表的权利应当是完全相等的，否则一方面会破坏剩余控制权与剩余索取权的正向关系，另一方面也很难从个人利益的角度对股东建立表决谨慎、善意形式的内在约束机制。"一股一权"或"同股同权"原则实际上并非与股份有限公司甚至公司的诞生相伴，而是经过长时间的发展与演变才得以形成，具体而言，关于公司内的多元化股权构造，欧洲的历史最为久远。有学者认为可以追溯到古罗马时期，彼时的 Publicani 根据不同的人群，如富人和普通公众发行不同的股份。在中世纪时期，欧洲的商事组织已经发展出了非比例性投票权的构造。[2]到了近代，著名的英国东印度公司的股东表决并没有采用一股一票的原则，而是规定只有出资 500 英镑以上的出资人才能享有股东会的投票权。[3]到了现代，"一股一权"模式下的立法例也并非始终如一，如德国公司法最初并未采"一股一

---

[1] 张舫："美国'一股一权'制度的兴衰及其启示"，载《现代法学》2012年第2期。

[2] Pistor K, Keinan Y, Kleinheisterkamp J., "Evolution of Corporate Law: a Cross-County Comparison", *Journal of International Economic Law*, 23 (2002), 791~871.

[3] [日] 大塚久雄：《股份公司发展史论》，胡企林等译，朱绍文校，中国人民大学出版社 2002 年版，第 87 页。

权"模式,在1937年、1965年《德国股份公司法》的逐步修订之前,是允许"一股多权"模式的,但因容易出现滥用,导致股东权利失衡而被逐渐修改,在1998年《德国加强控制和透明度法》颁布之后,不仅是针对上市公司,它还被一概地禁止了。[1]再如日本公司法在1950年之前也允许公司章程对持有多股股东的表决权进行限制,但之后废除了这一规定,改为了"一股一权"。[2]

然而,"同股不同权"依然在世界各地充满活力,现代欧美国家立法例中涉及表决权的配置形式主要表现为如下几种情形(如表8):

表8 现代欧美国家的表决权配置形式[3]

配置模式	形式	定义	代表国家
投票权具有不同的权重模式	多重投票权架构	股份投票权权重不同(如A类股一股1票,B类股一股10票)	英国、美国、瑞典、荷兰、法国
	无投票权股份(非优先)	普通股,无优先财产分配权,但无投票权	美国、瑞士、英国、法国
	投票权上限(含一人一票)	没有股东可以拥有超出一定比例的投票权	比利时和荷兰以外

---

[1] [德]格茨·怀克、克里斯蒂娜·温德比西勒:《德国公司法》(第21版),殷盛译,法律出版社2010年版,第544页。

[2] [日]森田章:《公开公司法论》,黄晓林编译,中国政法大学出版社2012年版,第105页。

[3] 《欧盟"比例性原则"研究报告》,Sherman & Stering LLP,(2007),report on the proportionality principle in the European Union,载 http://ec.europa.eu/internal-market/company/docs/shareholders/study/final report. 申万宏源研究所:《同股不同权:理论基础、国际对比及A股推行建议》(2019年5月9日)。美国《特拉华州普通公司法》第212(a)条、第102(a)(4)条等。

续表

配置模式	形式	定义	代表国家
特殊权重投票权具有不同的对象模式	特权股	股份在某些事务上有特别投票权，与持股比例无关（如阿里巴巴合伙人制度，允许合伙人提名多数董事）	荷兰、英国、美国
	黄金股	国有企业私有化后，国家持有的股份，具有特殊事项决定权，相当于国有"特权股"	西班牙、意大利

而当下各大股票交易所对"同股不同权"的态度也不一，主要情况如下表（如表9）：

表9 全球市值前十二交易所关于是否允许"同股不同权"的规定[1]

市值排名（2017年）	交易所名称（中文）	交易所名称（英文）	经济体	所在地	是否允许"同股不同权"
1	纽约证券交易所	NYSE	美国	纽约	是
2	纳斯达克（美国）	Nasdaq-US	美国	纽约	是
3	东京证券交易所	Japan Exchange Group Inc.	日本	东京	是
4	上海证券交易所	Shanghai Stock Exchange	中国	上海	否
5	泛欧交易所	Euronext	欧洲	阿姆斯特丹	是

---

[1] 各大交易所官网、维基百科。

续表

市值排名（2017年）	交易所名称（中文）	交易所名称（英文）	经济体	所在地	是否允许"同股不同权"
6	香港交易所	Hong Kong Exchanges and Clearing	中国（香港）	香港	是
7	伦敦证券交易所	LSE Group	英国	伦敦	否
8	深圳证券交易所	Shenzhen Stock Exchange	中国	深圳	否
9	多伦多证券交易所	TMX Group	加拿大	多伦多	是
10	孟买证券交易所	BSE India Limited	印度	孟买	是
11	印度国家证券交易所	National Stock Exchange of India Limited	印度	孟买	是
12	德意志交易所	Deutsche Boerse AG	德国	法兰克福	否

由以上表格可见，不同交易所采取的股权架构规则是不同的，并没有统一的模式。通过以上实证观察，就是否实施"同股不同权"可能因本地法律体系、市场情况甚至交易所的竞争需要等影响而不同，难以笃定孰优孰劣，但以上观察都为表决权配置的样态研究提供了宝贵的资源，也为我国表决权调整规则提供了借鉴依据。

（三）对"同股不同权"股权配置结构的学术争鸣

1. 反对"同股不同权"

现代公司治理中的"两权分离"和"委托代理"是支持同股

同权正当性的理论基础：强调在法经济学领域，公司的所有权应当与控制权相当。

（1）违反平等原则。

一股一票忽略了持有者的身份差异，因而符合平等原则。"一股一权"或"同股同权"是股东平等原则的必然体现，[1]公司每一股份所蕴含的表决权应当与其对应的所有权完全相等。[2]否则持有多投票权股份者，完全可以利用少量的股份来对公司形成不当控制，通过强化的内部人控制，带来两方面的风险：其一是对内形成损害甚至架空其他股东的决议诉求；其二是对外造成公司控制权市场失灵，外部投资者意欲进入公司表达不同管理要求几乎难以达成，原公司也因此变相规避了市场监督。

股东权利禁止分离规则的基本要求是：基于股权平等的理念，多数国家或地区的公司法在制度设计中禁止将剩余索取权与剩余控制权相互分离。其最直接的表现为，规定股东权利中的财产性权利与参与性权利的比例性配置要求，所谓"公司剩余利益的每一部分承载着相等的投票权"。[3]由此，"一股一权"或"同股同权"原则就具有了正当化的基础，保证了股东拥有与他们所享有的股份对应的剩余价值索取权相当的投票权，将股份视为无差异的财产性与参与性权利载体，也激励了股东行使参与性权利。

（2）存在代理风险。

"同股不同权"架构根植于伯利和米恩斯提出的公司所有权与控制权相分离理论。该理论认为，两权分离是公司所有权扩展

---

[1] 施天涛：《公司法论》（第4版），法律出版社2018年版，第238页。

[2] 刘俊海：《股份有限公司股东权的保护》，法律出版社1997年版，第136页。

[3] Easterbrook, F. H., Fischel, D. R., *The Economic Structure of Corporate law*, Cambridge, MA: Harvard University Press, 1991, p.73.

的结果,因所有权人(股东)与管理者的利益偏好不同,实践中往往表现出前者追求长期利益而后者追求短期利益的利益分歧。为了缓解这一利益分歧,或使得两者利益趋于一致,有观点认为投票权与公司的剩余利益相关联,为了减少多余的代理成本,每一份额的剩余利益必须带有相同的表决权。[1]因为收益与风险的不均衡会使得投票者不可能作出理想的选择,甚至会出现管理交易等机会主义行为的道德风险,更勿言顾及小股东的投票需求,最终小股东的投票权形同虚设。

(3)必要性不充分。

一是现行市场与制度环境不允许。许多学者认为当下我国的市场成熟度、公司治理与投资者保护、市场监管能力等方面,还达不到允许上市公司自由安排股权架构的条件。主要原因在于非理性的股票发行定价;投资者保护机制不足,信息披露与配套救济措施的薄弱等;监管部门的监管能力与力度不够。[2]

二是具有较大的法律不确定性。因缺乏一般性法律规定,实践中需要公司或原始股东与投资者对合同内容不断重复博弈。虽然合同的方式提供了一条可变通且灵活的路径,但是合同的安排实则具有较大的法律不确定性。因为基于合同的表决权特殊约定,往往会违背"一股一权""同股同权"或"资本多数决"等将财产权与表决权捆绑的原则。另外,合同个别约定会造成股权的同质性、同值性下降,直接影响股份的流动性。流动性的下降又意味着增加了股东的投资风险。

三是现行规则足以发挥作用。现行公司法制度内已经具有对

---

[1] 罗培新:"公司法学研究的法律经济学含义——以公司表决权规则为中心",载《法学研究》2006年第5期。

[2] 黄臻:"双层股权结构下如何完善公司监督机制",载《南方金融》2015年第9期。

应"同股不同权"的规则,且有一定的实践基础,没有必要再建构或实施"同股不同权"的制度。例如,在保证股东对公司的控制权方面,可以通过协议的方式采取表决权委托、表决权放弃,以及采取交叉持股、金字塔持股结构等举措;在稳定管理层方面,可以设置"驱鲨剂""黄金降落伞"甚至"毒丸"等反收购手段,这样至少可以使权利人对外谋得更好的讨价还价空间以自保。

2. 支持"同股不同权"

支持"同股不同权"的学者认为:"对于股份公司来说,控制权的维持与股权融资之间总存在着一种紧张关系。"[1]换言之,在"同股同权"的要求下,股东控制权与股权稀释的矛盾始终是公司成长过程中无法避免的困境。根据作为"同股不同权"架构理论基础的契约理论,股权各项权能内容是可以被限缩或扩张的。因此,所谓传统普通股是完整具有股权各项权能的股份,而特殊股是指赋予持股股东的权利在投票权方面有所扩张或限缩的股份类型。

(1) 公司对自身表决权配置的自治空间,由资本平等走向实质平等。

公司法中的平等内涵正在从传统的股份平等向股东平等演进。股东平等的基本要义就是承认股东之间在能力、偏好等方面客观存在的异质性,具体到股东权利安排上,通过多元化的权利配置来满足不同股东的差异化偏好。[2]对禁止"同股不同权"最大的驳斥即认为"同股同权"的规定过于刚性,它将公司及其股

─────────

〔1〕 张舫:"美国'一股一权'制度的兴衰及其启示",载《现代法学》2012年第2期。

〔2〕 汪青松:"论股份公司股东权利的分离——以'一股一票'原则的历史兴衰为背景",载《清华法学》2014年第2期。

东的意思自治空间挤压到了最小的程度，各主体均难以作出最适合具体情况的安排。换言之，最优或最高效应当是强制性规则所追求的理想状态，然而现实的公司情况千差万别，参与者的偏好也因人而异，刚性规定必然是向制度妥协的产物，也必然会牺牲一定的收益。根据契约理论，赋予市场主体重新配置表决权的自由，最有可能使公司和股东之间通过市场的定价功能达成高效率的契约。与之对应，"同股不同权"结构能够拆解固定标准化的普通股内容，根据不同主体的不同经济利益与控制权的要求，将各项权利重新组合成理想的权利束。

（2）降低交易成本。

一是防止初创企业因早期融资而导致控制权稀释。无投票权股或多种投票权股份的发行多发生在处于早期发展阶段的公司中。[1]公司早期融资需求大，需要防止控制权被稀释。因为处于这一阶段的公司常常由原始股东所控制，原始股东既需要大量资金满足公司发展，又需要防止控制权被稀释，发行普通股就必然会陷入两难的境地。即使创始人本身并不缺乏资金，由自身投入大量的资金也并非如其所愿。因为在缺乏其他股东出资的情况下，资本的增加意味着创始人所需承担的风险也增加，风险的增加往往会使得创始人犹豫不定并进而影响公司发展。

二是公司初创期中小股东利益具有较高一致性。公司初创期的快速成长无论对大股东还是小股东都能够带来足够的激励，股东不必为过多投票权固定在控制股东手中而担忧。一方面是维持和提高市场份额会促使管理层提高公司效率；另一方面是市场竞争和来自资本市场的监督（如投资者"用脚投票"）会起到规制与监督管理层的作用。

---

[1] 张舫："一股一票原则与不同投票权股的发行"，载《重庆大学学报（社会科学版）》2013年第1期。

三是代理成本的必要性。公众公司往往存在庞大的股东群体与分散的股权,其中分散的股东往往会保持"理性的冷漠",这就导致投票活动面临着集体行动的困境——每个人都欲坐享集体决策的收益,又都不愿意去耗费个人成本去投出理性的一票,极可能会出现无效率的集体决策的风险。因此,需要将投票权集中于为公司利益付出,或者投票目的与公司利益保持一致的股东手上,从而确保作出有效的集体决策,由此所带来的代理成本应是不可避免且必要的,甚至在很多情况下中小股东是主动"搭便车"的,因为其投资往往是基于对创始人或管理者的能力的认可。

(3) 有利于公司实现长远发展的目标。

一是有利于公司发展长远规划。长远的发展计划在控制权不稳定的公司中往往并不能够为投资者带来足够的吸引力,反而是短期内能够实现利益的措施会更易被市场接受。再者,管理层时刻面临着被改旗易帜的威胁,也就会主动采取短视的计划,这种计划往往并不利于公司在长期内保持价值提升。差异性股权架构的实行可以在一定程度上对投资机构的介入进行屏蔽,削弱股东积极主义所带来的负面影响,缓解公司长期目标与投资者短期收益需求的冲突。

二是鼓励公司经营者更加专业化,全心全意优化经营管理。一旦管理权稳定,意味着公司的经营者对与他们确定长期雇佣关系的公司更具有信心,就有可能投入更多的时间与精力,去获得对公司有益的知识积累、专业技能积累、创新能力培养等人力资本。"管理层之所以去获得这些提升,是因为相信他们与公司可以确定长期的雇佣关系,从而获得人力资本投入所带来的回报。"

三是保证公司理念的连贯与鼓励创始人进一步投入创新。创新是当代企业的核心竞争能力,而企业的创业能力很大程度上又依赖于创始人的原创能力。"采取不同股权架构更类似于一种激励机制,通过对创始人权益的保护,帮助创始人专注投入、不断创新,增加企业的归属感和凝聚力,使得创始人团队为公司创造更大价值",[1]并将独特的企业理念与文化传承下去,这也对社会总体效益有所裨益。

3. "同股不同权"的实证分析争议

欧盟曾经在 2007 年对是否要在联盟内部各国推行"一股一权"制度进行过认真的研讨,并于同年 6 月发布了关于欧盟上市公司所有权与控制权之间的"比例问题",即"一股一权"的外部研究结果。[2]该研究发现,在现有的学术研究基础上,并没有确凿的证据表明对比例原则("一股一权")的背离与上市公司的经济表现或公司治理效果之间存在因果关系。[3]事实证明,投资者对"一股一权"机制并不在意,甚至存在消极态度,他们更多地认为信息公开与透明才是对投资决策有所助益的。[4]最终在 2007 年 10 月,欧盟委员会决定"在一股一票的(推行)问题上,将不会采取任何行动"。[5]

学术界对上市公司采取不同股权架构与公司治理和业绩表现有强因果关系的实证证明也都不如人意。"一股一权"抑或"同

---

[1] 巴曙松、巴晴:"双重股权架构的香港实践",载《中国金融》2018 年第 11 期。

[2] 该研究由欧洲机构股东服务公司、欧洲公司治理研究所和 Shearman & Sterling LLP 律师事务所实施。

[3] "Commission Staff Working Document, Impact Assessment on the Proportionality between Capital and Control in Listed Companies", in https://ec.europa.eu/smart-regulation/impact/ia_carried_out/docs/ia_2007/sec_2007_1705_en.pdf.

[4] Vossestein, G.-J., "Modernization of european company law and corporate governance some considerations on its legal limits", *Alphen aan den Rijn*: Kluwer law international, p. 253.

[5] "The Way Ahead in the Internal Market, Legal Affairs Committee of the European Parliament", in https://europa.eu/rapid/press-release_SPEECH-05-68_en.htm.

股不同权"架构并无优劣之分,有通过对"同股不同权"架构公司首次公开募股 IPO 前后资本与控制权变化的实证分析得出,"同股不同权"并不能完全巩固控制权,控制权变化依然频繁,由此投资者对此类公司兴趣减少,导致大量公司回归普通股架构;[1]也有通过对美国 1898 年到现在双重股权结构的演变以及对采取此类股权结构的公司进行生存统计,认为该结构作为创始人或控股股东筹集资金的有效手段,具有持续生存的能力,且近年来该架构的使用呈现出上升趋势。[2]当然,亦有论证认为"同股不同权"架构的公司相比之下具有更多的增长机会,该架构能增加高增速(但不是低增速)公司的价值。[3]可见,学界对此的实证研究结果莫衷一是。

就差异性股权结构较发达的美国市场来看,截至 2017 年初,全美范围内采取"同股不同权"架构的上市公司占比为 8%,其中在标准普尔 500 指数中占比 9%,罗素 3000 指数中占比 11%,但是其中包含风险投资的占比 7%,包含私募支持的占比仅 5%。另外,在 2007 年至 2016 年的十年间,对美国所有采取"同股不同权"架构且支持风险投资或私募支持和已完成 IPO 的技术公司进行统计发现,样本总数有 30 家,占此期间内美国所有 IPO 总数的 10%。[4]这 30 家公司在股权结构上表现出了以下规律:①除

---

[1] Amoako-Adu, B., Smith, B. F., "Dual class firms: Capitalization, ownership structure and recapitalization back into single class", *Journal of Banking & Finance*, 6 (2001), 1083~1111.

[2] Howell, J. W., "The survival of the U. S. dual class share structure", *Journal of Corporate Finance*, 44 (2017), 440~450.

[3] Jordan, B. D., Kim, S., Liu, M. H., "Growth Opportunities, Short-Term Market Pressure, and Dual-Class Share Structure", *Journal of Corporate Finance*, 41 (2016), 304~328.

[4] "2017 IPO Report,载 https://corpgov. law. harvard. edu/2017/05/25/2017-ipo-report/。

一家采取三重股权结构外,其他均为双重股权结构;②27家公司采取了一股10表决权,其他采取了超过10的超级表决权的结构;③高表决权股的持有者,其中22家为IPO之前的投资者,4家仅为创始人,2家为创始人和部分IPO之前的投资者,2家仅为部分IPO之前的投资者;④所有公司均设置了非普通股转换为普通股的条件与情形。[1]

由以上考察可见,采取"同股不同权"的架构即使受到不少机构投资者或代理咨询公司的青睐,也并非有利于各种类型的公司,其对信息披露、投资者保护、配套司法水平均有一定的要求。[2]但不可否认的是,"同股不同权"架构经受住了长期的实践考验,表现出了有利于创业者或原始投资者控制公司的优势。虽然代理问题依然会出现,特别是"同股不同权"架构会带来代理问题加剧的风险,但是在市场调节和法律规制下,并不必然会出现较大的风险,导致公司价值下降。此外,"同股不同权"架构虽为非主流股权架构,且对相关配套制度具有依赖性,但是其依然保持着持续的活力,对特定条件下的公司表现出较强的助益。因此,无论是何种表决权的配置架构,又无论采取何种理论基础,单一的表决权配置要求并不完全符合实践中市场多样化的需求。市场天生就具有层次性,包括融资方式的多层次性、投资者的多层次性、发行方式的多层次性、交易机制的多层次性等。[3]因此,公司采取"同股不同权"的进路不应当被排除。

(四)我国建构多种表决权配置的规范、实践及借鉴基础

1. 我国建构多种表决权配置的规范基础

如果说我国《公司法》第103条和第126条构成了公司采取

---

[1] "2017 IPO Report",载 http://www.wilmerhale.com/2017IPOreport.

[2] Dyck, A., Zingales, L., "Private Benefits of Control: An International Comparison", *The Journal of Finance*, 2 (2004), 537~600.

[3] 周小川:"资本市场的多层次特性",载《金融市场研究》2013年第8期。

"同股不同权"架构的障碍,那么第131条则为其预留了一扇待打开的门。然而门内却长期空无一物,留待填充。事实上,优先股的正式合法化、国务院对"国家特殊管理股制度"的支持态度、上海证券交易所和深圳证券交易所发布的《试点创新企业股票或存托凭证上市交易实施办法》对具有差异化表决权红筹企业的批准和特别说明,都预示着双重股权架构在我国的法律障碍并非不可逾越。[1]与此同时,在表决权配置方面,可以发现第131条的规定并不与第103条和第126条矛盾或冲突,因为"同股同权"本是股东平等的要求,但实践中却将其内涵丰富的"股东平等"扁平化为"权利相同",进一步导致其错误地与限制类别股相联系。[2]此外,第131条仅授权国务院对公司发行其他种类股份进行另行规定,意味着"同股不同权"的安排还不能基于公司自治由发行人和投资者意定。对此有学者指出,长久以来实务界已经形成按照法律或国务院规定进行融资的思维习惯,如缺乏明确规定,实务界通常采取极其慎重的态度。[3]当空有《公司法》第131条"发行类别股"的授权而无具体的规则时,这种"慎重"就会导致现实与规则的脱节。但正如前文所言,市场是多层次的,实践中的市场创新与变通时时刻刻通过合同的进路消解现有法律的"僵化"规定,虽然上市公司会受到证监会发行审核标准的限制,但是《上市公司章程指引》并没有禁止股东自愿放弃表决权或对表决权进行委托,这可以认为实际上是为了防止公司增发股份时,原控制人的持股被稀释,以此强化原控制人对公司

---

〔1〕 彭海:"新三板策略深度报告:内地版'同股不同权'的可行性分析",载http://vip.stock.finance.sina.com.cn/q/go.php/vReport_Show/kind/lastest/rptid/4337528/index.phtml,最后访问时间:2019年7月2日。

〔2〕 俞广君:"事实上的类别股与'同股同权'的理解偏差",载《金融法苑》2015年第2期。

〔3〕 叶林:《公司法研究》,中国人民大学出版社2008年版,第248页。

的实际控制的一种安排,这与"同股不同权"架构具有相同实质追求。

在我国商事实践中,"同股不同权"架构的安排屡见不鲜,典型如绿景控股定增事件,为了保留原实际控制人余某的控制权,定增对象上海纪辉与余某签订了表决权委托协议。上海纪辉在定增完成之后将所持的绿景控股全部1.83亿股中的1.15亿股(14.35%的股权)的表决权委托给原大股东余某,同时上海纪辉放弃全部股份中剩余的0.68亿股(8.51%的股份)的表决权,使得原实际控制人余某的表决权总数达29.90%。可见,表决权放弃安排的实质是上市公司在增发股份引进财务投资时,由于财务投资人认购比例比较大而稀释了原控制人的持股比例,为了强化原控制人对上市公司的实际控制而采取的一种商业安排。另外,实务中还有公司通过金字塔持股结构、交叉持股、瓜分董事会,以及股东间通过表决权委托(信托)、表决权限制(放弃)协议、对赌协议、股票收益权转让等方式,[1]达成即使公司只存在单一普通股,也能以较少出资实现对公司的实际控制的目的。诚然,以上合同进路可以作为现行"同股同权"规范要求下的有效补充,但是不可否认的是,当事人为了规避规范要求及其相应的交易风险所采取的复杂的交易结构增加了交易成本。

直到2018年3月,国务院办公厅转发证监会《关于开展创新企业境内发行股票或存托凭证试点若干意见》,其中规定"存在投票权差异、协议控制架构或类似特殊安排的"创新企业也允许纳入境内发行股票或存托凭证的试点范围,意味着"同股不同权"被纳入试点范围。同年6月15日,上海证券交易所和深圳证券交易所发布的《试点创新企业股票或存托凭证上市交易实施

---

〔1〕 俞广君:"事实上的类别股与'同股同权'的理解偏差",载《金融法苑》2015年第2期。

办法》也用专门章节对具有双重股权架构的红筹企业上市提出了具体要求，可见以双重股权架构的红筹企业作为差异性表决权架构试点的大幕已经逐渐拉开。而《科创板上市规则》在其第四章的第五节中通过 14 个条文，以及第 2.1.4 条对"表决权差异安排"作出了明确规定，但并没有言明表决权的配置是属于法定类型范畴还是允许公司通过章程自治安排。笔者认为，表决权配置章程自治的规范已"初显端倪"：一方面，通过"征求意见稿"与正式规则文件的比较，关于采取表决权差异安排的公司入市条件，正式规则文件相较"征求意见稿"少了"表决权差异安排应当稳定运行至少 1 个完整会计年度"的规定，体现出了给予表决权差异安排更加灵活的空间的规则制定思路。另一方面，根据《科创板上市规则》第 4.5.1 条以及第 4.5.2 条的表述，"设置表决权差异安排"发生在公司上市之前的，公司只要"充分、详细披露相关情况特别是风险、公司治理等信息"即可，可见表决权配置是具有一定的意思自治空间的。

2. 我国建构多种表决权配置的市场实践基础

据《2018 年全球中概股市场研究报告》统计，[1]我国总共有 48 家中概股采取了双重股权结构。截至 2019 年年中，除了小米集团、美团点评和歌礼制药在香港上市外，其他公司大都选择在美国上市，分析这些公司表决权配置可以发现：

"同股不同权"的表决权配置情形主要可以分为两类：其一是多重投票权架构，表现为双重股权架构，即将股份分为 AB 股。两类股份除了投票权存在差异之外其他权利是完全相同的，这与《科创板上市规则》第 4.5.5 条的内容一致。第 4.5.4 第 2 款规定特权股与普通股的表决权差异的界限为 10 倍。主要采取 AB 股

---

[1] 基岩研究院、清科研究中心："2018 年全球中概股市场研究报告"，载 https://free.pedata.cn/1440998437159821.html，最后访问时间：2019 年 9 月 1 日。

第二章　实体性公司章程防御性条款

架构的公司占比达到61%，此结构将普通股（A类）设计为具有1投票权，特权股（B类）具有10投票权。[1]但也存特例，如京东和精锐教育的B类股具有20票，而新浪微博的B类股则具有较少的3票。其二是采用特权股架构，如经典的"阿里巴巴合伙人制度"。即所有股份上的投票权份额都是一致的，唯独赋予"合伙人"对于特殊事项的表决权。具体而言，包括马云在内的20余位合伙人总共持有阿里巴巴10%左右的股份，这些合伙人可以联名控制公司董事会9个席位中的5个，而董事会通过简单多数的规则来进行决策，这就意味着公司的决策经营权牢固地掌握在合伙人这个集合体手中。

"同股不同权"的表决权配置不仅仅表现在投票权结构与特殊事项上，还表现为对特权股的一系列限制条款上。经观察发现，能够在相关公司的限制条款中找到对应《科创板上市规则》第4.5.9条第1款——关于特权股在特定情形下转换为普通股的限制情形的规定。具体例如：①第4.5.9条第1款第1项可以分为两部分。前半部分为关于最低持股要求的规定实际上为缺省性规定，允许公司确定创始人在特权股中的最低持股比例要求。对应该规则的有58同城、百度规定的"若公司创始人持有超级投票权股少于该类股份的5%，所有已发行的超级投票权股强制转为一股一票"，汽车之家则将持股下限定为39.3%，京东则规定"若创始人无B股，则B股全部转为A股"。后半部分为关于持股资格的规定，对应实例可在京东的规则中找到："若创始人不再受雇，所有股份转成一股一票。"除此之外，还有一类是将持股资格设定为应当持有达到全部已经发行股份的一定比例的特权

---

[1] 彭海："新三板策略深度报告：内地版'同股不同权'的可行性分析"，载http://vip.stock.finance.sina.com.cn/q/go.php/vReport_Show/kind/lastest/rptid/4337528/index.phtml，最后访问时间：2019年7月2日。

股,如麦瑞医疗规定"超级投票权股占总股本低于20%时,所有超级投票权股转为一股一票"。②第4.5.9条第1款第3项关于转让(包括委托他人行权)限制,可见于当当网、去哪儿网等的规定,即"超级投票权股转让给非关联人士时,必须转为一股一票股份"。③第4.5.9条第1款第4项关于公司控制权变更,可见于汽车之家的规定,即"若公司控制权发生变化,所有多重投票权须转换为一股一票"。[1]通过以上的比较和列举,可以发现《科创板上市规则》中的部分规则实际上已经经过了一定程度的市场实践检验,在许多我国海外上市企业的经营过程中发挥着效用。《科创板上市规则》的规则安排更加全面和细致,[2]已经具备一定程度的实践基础,制度借鉴所带来的"水土不服"问题或许并不严重。

3. 我国建构多种表决权配置的规则借鉴基础

通过对比科创板与香港交易所(以下简称"港交所")关于"同股不同权"架构规则的相似性,可以发现科创板规则与港交所规则具有很多的重合之处。借鉴已经有实践检验(特别是已有中国企业实际上市)的规则架构是风险较小的选择,但科创板规则与港交所规则也并非完全一致。科创板规则既有不够完善之处也有根据内地市场情况而加强规范的地方。具体而言:

(1) 上市门槛。

科创板的外部上市标准相对于港交所而言较低,不设营业收入要求的科创板要求为100亿元,港交所要求为400亿港元;科创板最低市值标准为50亿元且一年内收入5亿元,港交所要求

---

[1] 参见申万宏源研究所的《同股不同权:理论基础、国际对比及A股推行建议》(2019年5月9日)。

[2] 包括"公司上市前设置投票权差异化安排、限制特权股股东资格及特权股的变动、保障普通股股东权利的设置、强化信息披露及监督"等方面。

100亿港元的市值且10亿港元的收入。两者均规定了只有新上市公司才能选择"同股不同权"架构,科创板在此基础上又增加了公司内部股东会表决审批要求,但此处的规定与《公司法》关于公司特别决议事项的规定有重复之嫌。较低的门槛实际上是为了吸引更多的互联网与高科技企业在国内上市,解决更多的科技创新型企业的融资问题,通过市场为科技创新助力。

(2) 特权股的主体资格与后续变动安排。

科创板与港交所均在特殊表决权股东主体资格要求、特权股与普通股的差异界限、公司上市后禁止增发的限制、特权股交易限制等方面作出了规定,内容上相对一致。但是在特权股股东主体资格方面,科创板的规定更加严格,如科创板描述特权股股东必须是"对上市公司发展或业务增长等作出重大贡献的",须满足最低持股要求或公司控制权变更事实等;相对地,港交所并没有对以上事项作出规定,仅规定"被交易所认为不符合董事要求"。此外,在特权股股东持股要求方面,港交所的要求是"不低于已发行股本的10%",而科创板则为"已发行有表决权股份10%以上",意味着科创板的要求更低。比较之下,一严一松的规则安排则体现出了为了稳定控制权,将特权股尽可能地保留在符合资格要求的人手上的规则制定思路。

(3) 保护普通股股东以及向普通股转换规则。

科创板规则与港交所规则的规定基本一致,科创板又重申了权利不得滥用的原则,但并没有具体列举滥用的情形以及如何认定。

(4) 信息披露要求。

科创板规则与港交所规则关于对外进行信息披露的规定基本一致,科创板另增加了对内的股东会的通知要求。

(5) 公司内部治理与监督。

科创板仅规定监事在年报中对特定事项出具专项意见。而港交所则规定得更为细致，包括管理层的培训、独董安排等监督机制和合规顾问等风险控制机制。虽然独董与监事会存在职责重叠已是老生常谈，但港交所更全面的规定也是科创板规则未来修订值得进一步借鉴的蓝本。因为一方面，监事乃由股东会选举而来，对于具有特权股的股东而言，似有自己监督自己之嫌；另一方面，监事会的监督方式属于事后监督，并不能在滥用表决权发生时及时介入。

(五) 基于表决权配置的防御性条款设计

1. 表决权配置架构的意定或法定模式选择

我国《公司法》第131条授权国务院对公司发行其他种类股份进行另行规定，但是并没有明确究竟是由国务院进一步授权公司依其自治规定发行其他种类股份抑或由国务院另行制定"法定类别股"，公司再依照特定法定类别的股份进行股份发行。有学者认为第131条仅授权国务院对公司发行其他种类股份进行另行规定，意味着"同股不同权"或者类别股的安排不能基于公司自治由发行人和投资者意定，而应当为"法定类别股"，[1]其理由是采取特殊股权配置架构的公司具有涉及不特定第三人利益的可能。后续投资者在进行投资时，需要了解公司的资本结构。所以，为了使股权关系透明化，需要将类别股进行公示。此外，从立法技术角度来看，"股权只有通过法定才能明确其统一的内容与基本规则，便于公示"。[2]笔者赞同其观点，但并不支持其说理。

---

[1] 朱慈蕴、[日]神作裕之："差异化表决制度的引入与控制权约束机制的创新——以中日差异化表决权实践为视角"，段磊部分翻译，载《清华法学》2019年第2期。

[2] 朱慈蕴、沈朝晖："类别股与中国公司法的演进"，载《中国社会科学》2013年第9期。

第二章 实体性公司章程防御性条款

　　法定主义下的规则无论是权利内容还是权利的行使都较为清晰，对限制特权股股东的机会主义行为以及保护普通股股东的利益具有显著意义。另外，采取法定主义的立法技术还能够提高规则效率，为公司实践起到示范的作用。然而，各国立法实践表现却截然相反。由于资本市场的多层次性、公司行业的广泛性，甚至是法律制度与市场规则的国际竞争趋势以及资本流动的全球化等原因，迫使采取法定主义的国家不断修改类别股制度，日本即为最典型代表。[1]相对地，以英美为代表的立法模式主要基于公司契约理论对此采取较为开放的态度，允许公司根据实际情况设置股份权利内容，毋庸置疑这可以激发当事人最大的创新性与积极性，易于公司及时与复杂的商事环境进行对接。以《美国标准商事公司法》为例，其所列举的类别股的示范性作用远大于强制性作用。但纯粹授权主义立法模式的缺点也很明显，即会出现代理成本问题。此模式下的负面案例也有很多，例如在美国市场上市的中概股中就有这样的典型——聚美优品。正是由于双重股权架构赋予了实际控股人超级投票权，而公司实际控制人错误决策不断，导致公司经营不断出现问题甚至公司市值快速蒸发。

　　可见，似乎应当选择"中庸"的路径，在法定主义的大框架下赋予公司对股权内容进行设计的权利，即所谓实现一定范围内国家意志与个体意志的集合。2020年修订的《科创板上市规则》就是这样一种集合，如其第4.5.4条第2款低于特殊股表决权上限的规定，即给定了一个表决权配置的公司自治天花板。其并未固定特殊股相较普通股的具体倍数，而是允许公司在这一边界范

---

[1] 日本不断修改其公司法，逐步放宽了对类别股的种类、转换以及行使方面的限制，甚至在权利类型、内容及其行使方面作出了更多详细的规定，以供公司根据实际情况进行选择，满足市场的多样化需求。参见任尔昕："关于我国设置公司种类股的思考"，载《中国法学》2010年第6期。

围内自由约定。

　　主流学术讨论都强调"同股不同权"应当以本国的市场环境与公司需求为依据。在我国，中小企业存在通过私募股权进行融资的需求，政府为了公共目的需要控制国有企业，均可以通过差异性表决权的股权架构予以实现。可见，"同股不同权"在我国具有现实的合理性。市场处于发展中，法律制度供给以及配套措施不完善已是必然。主要反对观点认为在缺乏美国发达的集体诉讼制度以及授信义务的前提下，引入"同股不同权"的表决权配置架构这一对公司治理具有剧烈毒性的猛药无疑是缺乏解药的。[1] 除了制度的本土化问题需要解决，还需要考虑规则制定的立法技术选择。既然在法定主义的大框架下赋予公司对股权内容进行设计的权利，笔者认为应当明确两个方面的限制：

　　第一个方面的限制，对特别表决权股份拥有表决权数量与普通股份拥有表决权数量的比例安排。在缺乏更完善的监督机制下，对特殊股进行一定限制是必要的。为了防止特殊股权结构带来过高的代理风险，有必要对特殊股设置投票权权重的上限，这可以避免因公司创始人或管理者所持股份所带来的决策权失衡问题。这种决策失衡甚至可能导致出现具有接近无限大的投票权的极端情况，显然配置过高的投票权无疑会变相剥夺其他股东的决策参与权。第二个方面的限制，在特权股的转让限制上，此架构是基于最初持股人的强烈人身特性而建立的，亦即特权股具有强烈的人身依附性，转让限制的必要性不证自明。以上仅从特殊股的投票上限以及普通股表决权比例、特权股的转让限制两个方面进行讨论，笔者还将基于《科创板上市规则》从规则适用时间、

---

〔1〕 "同股不同权：香港还缺什么？"，载 https://m.sohu.com/a/223880000_667897/? pvid=000115_ 3w_ a&from=singlemessage&isappinstalled=0，最后访问时间：2018年12月1日。

第二章　实体性公司章程防御性条款

适用事项、适用领域等方面,对法定主义与授权主义相结合的表决权配置架构规则之边界,即表决权配置的防御性条款的设计空间进行讨论。

2. 表决权配置架构设计的适用时间

采取"同股不同权"的架构,可以理解为是在对部分股东权利扩张的同时限缩了部分股东权利。从前文的讨论中可以发现,对表决权的排除应当仅限于特定的情形。因此针对非公众公司而言,无论何时,只要全体股东均同意公司采纳此股权结构,均是合法合理的。然而对于公众公司而言,若在公司公开招股后才进行设置,需要得到全体股东的同意,这在实践中是难以实现的,因此应当在公司首次公开招股或公开发行的情况下进行"同股不同权"的架构设置。具体而言,公司在首次公开招股时,应在其招股说明书或上市公告书等文件中详细披露公司股权架构信息,以便各公司股东或意欲持股的外部投资者了解其投票权受限情况,并在认股时认可。相反,公众公司在进行公开招股后再实施"同股不同权"架构,一方面因股份的分散化,得到全体股东的一致同意是非常不现实的;另一方面若直接进行公司股权架构变更,意味着其他股东在认股时支付的对价与实际投票权、公司收益剩余索取权不再对应,严重损害了其他股东的利益。另外,如果通过诸如资本融资等手段将现有股份转换为具有不同投票权的股份,容易导致控制股东利用资本多数决原则,强迫其他股东接受新的股权配置安排,甚至将其他股东的股份转为无投票权股,损害其他股东的利益。正因如此,2019年《科创板上市规则》第4.5.2条第2款也明确规定了"不得在首次公开发行并上市后以任何方式设置此类安排"。是故,公众公司应当在公司首次公开招股前设置"同股不同权"的表决权配置结构。

在与时间相关的差异性表决权设计方面,比较法上的特殊规定值得考察。法国规定了"忠诚股"制度，即根据持股时间决定投票权。具体而言，法国公司法允许采取"同股不同权"架构的公司通过章程条款设置一个时间界限，在股东持股超过该时限时可以获得两倍的表决权，但若该股东不再持有股份时则恢复回一般表决权。[1]这样的制度设计有利于鼓励股东长期持股，保持公司的股权结构长期稳定，有利于公司作出长期计划决策。笔者认为，此类设计可能在我国"水土不服"。首先，违反了《科创板上市规则》第4.5.6条关于维持特别表决权比例以及第4.5.7条保证最低普通表决权股比例的规则规定，不利于对其他普通投资者，特别是中小股东的利益保护。其次，此类设计意味着不再对持有特别表决权股份的股东的身份、资格进行要求，构成对差异性表决权制度的颠覆，采取此类股权架构的公司往往是将公司的控制权集中在特定符合资格的股东手上，实践中此类股东并不一定具有绝对的资本控制能力，如阿里巴巴的"合伙人"仅持股10%。如果采用"忠诚股"的设计，则意味着一定期限后公司的控制权即易手，与追求公司控制权稳定性的差异性表决权制度的初衷相悖，因此不宜在我国进行此类制度设计。

3. 表决权配置架构的设计适用领域

2019年《科创板上市规则》对"表决权差异安排"进行了明确且详细的规定，同时其第1.1条就明确表述"支持引导科技创新企业更好地发展"。根据截至2019年上市的科创板公司的考察，可以发现以上公司的行业主要为互联网与科技创新领域，这是否意味着仅限于科创板领域的企业才能采取特殊股权架构。无独有偶，港交所也对采取差异表决权架构的公司上市申请提出了

---

[1] 彭海："新三板策略深度报告：内地版'同股不同权'的可行性分析"，载http://vip.stock.finance.sina.com.cn/q/go.php/vReport_Show/kind/lastest/rptid/4337528/index.phtml，最后访问时间：2019年7月2日。

类似的要求。科创板将采取差异表决权架构的公司限定为"符合国家战略、突破关键核心技术、市场认可度高的科技创新企业",[1]一方面,港交所以及科创板的规则设计显然具有"试水"的性质;另一方面,这类企业往往对人力资本的投入和依赖较高,对创始人或主要经营者的人身依附性较强,符合差异表决权架构公司的治理实际。另外,就我国当前的市场实践而言,在海外上市的采取"同股不同权"架构的公司主要集中在互联网、教育和消费信贷行业,互联网企业有 31 家之多,占比高达 75%,[2]可见也是与市场实践表现趋同的。

将"同股不同权"结构限定在部分行业领域,在法律适用上须兼顾其他领域中有潜在特殊股权架构需求的优质企业。如何才能让这些优质企业普惠制度激励的效果和经济改革的红利?在制度比较方面,可借鉴具有累年"同股不同权"经验的美国实践,我国港交所在 2014 年《不同投票权架构概念文件》中就列举了一系列具有差异表决权架构的美国公司信息,[3]从中可见在美国

---

[1] 《关于在上海证券交易所设立科创板并试点注册制的实施意见》第 2 条。
[2] 彭海:"新三板策略深度报告:内地版'同股不同权'的可行性分析",载 http://vip.stock.finance.sina.com.cn/q/go.php/vReport_Show/kind/lastest/rptid/4337528/index.phtml,最后访问时间:2019 年 7 月 2 日。
[3] 笔者在《不同投票权架构概念文件》中筛选出有代表性的美国具有差异表决权架构的公司(如表 10):

表 10 美国代表性差异表决权架构公司

行业	公司	业务描述	首次公开招股年份	市值(百万美元)
互联网	Google	互联网搜索引擎	2004	374 415
	Facebook	社交网络平台	2012	138 820
商业服务与多元化金融服务	Visa	支付服务供应商	2008	141 756
	MasterCard	支付服务供应商	2006	100 571
软件	VMware	虚拟化基础设置解决方案供应商	2007	38 608
	Workday	管理软件开发商	2012	14 536

并非圈定科技与创新行业作为"同股不同权"架构的适用领域,而是呈现多样化的分布趋势。港交所行政总裁李小加称:"创新型公司与传统公司最大的不同在于,它取得成功的关键不是靠资本、资产或政策,而是靠创始人独特的梦想和远见。"[1]从前文的表述可以发现,港交所对于何为"创新企业"的定义是较为广泛的,其并没有限定行业,而是限定了公司模式,并且港交所会审视每宗个案的实况及情况。因此,既可以认为个案审查提高了门槛,也可以认为更具有灵活性。在制度推行方面,监管部门已明确,科创板是资本市场的增量改革。增量改革可以避免对庞大存量市场的影响,因此在一片新天地下"试水"改革举措,快速积累经验,可以助推资本市场基础制度的不断完善。[2]另外,因科创板设置的交易门槛较高,为了保护普通投资者,交易所规则对投资者抵抗风险的能力作出了要求。因为市场投资者普遍缺乏处理潜在公司治理风险的相应经验,显然投资机构的抗风险性能

(接上页)

续表

行业	公司	业务描述	首次公开招股年份	市值(百万美元)
服装	Under Armour	运动服饰及配件供应商	2005	9 222
零售	Dick's Sporting Goods	体育及健康用品零售商	2002	7308
住宿	Hyatt Hotels	酒店集团	2009	7744
航天/国防	Spirit Aerosystems Holdings	商用飞机结构代工商	2006	4830
娱乐	Dolby Laboratories	娱乐事业音频系统供货商	2005	3829

[1] 李小加:"梦谈之后,路在何方——股权结构八问八答",载https://www.baidu.com/link?url=_33KOSvt927sPoXIt-paOze04RpLV-PhFY4gqzkYwXSX tmgh6Xowm 68h3GZN64n_ f4goFGr0YaQSM8t_ 4GOw57oL_ CJbNUYql-hHd4sF2RW&wd = &eqid = 85f4979700019bca000000065d82ec5d,最后访问时间:2019年9月1日。

[2] 午言:"科创板,打好'创新牌'(人民时评)",载《人民日报》2018年11月12日。

力更强,因此当下科创板内的投资者以投资机构为主。由此可见,对欲采取表决权配置架构并进行章程自定的公司,该规则应当是普适的。只是当下阶段性的规范要求有所限制,一旦市场成熟、投资者判断能力得到培养,便有开放的可能。换言之,虽然当下规则严格限定了制定差异性表决权配置架构的主体资格,但是更为宽松的主体资格即规则自治空间是可期的。

4. 表决权配置架构的设计适用事项

《科创板上市规则》第4.5.10条强调了特定事项下"每一特别表决权股份享有的表决权数量应当与每一普通股份的表决权数量相同",即为对特别表决权在特殊情况下的否定。由此需要考量,是否可以使得特殊表决权股份仅在特殊事项上适用。这种机制在美股市场上并不鲜见,在大多数差异性表决权股权配置结构中,除非所适用的州公司法另有要求,否则特殊投票权适用于所有投票事项,但特殊投票权有时也可仅适用于特定事项。[1]实际上,在我国的公司实践中已经出现了这样的案例,如阿里巴巴的"湖畔合伙人制度"即为典型。在股份投票权份额上,阿里巴巴仍然坚持一股一权的分配原则,所有股东在股东会上所行使的表决权依然是一股一票。但正是基于两权分离原则,公司的具体经营管理是交由董事会行使的,而董事会又通过简单多数的方式来进行决议。因此,阿里巴巴采用所谓的"合伙人制度",在董事选举阶段实行一股一票,董事提名阶段却不实行一股一票。根据阿里巴巴向美国证券交易委员会提交的招股说明书,"合伙人"享有提名公司半数以上董事的专属权利(9个席位中的5个)。若"合伙人"对某一董事的提名未获股东会通过,则"合伙人"有权任命一名临时董事暂行董事权利,待下一年股东会召开时,

---

[1] "2017 IPO Report",载https://corpgov.law.harvard.edu/2017/05/25/2017-ipo-report/.

"合伙人"再进行新的董事候选人的提名。这意味着"合伙人"牢牢掌握了公司董事的提名（9个席位中的5个），以此来控制董事会。可见，该机制即赋予了特定股份在董事提名事项上的特殊表决权，是一种差异性表决权配置的表现。该机制既可以保证公司初创团队及其核心股东对公司的控制，也可以借此培养第二代、第三代认同企业文化理念并且与时俱进的优秀传承者，有利于公司控制权持续性地稳定并健康发展。"合伙人"无疑是符合《科创板上市规则》第4.5.3条关于"持有特别表决权股份的股东……该等人员实际控制的持股主体"的情形，由此特殊表决权股份在特殊事项上适用规则实际上可以在一定程度上不突破第4.5.2条关于"首次公开发行并上市后"不得再进行此类安排设置，以及不突破第4.5.9条关于特别表决权股份转让限制要求，使得公司管理层更新迭代、保持公司发展活力有了保证。因此，公司章程可以限定特殊表决权的适用范围，允许特殊表决权股份在章程规定的特殊事项上适用。

五、表决权的二次配置

（一）表决权二次配置的基础

1. 表决权二次配置的定义与学理基础

表决权的二次配置不同于表决权的配置，其并非来自公司本身对股份的设计与发行，而是在同股同权的基础上对表决权与股权分离流转的表决权的二次安排。表决权二次配置的目的是对公司控制权予以调整。我国学界主流观点认为，股东表决权不得与股份分离而转让，禁止投票权的买卖，欲购买投票权必须购买股票。[1]主流法经济学的观点认为，表决权抑或投票权必须与剩余

---

〔1〕 施天涛：《公司法论》（第4版），法律出版社2018年版，第262~264页。

第二章 实体性公司章程防御性条款

索取权成配比,即应当符合"比例原则",否则就会出现不必要的代理成本甚至代理问题,出现不当控制,导致公司难以作出理性的决策从而损害中小股东或利益相关者的利益。其说理与不支持"同股不同权"的安排近似,此处不再展开讨论。有学者认为可以通过定价机制来纠正代理问题,其思路是使受让人取得相应的剩余索取权。但很快有反对观点认为,"投票权交易将为投票权本身的估价带来极大的困难,而且相对于投票权与股票'绑定出售'的交易而言,这种交易并没有带来明显的利益"。[1]当然也有学者认为可以适当缓解代理问题,即一旦形成了表决权买卖市场,不同的竞买者之间的竞争会抬高表决权的价格,[2]由此来形成对代理成本的矫正,但这却是一种理论上的理想状态,实践中并非任何表决权转让行为都必然形成卖方市场。

2. 表决权二次配置的类型化

在特定情形下,表决权与股权的分离确实存在。如表决权委托代理,我国《公司法》第106条的股东授权代理人行使表决权,以及实践中常见的代理权征集;又如发源于英美法系的表决权信托规则,表决权可由受托人行使,可以认为其属于广义的表决权转让的情形。基于表决权与股权分离逻辑可以发现表决权的二次配置包括表决权转让、[3]表决权信托、表决权委托、表决权寄托、代理权征集等样态。除了表决权的转让,表决权委托、表决权寄托、代理权征集等实际上都明显具有代理的特征。其中需

---

[1] "在出售投票权的博弈中,当收益无法平等地分配时,将不存在有效的解决方案;即使收益能够平等地分配,(对于投票权出售所带来的问题)也没有彻底有效的解决方案。" Telser, L. G., "Voting and paying for public goods: An application of the theory of the core", *Journal of Economic Theory*, 2(1982), 376~409.

[2] Andre, T. J. "A Preliminary Inquiry into the Utility of Vote Buying in the Market for Corporate Control", Cal. L. Rev, 63(1990), 533.

[3] 事实上,大部分立法例对表决权转让作出了严格的限制。

要说明的是，虽然表决权信托的本质存在债权说、物权说、附条件法律行为说、财产权机能说以及代理制度说等不同的学说并争论不休，[1]但信托与代理在学界普遍被认为是两种不同的制度。笔者认为表决权二次配置的样态均或多或少带有代理委托法律关系的特征。对于表决权信托，因为信托的对象须为财产权，因此学界主流观点认为单独的表决权较难解释为独立的财产权，而股权却能够轻而易举地论证其财产权属性，表决权信托的方式应当是以转让股份为手段所设立的信托。[2]通过观察几种样态，可以发现其中是存在一定交叉的，笔者以表决权是否对权利或其载体进行处分作为界分标准，将其分为表决权的物权性流转[3]与表决权的债权性流转，前者包括表决权转让与表决权信托，后者包括表决权委托、表决权寄托、代理权征集等。

3. 表决权二次配置的利弊分析

（1）表决权二次配置的益处。

首先，表决权二次配置能够优化公司的表决机制。当下许多股份制公司特别是上市公司，由于其股东人数众多且股份分散，表决权的二次配置正好能够重新优化表决权，解决表决权闲置，行权不便或成本过高，抑或股东会因不满足最低表决权要求或因表决权不具有广泛代表性而影响决策功能等问题。其次，能够实

---

[1] 沈占明：「试论信托的本质」，载《河北法学》1998年第3期。

[2] 覃有土、陈雪萍：「表决权信托：控制权优化配置机制」，载《法商研究》2005年第4期。当然需要说明的是，亦有强势的观点认为股东表决权应当作为财产权利中的一个重要内容，可以直接作为信托财产设立信托。参见刘俊海：《股份有限公司股东权的保护》（修订本），法律出版社2004年版，第266页。比较法上，美国既有立法例如《特拉华州普通公司法》第218条规定的表决权信托的手段有"将原始发行的资本股寄售于或者将资本股份转让给被授权受托人"，诚然表决权信托的性质并非本书讨论的重点，为行文结构简洁清晰，笔者采纳美国立法例的信托手段以及学界主流观点。

[3] 笔者此处采纳物权说的观点展开论述。

现中小股东对公司经营的监督。中小股东通过表决权的二次配置将长期大量分散的股份集中起来，化解股东会决议监督机制被控制股东架空的威胁，从而在一定程度上对实际控制人以及公司管理层起到监督作用，保护中小股东利益。再次，能够作为稳定公司控制权的工具。如在差异性表决权部分所主要论述的，稳定公司的控制权能够使公司实现长远的发展目标，进一步优化经营管理，更专注于创新型发展。最后，降低市场行为成本。如通过二次配置表决权在股东会上形成公司控制，甚至可由此进行公司并购行为。例如，通过让其他股东提前知悉代理权征集方的表决意图的方式，大幅降低传统的公司收购行为所需的成本。

（2）表决权二次配置的隐患。

首先，表决权二次配置存在代理成本忧患，可能因此形成不当控制，如不称职的现任控制股东可借此形成不当的寡头治理，损害中小股东以及其他利益相关者的利益。另外，表决权的二次配置也可以成为非控制股东扰乱公司股东会正常经营决策的工具，导致公司经营不稳定，甚至出现僵局。其次，表决权二次配置还容易产生加剧信息不对称的危害。表决权的二次配置，如代理权征集往往禁止有偿施行，加之在发起前该股东已经对表决事项十分了解，因此发起表决权二次配置的股东一般已具有一定信息优势或经济实力，与真正零星分散持股的微小股东有较大差异。另外，发起股东在授权委托范围内有较大的自由空间，在缺乏有效监督或违约成本制约的情况下依然有损害其他股东的可能。最后，表决权二次配置可能成为规避法律管制的灰色手段。法律制度本身的不完善导致表决权二次配置成为规避股权抑或表决权限制转让的手段，抑或纯粹成为并购工具——因为表决权二次配置对公司形成控制的成本往往低于正常收购完整股份的成本。非原始股东通过这种不符合比例原则的方式对公司形成控制，更可能做出违背公司长远发展目标的机会主义行为，为公司及其他股东带来不必要的风险。

(二) 表决权二次配置的现行法规范检视

1. 我国表决权二次配置的现行法规范检视

检视我国《公司法》中相关表决权二次配置的规范，可以发现即使第五章第二节使用了一节的内容规定了股份转让规则，也没有对表决权转让进行规定，而仅在第 71 条第 4 款针对有限责任公司方面设置了缺省性规定，允许"公司章程对股权转让另有规定"。实际上，现行法规范主要是从反面对上市公司股份的转让作出了特定情况下的限制性规定，例如对首发和增发所认购的股份、公司管理层的在职持股、公司收购后的收购股东持股、股份质押、司法冻结等情况，典型如《公司法》第 141 条。以上规则逻辑主要是防止在公司出现重大变化时，实际股东权利异化损害其他公司、其他股东或债权人的利益，就此也理应禁止变相通过表决权"转让"突破以上禁止性规定。正面描述表决权二次配置的规范仅有《公司法》第 106 条关于表决权的代理行使的法律规定，以及证监会公布的《上市公司治理准则》第 16 条及《上市公司章程指引》第 79 条第 5 款的代理权征集规则。对《公司法》第 106 条表决权代理以及代理权征集规则的评价，学界意见并不统一：有学者认为《公司法》第 106 条关于表决权委托代理的规定属于"民法上委托代理制度的基本延伸"；[1]有学者认为《公司法》第 106 条在当下实际上具有了公司代理权征集的规则象征意义；[2]也有学者认为《公司法》并未直接对代理权征集制度进行规范，只是在其他相关规范中有所体现。[3]

---

[1] 蒋雪华："征集代理投票权的相关问题分析"，载《天津法学》2015 年第 4 期。

[2] 汪青松："一元股东权利配置的内在缺陷与变革思路"，载《暨南学报（哲学社会科学版）》2016 年第 8 期。

[3] 李博翔、吴明晖："论股东表决权征集制度的立法完善"，载《证券法苑》2017 年第 2 期。

第二章　实体性公司章程防御性条款

笔者认为，根据我国民商合一的立法体例，《公司法》第106条所规定的委托代理在没有特殊规则另行阐释下，应当遵循民法上相应委托代理法律关系[1]的规定。其中，代理权征集也应当纳入广义的委托代理概念之中，但是仍然与民法上的委托代理存在一定的区别：首先，规范依据不同。代理权征集主要规则依据为2001年证监会公布的《关于在上市公司建立独立董事制度的指导意见》（已失效）第5条第1款第6项、2018年证监会修订的《上市公司治理准则》第16条以及2006年证监会修订的《上市公司章程指引》第79条第5款。《公司法》中提案权制度与表决权委托代理是单独规定的，可见提案规则并未嵌入代理权征集规则中，规则设计也不同。其次，委托事项发起人不同。代理权征集是代理人主动请求其他股东授予其代理表决权，《公司法》第106条的表决权代理是被代理人主动授权代理人。复次，是否有偿不同。代理权征集根据《上市公司治理准则》第16条的规定应采取无偿的方式进行，而普通表决权代理并无此要求。再次，追求的目的与后果不同。代理权征集往往是代理人希望在公司决策过程中形成一定优势，一般表现为争夺公司控制权，有观点对此认为代理权征集成了证券市场上的影响力工具。[2]《公司法》第106条的表决权代理更接近普通民事代理，主要是被代理人出于自身原因无法或者不便行使表决权时产生。最后，代理人的自主空间及其法律效果不同。代理权征集制度将提案权嵌入进了代理权征集的发起阶段，代理人与被代理人关于投票的意志是高度一致的。而在普通表决权代理中，代理人在未超出授权范围的情况

---

[1] 在大陆法系中，委托与代理会被认为是独立的两种法律关系，而英美法系下两者的界限就没有那么清晰，笔者为叙述方便，在不作特别说明的情况下将两者同等对待。

[2] 洪源："上市公司投票权征集的法律问题分析"，载《中国审计》2003年第20期。

下是可以违背委托人的意思进行投票的,并且该投票对公司有效,由此所造成的委托人损失,委托人可以请求代理人承担赔偿责任。

以上对《公司法》第106条性质的争议可以被认为是立法规则未臻详尽的表现,依然存在着明显的法律漏洞,如有学者指出第106条存在的较大问题是缺乏代理期限的规定,而大部分国家的公司法都规定代理表决的授权仅在当期股东会有效。因此我们还需要对比其他国家的法律规则设计,以总结其规律。

2. 表决权二次配置的比较法考察(如表11)

表11 各国关于表决权二次配置的规定

国家	物权性流转 立法态度	说明	债权性流转 立法态度	说明
美国	允许	美国无论是联邦还是部分州的法律均允许表决权可以通过信托方式进行流转,如《美国标准商事公司法》第7.30节、《特拉华州普通公司法》第218条和《纽约州公司法》第621条。但是对流转行为作出了限制,如仅允许在特定情况下流转表决权,其前提是受让人必须与股份存在重大利益关系,但即使如此这种表决权也是消极持有的状态。另外,信托中的转让股东不得对其他股东构成欺诈或损害其他股东利益。[1]	允许	根据《美国标准商事公司法》第7.22节和《特拉华州普通公司法》第212条,美国联邦法律和部分州法律均允许将表决权进行委托代理。为了防止股东利用表决权委托突破特定情况下的表决权转让限制,一些州法律还作出了更具体的表决权委托的限制性规定,如《特拉华州普通公司法》第212条第3项和第5项对代理期限以及代理权是否不可撤销作出了规定,当然以上内容是需要当事人明确进行约定的,《纽约州公司法》第609节(e)亦作出了同样的规定。在代理权征集

---

[1] [美]罗伯特·W.汉密尔顿:《美国公司法》(第5版),齐东祥组织翻译,法律出版社2008年版,第213页,转引自蒋学跃:"上市公司表决权委托问题研究",载《证券市场导报》2018年第5期。

第二章　实体性公司章程防御性条款

续表

国家	物权性流转		债权性流转	
	立法态度	说明	立法态度	说明
				方面，根据《美国1934年证券交易法》第14节以及SEC规则14a-4（d）（2）的规定，表决权委托不得向代理人授予广泛的自由裁量权，特别是在选举董事和其他需要由股东决定的重大事项，[1]以确保受托人不得违反委托人的意愿从而损害委托人的利益。
英国	允许	《英国2006年公司法》没有对表决权转让与信托作出直接规定，然而有观点认为该法第152条不仅规定了实际出资人与名义股东的关系，也包含了表决权信托的规则设计。亦有观点认为学界不乏支持表决权信托合法性的观点。[2]	允许	《英国2006年公司法》第285条、第324条、第329条等规范规定了表决权委托代理的规则。另外，第331条还赋予了公司章程自治授予股东或其代理人比第324条至第330条所列举的更加广泛的权利，这意味着法律赋予公司章程极大的自由来对表决权委托代理进行设计。同时根据第152条和第285条的规定，表决权代理人可以不必全部行使，并且如果行使也不必全部以相同的方式行使，但是必须将其行使权利的方式以及每种方式行使权利的范围通知公司。

---

〔1〕［美］罗伯特·W.汉密尔顿：《美国公司法》（第5版），齐东祥组织翻译，法律出版社2008年版，第136页。

〔2〕Finkelstein, Maurice, "Voting Trust Agreements", *Michigan Law Review*, 4（1926），344~369.

续表

国家	立法态度	物权性流转 说明	立法态度	债权性流转 说明
日本	禁止	《日本商法》第239条第4款规定仅允许在为他人持股或承受信托时的表决权分别行使。日本学说只承认"以行使表决权为目的，将股东权中的所有权利进行信托"，即仅承认股份整体进行信托，而不能分割股份的权能进行信托。实践中虽然存在这样的商事案例，如20世纪70年代日本朝日报社通过表决权信托来稳定经营管理权，[1]但亦有判例即1983年由大阪法院作出公司与职工签订的股份信托合同因损害委托人利益而无效的判决。[2]	允许	《日本公司法》第310条明确规定了表决权的委托代理规则，但需要每一次股东会单独授权。除此之外，"最判昭43.11.1"还允许公司章程进一步将代理人的身份限定于股东。但是，根据《日本金融商品交易法》第194条的规定，在代理权征集中，受托人的自由空间是受到限定的，仅应明确遵循委托人对表决事项的赞成或反对意见。
韩国	禁止	有学者认为，韩国法律不支持表决权的信托性转让或者资格转让的，对表决权进行调整的方式只能是有偿签订约束表决权之协议和有偿取得表决权代理权。[3]《韩国公司法》第368条之二第2款明确提及允许股份信托，是为特例。	允许	《韩国公司法》第368条第2款明确规定股东可以委托代理人行使其表决权。此外，为了防止将委托代理异化为规避表决权转让限制的手段，代理人需要在每次股东会会议前单独获得委托人的授权。为了防止表决权与股份相分离而变成实质上的表决权转让，而不能以无期限的形式授予代理权。[4]

〔1〕[日]中野正俊："股东表决权的信托行使"，漆丹译，载《经济法论丛》2003年第2期。

〔2〕[日]末永敏和：《现代日本公司法》，金洪玉译，人民法院出版社2000年版，第117页。

〔3〕吴日焕译：《韩国公司法》，中国政法大学出版社2000年版，第380页。

〔4〕吴日焕译：《韩国公司法》，中国政法大学出版社2000年版，第376页。

续表

国家	物权性流转		债权性流转	
	立法态度	说明	立法态度	说明
德国	禁止	《德国股份公司法》没有明确说明股东是否可以单独转让其表决权，但该法第405条第3款明确禁止购买表决权。有学者认为股东通过第三人行使表决权的途径只有两种，要么是通过表决权代理途径，要么是通过授权他人以自己的名义行使表决权的途径。根据《德国股份公司法》第129条第3款，可以发现第二种途径得到了间接承认。[1]但要求单独将形式股东纳入参加人名册，并禁止信贷机构通过这种形式行使他人的表决权。也有学者认为，在德国，股东表决权不能单独转让，因为根据《德国民法典》第717条的"禁止分拆原则"，由表决权和收益权结合一体的股东成员权是不能分拆的。[2]笔者认为对《德国股份公司法》第129条第3款所谓"被股东授权以自己的名义为不属于其所有的股票行使	允许	《德国股份公司法》第134条第3款明确了"表决权可以通过代理人行使"。实践中，德国大部分投资者将其股票交予银行进行托管，同时也委托银行进行表决。因此，该法第135条专门针对"通过信贷机构和营业行为人行使表决权"作出了规定，即信贷机构应在可以合理期待的限度内行使表决权并直至代理权被撤回。同时信贷机构应每年向股东明确强调指出随时撤回代理权和变更代理人的可能性，并且应及时向股东告知其针对个别议题行使表决权的建议。

---

〔1〕有观点进一步认为此处"涉及一个依照《德国民法典》第185条的模式而进行的授权"，应与法律禁止的将表决权从股份的其他权利中分拆出来的做法相区分。参见［德］格茨·怀克、克里斯蒂娜·温德比西勒：《德国公司法》（第21版），殷盛译，法律出版社2010年版，第547页。

〔2〕［德］格茨·怀克、克里斯蒂娜·温德比西勒：《德国公司法》（第21版），殷盛译，法律出版社2010年版，第547页。

续表

国家	物权性流转		债权性流转	
	立法态度	说明	立法态度	说明
		表决权"可以解读为股份占有信托的形式,具体操作是先根据《德国民法典》第185条进行授权,然后根据《德国有价证券法》办理股份转让手续。由此可见,其并非真正的表决权分离后的表决权信托。		

总结以上比较法规定及评析,可以发现如下规律：首先,纯粹表决权转让规范就以上观察而言并不明晰,缺乏直接的、明确的规定。其次,对于表决权信托,美国和英国的法律均持支持态度,但是依然受到严格限制,如美国的前提是受让人必须与股份存在重大利益关系。再次,对表决权委托代理的规则均作出了禁止其变相突破表决权转让限制的规定,最普遍的做法是进行期限限制,表现为需要明确授权期限,或每次股东会议前需要获得单独授权。授权范围也作出了一定要求,英国最为宽松,明文允许代理人可以不同的方式行使表决权,但仍然需要明确将行权范围通知公司;美国禁止在代理权征集方面授予代理人广泛的自由裁量权;德国以代理人身份为标准进行行权方面的限制性规定;日本则明确规定允许公司章程限定代理人身份,在代理权征集方面的自由空间表现较严格,针对表决事项的赞成或反对都必须严格遵循委托人的意见。可见,无论是限定期限、限定授权范围抑或限定代理人身份,实际上均体现出要求原权利人或源权利人依然具有对表决权的控制,从而防止表决权的授权代理变相规避表决权转让限制。

(三) 表决权二次配置的市场实践考察

1. 代理权征集的实证考察

虽然代理权征集并未直接规定在《公司法》中,但其在市场实践中并不鲜见,当下我国上市公司的章程中基本都对征集代理投票权作出了规定。如《酒鬼酒股份有限公司章程》(2017年)第78条第4款规定"董事会、独立董事和符合相关规定条件的股东可以征集股东投票权。征集股东投票权应当向被征集人充分披露具体投票意向等信息。禁止以有偿或者变相有偿的方式征集股东投票权。公司不得对征集投票权提出最低持股比例限制";[1]《第一创业证券股份有限公司章程》(2017年)第94条第3款规定"董事会、独立董事和符合相关规定条件的股东可以征集股东投票权"[2]等。同时,采取代理权征集行动也已成为公司表决过程中的流行趋势,特别是以独立董事发起的行动最为常见。通过对巨潮资讯网所发布的《公开征集委托投票权的公告》中的数据进行观察,2016年共有247项公告,2017年为426项,2018年达到了459项,明显呈现历年增长的趋势。经观察发现,具体的章程规则设计往往包含权利主体、明确的具体提案、禁止异化为表决权转让以及不得违反股份平等如禁止对其他股东权利行使设置障碍等承诺,而公告的内容也基本与之相对应。

2. 表决权委托的实证考察

相较于比较法,我国的表决权委托代理规范略显单薄,但市场中表决权委托代理的实践并不稀缺。通过对Wind经济数据库所有的数据进行统计,可以发现自2016年起,历年发布"表决权委托"公告的公司数量呈现出逐年递增的趋势,[3]2016年为9

---

[1] 《酒鬼酒股份有限公司章程》(2017年)。
[2] 《第一创业证券股份有限公司章程》(2017年)。
[3] 以"表决权委托"为关键词在Wind经济数据库中进行检索。

家，2017年为26家，[1] 2018年为45家。笔者针对2018年发布"表决权委托"的51份公告[2]进行实证分析，以期发现市场中公司股东进行表决权委托的目的，以及检验现有立法规则在实践中的适用情况。

（1）在实际控制人不变的情况下实现合并报表的控制权要求。

根据《企业会计准则第33号——合并财务报表》（2014年）第13条，持有或间接持有（与其他表决权持有人之间的协议）能够控制被投资方半数以上的表决权的，可以合并财务报表。在这一过程中，公司的实际控制人并没有发生实质性的变更，如在2018年1月中铁工业发布的《中铁工业关于股东表决权委托的公告》与中国中铁同时发布的《中国中铁关于接受中铁二局集团委托行使其持有中铁工业的股份表决权的公告》中，中国中铁的第一大股东中铁二局集团将其31.58%的股份对应的表决权委托给其全资控股母公司中国中铁（持占中铁工业18.54%的股份），使得中国中铁由间接控制股东变成直接控制股东，享有50.13%的表决权。由此实现了合并财务报表的目的，且公司实际控制人没有变化，并不存在违反法律规定或涉嫌规避法律规定的情况。此外，采用如此安排的还有初灵信息。

（2）稳定公司控制权或转移公司控制权并稳定新的公司控制权。

这种类型的表决权委托可以被认为是构成了实质的"一致行动人关系"，即由于上市公司股份分散，且实际控制人的控制能

---

[1] 有实证分析统计，2017年度有40家公司发布"表决权委托"公告，参见蒋学跃："上市公司表决权委托问题研究"，载《证券市场导报》2018年第5期。

[2] 2018年总共有64份"表决权委托"相关公告，实际发生"表决权委托"的公司为45家。

力较弱,为了稳定实际控制人的控制能力,与其他股东签署表决权委托协议的情况。如在 2018 年 1 月底江苏神通发布的"江苏神通关于股东签订股份转让协议书、表决权委托协议书暨公司控制权变动的提示性公告",风林火山与原控制股东吴某新(持股 15.01%)等 5 人签订转让协议,成为公司第一大股东,占股 17.46%。同时又与吴某新签署表决权委托协议,占比 7.55%,使得风林火山的实际控制人罗某成为上市公司的实际控制人,合计控制 25.01%的表决权。其中不存在股份转让方和表决权委托方违背股份锁定及股份减持方面的法律限制或承诺的情况。可见,纯粹地转移公司控制权或稳定公司控制权的行为并没有违反法律规定或涉嫌规避法律规定的情况。同样是表决权委托不改变原有公司控制权,以巩固控制权为目的的还有星普医科、长方集团、三维丝、华平股份、汉鼎宇佑、丽鹏股份、梵诺空间、嘉应制药、龙泉股份、天海防务、新域集成、长信科技、厚普股份、中金环境、凯立德、特利尔、九华旅游、江泉实业等。

(3) 变相实现受转让限制股份的转让。

我国法律法规以及相应的交易所文件均对特殊情况下的上市公司股份转让作出了一定限制,如上市公司首发或增发的股份、收购人期限内的持股、公司董监高任职期间的持股等被动限制、股东因股份质押或被法院冻结的被动限制以及股东的股份锁定承诺等主动限制。

首先是上市公司首发或增发的股份、收购人期限内的持股、公司董监高任职期间的持股限制。如在 2018 年 2 月南方轴承发布的"南方轴承关于公司控股股东签署股份转让协议、表决权委托协议暨控股股东、实际控制人拟发生变更的提示性公告"中,转让方史某伟、史某华及华泰资管一方面将总共占比 14.43%的无限售条件股份出让给受让方卓越泰坤,另一方面又将其另行持有的14.57%的上市公司限售流通股对应的表决权不可撤销地委托给卓越泰坤,使得后者实际控制29%的表决权,虽然史某伟在转让后的持股比例依然高达29.7%,但是经过表决权委托后,其实际拥有表决权的比例为18.68%,这意味着卓越泰坤成为实际控制股东。史某伟一直担任该公司董事长,他在此次表决权转让过程中转让的股份已将近其持股总数的25%,之后又将11.02%的股份进行表决权委托,转移了控制权,且并未说明授权期限。显然,此处对不可流通股的表决权委托有涉嫌规避限售规则之嫌。相似案例如宜安科技、[1]亿利达、皖通科技、爱申特等。

其次是股东因股份质押或被法院冻结的被动限制以及股东的股份锁定承诺等主动限制。如在2018年2月众和股份发布的"众和股份关于控股股东拟将表决权委托的公告"中,其实际控制人许某合、许某成合计持股21.36%。为了降低其参与公司债务重组和资产重组的风险,促进重组的快速实施并化解债务危机与退市风险,其将全部股份的表决权委托给投资方。但控股股东所持股份处于司法冻结状态,存在被拍卖的风险,这不但会导致公司控制权变更不稳定,还存在规避限制转让的嫌疑。除此之外,鹏起科技、江泉实业也进行了类似的表决权委托安排。

最后是规避实际控制人变动监管。如在2018年11月欧浦智网发布的公告中,原控股股东持股52.21%,其先将其中24.9%股份对应的表决权委托给受让人,之后又签订股份转让框架协议将其处于质押、司法冻结状态的29.99%股份在解除限制时进行转让,并又作出放弃剩余表决权的承诺。可见,其中授予表决权

---

[1] 除与前述案例情况相似外,宜安科技在其公告中的《股份转让协议》作出"甲方承诺,于交割日后,如乙方提议召开股东会选举新的董事、监事,甲方应对乙方提名的人选在股东会上无条件投票赞成"的协议安排以进一步巩固受让方的控制权。

委托的部分股份为禁止转让股。同时为了尽早使得受让人取得公司实质控制权,原控股股东作出限制剩余表决权的承诺。该股份转让框架协议使得在完全股份转移之前,该上市公司虽对外而言控制权没有发生变化,但实际上已经通过转让人放弃表决权,实现了控制权的提前转移。可见,此行为似有规避国家证券监管下对公司实际控制人变动的重点监管之嫌。

(4)保证收购方在股份转让期内的控制权。

在协议收购的情况下,实际过户需要履行信息披露和交易所合规审查等程序,因此存在签署协议后付了款但还没有过户的过渡期。[1]为保证交割期间收购方的利益,特别是稳定收购方对公司的控制权,防止原股东出现机会主义行为,在股权转让的同时往往要签订表决权委托协议。如在2018年8月龙大肉食发布的"龙大肉食关于控股股东协议转让部分公司股份和委托股票表决权暨实际控制人拟发生变更的权益变动提示性公告"中,其表决权委托协议第2条"委托期限及减持约定"明确:委托期限至"乙方受让该等表决权对应的股份,且该等股份转让至乙方名下",在委托期限内,"甲方不得减持所委托股份,乙方对甲方减持的委托股份享有优先受让权"。除此之外,还有新海宜、世纪鼎利、群兴玩具、合力泰、欣含宇通等公司采取了如上手段。

(5)发生表决权委托,但实际控制权未发生变化。

其余企业采取的表决权委托实际上并未引起控制权变化或者以追求控制权稳定为目的,笔者将此作为"其他"目的分类,如宝德股份、柏荃医疗、中迪投资、利源精制、易见股份、珠江实业、西藏发展、骅威文化等。另外,有学者通过对2016年度的

---

〔1〕 蒋学跃:"上市公司表决权委托问题研究",载《证券市场导报》2018年第5期。

表决权委托公告的实证研究，还发现了因公司股权结构变化，通过表决权委托稳定原有控制权保持不变的案例，即2016年6月发布公告的全新好以及2016年10月发布公告的四通股份等，并认定其存在规避实际控制人变动的监管的嫌疑。[1]

3. 实践中的表决权委托与立法规则的检验以及表决权二次配置的边界

有学者引用全国人大法工委对《公司法》第106条的阐释，[2]得出股东表决权委托的合法前提是以增加股东参加股东会便利性为目的而设置的委托。[3]笔者认为，其立法目的首先是保证股东能够充分行使股东权利，所谓居住遥远、出差、生病或者其他事务缠身等实际上应当是对委托缘由的不完全列举。授权原因并非本法条的核心，核心是如何保证股东得到实际行权以及代理人在授权范围内行权。因此根据第106条的表决权委托的设置目的，其范围是可以进行适当扩张的。

根据对我国《公司法》第106条以及相关规则的法规范考察，笔者认为委托代理在没有进一步具体特殊规则另行阐释下，应当遵循民法上相应的委托代理规定。再观司法实践案例，可以发现法院对表决权委托的性质判定，依然是将其按照《公司法》第106条的规定——民法上的委托代理进行解读。如"石某华等诉宁夏汇丰嘉润医院管理有限公司等公司决议效力确认纠纷案"。[4]然而前文对上市公司发布的委托代理公告所进行的实证分析发现存在市场习惯与立法规则的偏离问题。上文在对比较法

---

[1] 蒋学跃："上市公司表决权委托问题研究"，载《证券市场导报》2018年第5期。

[2] 安建主编：《中华人民共和国公司法释义》，法律出版社2005年版，第103页。

[3] 蒋学跃："上市公司表决权委托问题研究"，载《证券市场导报》2018年第5期。

[4] [2017] 宁01民终2374号。

进行考察时已经发现各国立法例采取了限定期限、限定授权范围、限定代理人身份等措施，为了防止表决权委托代理异化，笔者即围绕防止表决权委托代理异化这一核心来对上述实证结果进行分析。

（1）表决权委托的期限。

根据以上实证统计，可以将样本中表决权委托中的期限因素归为以下几类：其一是明确表决权授权期限，此类型占比较高，一般为1年或12个月，如三维丝、华平股份，最长期限样本为柏荟医疗的20年。其二是明确表决权授权到期条件，如为了稳定股份收购过渡期的公司实际控制权而进行表决权委托，一般以授权人不再持有相应股份或双方一致协商解除合同为条件，如世纪鼎利、龙大肉食。其三为"无限期"或没有写明期限，典型代表如丽鹏股份，其在公告的表决权委托协议中载明："未经双方协商一致并达成书面解除协议，否则该等表决权委托事项为永久且不可撤销的。"这并非个例，还有中国中铁、嘉应制药、新域集成等。虽然我国《民法典》并没有限制委托合同的缔约期限，但是从防止表决权异化的角度看，永久性的委托显然具有异化为实质转让之嫌，因此有必要设定一定期限或者条件。

（2）表决权委托的撤销。

在以上实证观察中，可以发现几乎所有的表决权委托协议的解除，除了法定委托合同终止原因，还规定了以"双方签署解除或终止表决权委托的书面文件"为委托合同终止的条件。实际上，我国《民法典》第933条承认了委托合同当事人的任意一方均享有任意解除权。对于任意解除权的适用，有观点认为，应作目的性限缩解释。[1]在商事委托的背景下，如果允许委托人任意解

---

[1] 王利明：《合同法研究》（第3卷），中国人民大学出版社2012年版，第729页。

除，显然会影响合同关系的稳定，有悖商事合同的本旨。在表决权委托的情境下，如果代理人的表决权不稳定，一方面可能因随时面临被撤销而导致代理成本的上升，如需要不断重新统计表决投票情况，防止以任意撤销表决权委托的"敲竹杠"行为等；另一方面亦会影响委托人的财产性利益，不稳定的表决权不但使得公司的经营决策难以实施，还会最终影响到股份权利人的收益权。因此，在表决权委托的情境下，对表决权委托中当事人的任意解除权进行限制是合理且必要的。

(3) 表决权委托的授权范围。

根据以上观察，能够发现表决权委托的授权主要存在两种形式，即概括式与列举式。概括式采取全权委托的形式，仅表述委托人全权授予代理人表决权，或"按照公司章程和相关法律法规的规定，在公司股东会上行使委托人所持有目标股份的表决权""代理人可以自行行使表决权且无须在具体行使该等表决权时另行取得授权"。剩余大部分样本并没有写明表决权的具体行使内容，典型的如丽鹏股份、宜安科技、梵诺空间等。在列举式方面，有直接对表决事项进行列举的，如柏荟医疗、欧浦智网；有对授权范围作出消极性列举的，如珠江实业列举出了非授权范围，包括特殊表决事项、导致委托方股份比例变化、以委托方股份进行提供担保以及法律法规和政府规定需要报政府批准的事项，宜安科技等也采取了这种安排。

对于以上表决权委托授权不能完全"依据受托人的意愿进行投票"，即与《民法典》第922条"受托人应当按照委托人的指示处理委托事务"的规定不相符的顾虑。笔者认为《公司法》第106条的委托代理并不局限于特别委托，委托人也可以进行一般委托，亦即同样适用《民法典》第920条"概括委托受托人处理一切事务"的规则。一方面，商事委托本身就具有效率性要求，重复性地明确授权并不经济；另一方面，如果代理人明确违背了委托人的意愿，或超出了委托人的授权范围行使表决权，股东可以进行追认，如果不予追认，代理人需要对股东造成的损失承担赔偿责任。由此可知，表决权委托是可以进行一般委托或者概括式授权的。

（4）表决权委托的对价。

根据代理权征集抑或表决权委托的样本，可以发现大量公告明确了不存在表决权委托的对价，如表决权委托样本中的世纪鼎利、龙泉股份，代理权征集中的拓邦股份、达安股份、久吾高科等在2018年10月发布的公告等。根据《民法典》第928条和第929条的规定，委托合同原则上为有偿合同，但在例外情况下可以是无偿的，这就是为何许多表决权委托协议中，特别重申不存在表决权委托的对价。如果允许表决权委托存在对价，很可能影响所有股东权利的平等行使。除了违反法经济学上的比例原则，导致缺少合理激励、滋生机会主义风险，还有如下原因：其一，代理权征集人并不都具有足够的经济实力支付对价，甚至因此导致其他股东的机会主义行为；其二，并非所有的股东都能够平等地授权给代理人，因为代理人也可能不足以接纳支付所有的表决权委托；其三，认为表决权具有财产权性质的学说说理并不鲜见，其观点往往以允许分离自有股份或以进行流转为由，但股东主要由股份上的收益权作为直接获益来源，买卖表决权并非终极手段，此举也不能保证公司利益以及股东整体利益的最大化。因此，表决权委托不应设置对价。

（5）小结：表决权二次配置的边界。

综合关于表决权二次配置的现行法规则、比较法考察以及市场实践统计可知，表决权转让存在着诸多限制性规定，既为了防止规避股份限售以及实际控制人监管，也为了防止控制权不稳定，损害公司整体利益以及中小股东甚至相关利益人的利益，是故应以此为基础对其他表决权二次配置行为进行限制。笔者认为，表决权二次配置的具体边界需要考察原权利人是否依然具有对表决权的控制，并综合考量是否存在表决权二次配置的对价、期限以及是否存在未来股份变动的过渡期安排，是否存在规避监管的行为。可见，在此边界内就可以进行表决权二次配置的章程防御性条款设计。

（四）基于表决权二次配置的防御性条款设计

1. 对被授权主体的资格限制

对被授权主体的资格限制可以体现在四个方面：其一是身份限制，以表决权委托代理为例，日本判例允许公司章程进一步将代理人的身份设定为公司股东，非公司股东不得行使表决权。法律规则本身对表决权行使存在限制，例如因对某些事项存在特别利害关系而被表决权排除的股东，不得再担任他人的代理人行使表决权，这可参考《德国股份公司法》第136条第2款的规定。其二是对被授权主体能够被授予的表决权数额进行限制，防止主体特别是在表决权信托或代理权征集的情况下对公司形成不当控制，虽然不能直接限制股东表决权的行使，但是可以间接对被授权主体所能行使的表决权进行限制，一般的做法是要求被授权主体所能代理的表决权以占公司已发行股份总数的一定比例为限。其三是对被授权主体的总数进行限制，同样以表决权委托代理为例，《日本公司法》第310条规定，可以通过公司章程规定"股份有限公司可限制出席股东会的代理人数量"，主要是为了保护公司决议的客观性，保护多数股东对公司经营决策的参与权，防止公司沦为少数人操纵获益的工具，导致股东会流于形式。其四是代理权的授予仅限于一人且不得重复授权，如《德国股份公司法》第135条第1款规定"代理权只允许被授予一个特定的信贷

第二章　实体性公司章程防御性条款

机构"。正因表决权二次配置的相关协议具有民事合同的特点，当事人虽可以事后解除，但避免不了出现重复授权导致的表决权争议，徒增代理成本，实践案例如龙大肉食、西藏发展、皖通科技等。

2. 对授权期限的限制

为了避免表决权长期被代理人控制，产生代理人成为实质上的"股东"甚至进一步控制公司的弊端，应当要求当事人对授权设置期限。同时为了防止期限流于形式，[1] 相关规则还应当设置最长授权期限。如《特拉华州普通公司法》第 212 条将代理有效期限定为 3 年，允许当事人通过意思自治订立更长期间。即使是明文规定表决权信托规则的《美国标准商事公司法》，其第 7.30 节第（c）条亦明确规定了表决权信托的最长延展期限为 10 年，每 10 年需要再次进行授权。我国目前虽缺少相关立法规则，但为了保护全体股东利益，防止公司整体利益贬损，应允许直接在章程中进行授权期限的安排设计。

3. 对二次配置下的表决权行使形式进行限制

以表决权委托为例，我国《民法典》规定委托合同的成立不需要采取特殊的方式或类型特殊的程序，因此委托合同是以不要式为原则，要式为例外。但我国《公司法》第 106 条明确规定了代理人需要签订股东授权委托书，并向公司提交。从比较法上考察，《德国股份公司法》第 134 条第 3 款规定"加入章程没有规定简化形式，表决权代理需要书面形式"。《韩国公司法》第 368 条第 2 款亦作出了相同规定。这主要是为了防止被授权人多次参加股东没有授权其参加的股东会，或者对股东没有授权的事项进行表决，违背股东的真实意思，损害股东的利益，并对股东会的

---

[1] 如 1999 年等仅以满足形式要求但实质上依然是接近于表决权转让的安排。

决议产生不利影响。[1]因此，出于保护公司及其股东利益的考虑，公司章程可以对二次配置下的表决权行使形式进行限制，如规定必须出具股东的授权书，而其他证明授权的形式，如口头、电话、录音等都是无效的。

---

[1] 宋燕妮、赵旭东主编：《中华人民共和国公司法释义》，法律出版社2019年版，第223页。

第三章
程序性公司章程防御性条款

第一节 决议通过比例调整型防御性条款

一、决议通过比例提高型防御性条款

（一）决议通过比例提高型防御性条款的概念与类型

决议通过比例提高型防御性条款（以下简称"比例提高条款"），是指针对公司法所确定的股东会多数决原则所作出的，调整（提高）其决议通过比例的公司章程防御性条款。根据多数决原则，其可以被分为纯粹比例提高条款和一般决议事项上升为特殊决议事项之条款。前者包括一般决议的通过比例提高以及特殊决议的通过比例提高，此处既可以选择将特定的个别决议事项的决议通过比例提高，也可以概括性地将整体决议事项或全部特殊决议事项的通过比例提高。后者为将决议事项中的一般决议上升为特殊决议，[1]如将本来并非法定列举的特殊决议事项的普通事项提升为需要以绝对多数通过的决议事项。由此，需要解决以下两项问题：一是能否对表决事项的通过比例进行提高；二是特

---

[1] 显然从字面意思理解，前一类关于一般决议通过的比例提高包含了后一类的情况，因此此处作出进一步说明，将第一类情况限定为其比例上升空间尚不及于特别决议的通过比例。

别决议事项是否存在范围限制。

(二) 决议通过比例提高的合理性分析

1. 决议主体的选择

公司不但是资本的集合,也是人的聚合。公司的一项决策往往会对一系列的主体产生影响,如公司股东、公司员工、公司债权人等公司利益相关者。因而,公司的一项决议究竟以哪些主体作为决议通过的计算基数就成为首要问题。理论上可以作出三种计算基数安排:其一,以实际参加表决的人数为基数;其二,以全体公司成员(包括利益相关者)为基数;其三,以有权利作出表决的人数为基数。第一种安排,其决策成本是最低的,然而却会带来难以充分反映公司主体意愿的问题,特别是在上市公司存在股东数量庞大且分散的情况下,极易造成对其他股东参与权的间接剥夺。第二种安排,将所有可能因公司决策受到影响的主体囊括进来,虽体现出了直接民主,但与公司制度追求效率的理念相违背,甚至可能出现参与决策者基数巨大,实际参与者却不满足决议通过最低要求的情况。第三种安排,为了保证效率,首先将基数限定在一定范围内,同时为了满足民主或平等原则的要求,再圈定为有权利作出表决者。对此,理论上虽允许根据价值追求的不同,即效率与公平目标的不同对基数进行调整,但实践中之所以将决议主体预设为全体股东,是因为公司决策对公司整体利益变化影响最大。其次,法律制度也往往将股东权益放入利益保护的劣后位阶。[1]因此,只有允许股东参与公司治理的公司,才能够进一步吸引更多投资者,从而使得公司具有更大的发展潜力。最后,通过比较法考察可以发现,各国立法例是以"有权投票"为对象予以规定的,如《英国2006年公司法》第318

---

[1] 如公司员工受到劳动合同保护,公司债权人受到合同法保护,同时从公司破产清算的偿付顺序亦可得知公司股东的利益保护处于末位,须承担更多的风险。

条规定"出席会议的合格的人……由有权投票的人构成";《美国标准商事公司法》第7.25节规定"该投票团体有权对该事项投票的多数人构成该投票团体对该事项采取行为的法定人数";《特拉华州普通公司法》第216条规定"法定人数代表的股份都不得低于有会议表决权的股份的三分之一"。

2. 决议通过机制及提高决议通过比例的理论基础

股东会决议机制为多数决原则。所谓多数决原则,是指在集体作出决策的过程中,某项决议的通过与否,以该项议题能否得到决策者的多数同意为条件。多数决属于集体决策,集体决策是民主的表现手段,而民主的要求是平等。为避免出现难以达成一致决议意见的情况,只能采取多数决原则,因此所谓平等的实现又依靠多数决原则的实施,多数决原则具体表现为资本多数决。资本多数决并非从具体的股东人头角度来进行设计,而是以每一股份为一单位个体进行计算。这是因为,公司往往以追求剩余价值为目的,而剩余价值的分配要么按股东人头来分配,要么按股东进入公司时投入的资本比例来进行分配。显然,如果不采取按资分配会出现两方面问题:一方面,因为股东进入公司的最初目的是追求资本回报,不按资分配会产生任何股东都不愿意比其他股东出资更多的情形,导致公司最终难以成立。另一方面,根据经济学中的比例原则,股东的决策能力不与其风险和收益成正比,由此必然难以激发股东的投资热情。因此,资本多数决原则的采用成了最现实的选择。

资本多数决同其他多数决原则一样需要克服潜在的问题。具体而言,需要克服控制股东或大股东的超控制权收益问题,以防小股东的权益受到压榨。根据双重委托代理理论,有效的解决办法为实行绝大多数股东投票表决原则。实行绝大多数股东投票表决,一方面可以保证自决的最大化,所谓投票通过比例越高,实际潜在参与决策的股东就越多,就越能保证更多的股东足以立身于自己作出决策选择的公司中;另一方面,曾有研究利用数学概率论发现,越多的决策参与,越有利于产生正确的决策。[1]遵循这一思路可以发现,提高某些决议通过比例能够在一定程度上保护特定股东群体,特别是中小股东这一群体的利益。

3. 多数决原则下股东利益保护的逻辑再证

已知公司制度内的多数决原则为资本多数决,这样的制度安排必然会导致掌握多数股份的控制股东对中小股东的利益进行压榨。因此,最直接的解决办法应当是减少控制股东利用决议损害中小股东利益的机会。换言之,只要存在滥用股东会决议的可能,就应当限制提交明显影响中小股东利益的表决事项。有学者认为,公司非控制股东保护自己权益最好的办法就是限制股东会决议事项的范围。[2]然而在公司治理层面,对股东会决议能力进行扩张或限制,具有与董事会职权划清界限的作用。换言之,对股东会决议职权的限制也可能意味着将相应的决议事项赋权董事会。[3]董事会又因一般董事提名机制而存在被控制股东操控的风险,并不能有效解决上述问题。不过,从股东权利的角度进行观察,股东会的决议事项往往不能对股东固有权进行绝对剥夺,因此将特定的决议事项纳入股东固有权的范围内可以避免"被决议"。但在公司治理过程中,并非所有事项都涉及股东固有权,因而需要再次对制度逻辑进行论证。在特别决议事项的规则安排下,法律通过强化少数股东的直接决策权来保护少数股东的利益,同理,公司章程自然亦可通过调整范围内决议通过比例,来

---

[1] 石纪虎:"股东大会制度法理研究",西南政法大学2010年博士学位论文,第38页。

[2] 石纪虎:"股东大会制度法理研究",西南政法大学2010年博士学位论文,第100页。

[3] 《中华全国律师协会律师承办公司治理业务操作指引》第13.2.2条。

保护非控制股东的利益。对此有学者表示,在不存在利益冲突的情况下,赋予少数股东更多的参与权(即对决议的阻却权或否决权),可能仅会增加小额的决策成本。[1]

(三)特别决议事项扩增的可行性探析

我国《公司法》第43条和第103条分别就有限责任公司以及股份有限公司的决议规则,亦即决议的效力产生进行了规定。两者均规定了特别决议须为绝对多数决,均将特别决议事项的范围限定为七种事项。《中华人民共和国公司法释义》对第103条的释义:"特殊决议是指在股东举行会议时,适用于法定事项,以绝对多数表决方能通过的决议",[2]这是否意味着特别决议事项范围已经被法律所固定,无法对特别决议的适用范围进行扩张?再观我国《公司法》第104条,对必须经由股东大会作出决议的事项作出了列举性规定,即公司转让、受让重大资产或者对外提供担保等事项。同时,与之相联系的第121条进一步对该条内容作了增加时间与金额的限定。

首先,从文义解释的角度来看,《公司法》第121条仅增加了第103条第2款所列举的特别决议法定事项,说明第103条第2款的列举事项范围非封闭。第104条的规范目的是划清股东大会与董事会的职权边界,同时又将"本法和公司章程规定"所列举事项明确为特别决议事项,因此可以理解为允许公司章程对特别决议事项进行扩充。其次,从目的解释的角度来看,法律要求采取更严格的程序是必要的。公司购买重大资产,可能导致公司资金大量外流;公司出售重大资产,可能导致公司在事实上被出

---

[1] [美]莱纳·克拉克曼等:《公司法剖析:比较与功能的视角》(第2版),罗培新译,法律出版社2012年版,第96~97页。

[2] 宋燕妮、赵旭东主编:《中华人民共和国公司法释义》,法律出版社2019年版,第218页。

售；公司对外提供大额担保，可能导致公司严重负债。这些情况如出现在上市公司中，则会将企业上市行为变成一种变相圈钱工具，同时缺乏有效平衡机制作出的经营决策也会产生机会主义行为，这对公司长期经营与发展的目标，以及众多分散股东的利益影响巨甚。最后，从证监会颁布的《上市公司章程指引》来看，其第77条和第78条分别对普通决议事项以及特别决议事项作出了具体列举，其中对特别决议事项在《公司法》第103条第2款以及第121条的基础上又增加了两项，同时第77条和第78条的最后一项均出现了允许公司章程规定的其他事项的兜底条款。由此可见，特别事项范围在《公司法》和《上市公司章程指引》上得到了扩张。综上所述，《公司法》第103条第2款和第121条所列举的事项并非特别决议事项的固定边界，公司章程是可以对公司特别决议事项进行扩增的。

（四）扩张特别决议事项的边界探索与防御性条款设计可能

目前学界对公司决议事项的研究主要集中在如何划清股东会与董事会的职权边界上，[1]对特别决议事项的扩充应当如何进行安排的讨论则并不充分。

虽然决议通过比例提高以及决议事项扩张不存在现行规则障碍，但这并不意味着赋予全体股东对所有事项绝对的控制权，就将得到理想的结果。反而可能会发生"投票悖论"，即每个股东个体都可据其自由意志进行所谓的理性选择，产生全体股东的偏好总和却不理性的"循环多数决"。[2]除此之外，股东会在固定时间内所能决议的事项是存在限制的。特别决议事项过多，将导

---

〔1〕 许可："股东会与董事会分权制度研究"，载《中国法学》2017年第2期。徐浩："股东会、董事会职权的兜底条款质疑"，载《北方法学》2010年第6期。

〔2〕 [美]肯尼思·约瑟夫·阿罗：《社会选择：个性与多准则》，钱晓敏、孟岳良译，首都经济贸易大学出版社2000年版，第12~40页。

致两种结果：一是决议事项无法进行讨论；二是股东会冗长，两者对公司经营效率都会产生影响，从而最终影响全体股东利益。因此，有必要对特别决议事项的扩充安排进行分析。

通过观察《公司法》第103条第2款、第121条以及《上市公司章程指引》第78条的列举，可以发现这样的规律：特别决议事项与股东权利类型相互关联。一方面，部分特别决议是出于保护债权人以及维护市场秩序整体利益的目的所作出的制度安排，如公司注册资本的减资、公司的合并或分立、公司的清算等。另一方面，部分特别决议事项皆与股东的两大主要权利即收益权与参与权存在紧密联系，具体而言：其一，公司增资可能会稀释股东参与权，抑或可能改变该股东对公司的影响力。其二，公司合并可能会带来一定的公司债务，直接影响股东的收益权。其三，公司分立则可能会导致部分股东在新分立的公司中承担更多的债务，而另一部分股东则承担相对更少的债务，同样直接影响股东的收益权。其四，公司解散会导致股东的参与权与收益权灭失。其五，公司形式变更，也会对股东的收益权与参与权产生影响。在公司经营管理过程中，有限责任公司章程的自治空间相对更宽，公司法仅在章程未约定或者约定不明时进行查漏补缺；股份有限公司的规则适用则相反，决议相关事项往往优先适用公司法规则，在与公司法不存在根本冲突的情况下才适用公司章程的规定。可见，变更公司形式必然会对股东收益权与参与权的规则适用产生间接影响。其六，公司章程修改存在一定争议。我国立法采取概括性规定，并没有明确对公司章程修改事项进一步细化，若是对公司章程的非实质性修改，如仅为文本的更正抑或变更公司名称、更改公司住所等，实际上对股东的权益影响较小，对其作出严格的程序限制则是为了便于行政机关管理等。但在更多的情况下，修改公司章程会对股东利益产生重要影响，如本书探讨的核心——章程防御性条款等内容。综上所述，根据立法目的解释，可以得出一项标准：越是与股东收益权和参与权联系紧密的决议事项，越具有作为特别决议事项的资格。

从比较法上观察各国立法例对股东会特别决议事项的规定，并对上述标准进行检验。首先，《德国股份公司法》采取概括式条文说明加分散性列举特别决议事项的形式，如第138条作出了一般性规定，即特别决议事项应当经过特别会议或特别表决作出，又如《德国股份公司法》第六部分通过三个章节对"章程的变更，筹资和减资措施需要采取特别决议程序"进行了规定。以第一章（章程的变更）第179条第1款与第3款为例，其中第1款将与股东参与权和收益权联系不紧密的事项排除——"涉及文本的修改，股东大会可以将变更的权力授予监事会"，而第3款对那些直接与股东权益产生密切联系的事项作出了绝对多数决的要求。其次，《日本公司法》亦采取概括式说明加分散性列举的形式，其第295条第1款仅对股东大会的权限作出了列举，并未明确说明何为特别决议事项的范围，将特别决议事项分散在各法律条文中进行规定，如第637条。最后，《英国2006年公司法》第22条更是允许公司章程条款设置超级多数决事项，即修改公司章程须由公司全体成员一致同意才得以通过。综上，各国立法例足以验证前述标准，即决议事项与股东的收益权和参与权联系紧密，与其被作为特别决议事项的资格是成正相关关系的。进而，以特别决议事项扩展为形式的公司章程防御性条款设计亦应遵循这一思路，以此寻求能够平衡股东利益保护与公司经营效率的安排。

二、定足数要求型防御性条款

（一）定足数要求型防御性条款的概念

在股东平等原则下，法律往往会要求一项公司决议的形成必须要有代表一定比例股份的股东出席，并经其代表表决权的一定比例通过。传统的规则是，表决某一事项，必须满足法定出席股份要求，并经过出席会议的多数表决权股份通过。换言之，一项公司决议的有效形成，必须同时满足法定的出席要求和表决要求。[1]所谓出席要求，即为定足数，[2]定足数是一种可以量化的决议通过调节机制。而定足数要求型防御性条款，即对股东会决议通过所需定足数进行调整性规定的自治性章程条款。防御性条款规则设计允许提高或降低定足数要求，而这一要求是否允许公司章程进一步进行降低，甚至降低到不存在任何限制；抑或将这一要求提高，甚至提高到要求需要全体股东或其代表的全部股份，值得进一步探析。

（二）股东会决议定足数的现行法规范基础

现行《公司法》未对股份有限公司股东会决议设置定足数要求乃规范疏漏。[3]我国《公司法》第43条第2款仅对有限责任公司特别决议的定足数作出了要求，即"必须经代表三分之二以上表决权的股东通过"；对股份有限公司股东会决议的作出，第103条未规定定足数要求，而是以出席股份为基数。[4]《公司法规定（四）》第5条第3项对法定与章定定足数条款作出肯定，其中前者采引致条款的形式，有待相关法规范进一步补充完善。股东会以出席会议的股东所代表的表决权作为基数，按照法定或

---

[1] 施天涛：《公司法论》（第4版），法律出版社2018年版，第334~336页。

[2] 定足数的要求不止出现在股东会中，一些法律为了保证董事会议特定事项的有效性，也会对董事会议中的出席董事人数进行要求。然而董事会议并非本书讨论的重点，因此笔者将定足数要求仅限定于股东会的范围内。

[3] 殷秋实："法律行为视角下的决议不成立"，载《中外法学》2019年第1期。

[4] 《中华人民共和国公司法释义》对《公司法》第103条作出解释，这是为了防止对股东固有权的不当剥夺，亦是因为，原则上股东大会的召开是需要按照法定程序通知所有股东的，若股东缺席本次股东会且并没有对其表决权进行委托，就意味着该股东主动放弃了该次会议的参与权。

约定的决议通过要求作出决议。这样的规则安排优缺点分明，优点是提高了公司决策的效率，缺点是又带来了股东会决议难以完全表达全体股东意愿的风险，在特定情况下还会激化不同股东之间的矛盾，没有出席此次会议的股东甚至可以在满足条件要求的情况下，另行行使股东会召集权与提案权，这反而会给公司带来经营决策的困难。因此，《中华人民共和国公司法释义》明确阐释"为了避免上述弊端，公司可以在章程中规定出席股东大会会议的股东所持最低股份数"。[1]同时，最高人民法院给出的解释是"担心中小股东普遍采取'弃会'和'搭便车'的行为反而影响股东会的效率，给公司平添不得不二次召集股东会的时间和金钱成本"。[2]因此在我国，公司会议出席人数的最低限制是交由公司章程进行规定的。综上所述，我国《公司法》因考虑公司经营效率问题而规避股东会法定出席人数的做法并不必要，但是《公司法规定（四）》第5条第3项又带来了积极期待：一是有理由相信，将会有相关股东会最低法定出席人数的法律规则出台；二是对公司会议最低出席人数限定允许公司章程自治，甚至有观点认为"提高或者降低法定股份数额要求必须经公司章程规定"。[3]

（三）股东会决议定足数的比较法考察

在英美法系国家，《英国2006年公司法》第318条对股东会法定人数进行了规定，其中还对该普通法规则作出了三项例外情形，扩大了调整法定人数的适用空间。美国《特拉华州普通公司法》第215条和第216条分别对非股份公司与股份公司关于股东

---

〔1〕 宋燕妮、赵旭东主编：《中华人民共和国公司法释义》，法律出版社2019年版，第219页。

〔2〕 杜万华主编，最高人民法院民事审判第二庭编著：《最高人民法院公司法司法解释（四）理解与适用》，人民法院出版社2017年版，第135页。

〔3〕 施天涛：《公司法论》（第4版），法律出版社2018年版，第336页。

第三章　程序性公司章程防御性条款

会议所需的法定参与人数进行了规定，前者以人头计数，后者以法定人数代表的股份计算。《美国标准商事公司法》第 7.25 节第（a）（c）条中明确了法定人数的要求。在大陆法系国家，《日本公司法》第 309 条对决议通过所必需的出席股东数进行了规定，即"持有可行使表决权股东的过半数表决权的股东出席"。《德国股份公司法》第 129 条就股东大会议事规则、股东大会的准备和实施这些事项作出了定足数的建议，即"被代表的基本资本的至少四分之三多数"。可见，各国立法例一般都规定，如果一项股东决议要生效，需要满足法定数量的股东参与股东会，并合法地进行表决使得提案得以通过。除此之外，《特拉华州普通公司法》和《德国股份公司法》第 129 条进一步明确了在法律作出最低人数限定的基础上，允许公司章程作出调整，以此赋予公司更大的自治空间。

（四）定足数要求型防御性条款的设计可能

1. 股东会决议定足数的计算基数设计

通过对各国立法例考察，发现比较法上普遍对股东会决议的定足数作出了规定。在定足数的计算基数方面，以上立法例可以总结为三种模式：一是以纯粹的人头数作为计算标准；二是以被代表的资本占公司总资本的比例为标准；三是以出席股东所代表的表决权占全体表决权的一定比例为标准。

第一种以人头作为计数标准的立法例，不关注出席股东所持的股份数量。如《英国 2006 年公司法》第 318 条第 2 款规定，一般情况下最低仅要求"构成可召开会议的法定人数应当是两个合格的人"。如此设计的优点显著，能够有效降低股东会的决议门槛，提高决议通过效率，这在稍纵即逝的商业机会面前能够凸显企业的竞争优势。同时，最低为两人的人数限制，一定程度上可防止"一言堂"情况的发生。然而缺点也是明显的，即较大程

— 173 —

度地牺牲了公平，具体而言：首先，方便大股东操纵公司或董事会操纵公司，占据信息与资金优势的大股东或董事会极易通过"凑数"的方式满足法律的形式化要求，为损害中小股东利益的决策披上了合法化的外衣；其次，无法抵御恶意股东对公司经营决策的干扰，因为上市公司往往股份分散且股东众多，外部敌意主体可以通过较低的成本满足人头数要求，扰乱公司的合理经营决策；最后，违背资本多数决原则，与比例原则相悖，鼓励机会主义行为，损害公司整体利益与中小股东利益。

第二种以资本为基数的模式。此模式既符合资本多数决的要求，也具有一定的代表性，相较第一种模式的弊端有所缓和。但此种模式安排并不总具有决策效率，即使采用代表性决策亦然。对于那些设立了无表决权优先股的公司来说，在股东会决议时仍需将无参与权的股份计入其中，这一方面变相提高了决议通过的门槛，影响了决议效率，另一方面又使得无表决权股制度失去了存在意义。另外，一旦无表决权股的资本占比较大，很可能导致股东会决议根本无法通过，抑或难以兼顾股东个体利益而完全以资本的体量作为公司决议的核心，甚至股东会沦落为最多资本主体操纵的工具。

第三种模式将定足数基数确定为表决权的整体，对前两种模式作了折中。股东会需要一定量的股东出席，并且出席的股东所代表的表决权亦应当达到一定的比例，以此满足股东会决议对代表性（公平性）与效率的双重要求。由此可见，纯粹的人头主义或"资本主义"的利弊明显且又互补，择其一显得过于极端。虽然我国并没有明确具体的立法规范，但以出席股东所代表的表决权占全体表决权的一定比例为标准进行的设计，显然更具有适合公司持久发展的普适性。

2. 定足数规范模式选择与定足数要求设计

通过对以上各国立法例的考察，可以发现关于定足数的立法规范存在以下三种模式：一是以公司章程自定定足数为原则，公司法仅给出建议。如《德国股份公司法》第 129 条仅就特殊事项、股东大会的准备和实施给出了建议性的规定，"股东大会可以以决议时被代表的基本资本的至少四分之三多数为自己制定议事规则，以及关于股东大会的准备和实施的规定"。二是公司章程优先，法律进行补充性的缺省性规定。典型代表如《日本公司法》第 309 条在缺少章定定足数要求的情况下适用"过半数"的要求。三是法律给出了最低定足数的要求，但允许公司章程在此基础上进行自治性规定。典型的如美国《特拉华州普通公司法》第 216 条"最低三分之一"的定足数要求。

通过对这三种范式的观察，可以发现各国立法例对定足数的要求均给予了较大的自治空间。通过上文的探析，在规定出席股东会的定足数要求时，需要综合考量两个方面的因素：其一是决议的公平性，股东会所通过的决议应当具有足够的代表性，应当遵循多数决原则，符合公司的整体利益以及广大股东的利益；其二是决议的效率性，需要兼顾上市公司股东数量庞杂且分散的现实，考虑公司决策的信息沟通成本，防止出现难以有效决策的僵局。据此，可以得出两方面的结论：一方面为了保证公司决议的代表性，防止股东参与权被实质性地剥夺，公司章程对定足数条款的设计应当设置一个最低的数额；另一方面，出于公司经营效率的考量，定足数亦不应设计得过高，这在股东庞杂、分散且流动性大的上市公司中是不可能实现的。

3. 定足数的确定时间

股东会出席的定足数要求是应当始终满足出席股份的要求，还是允许仅在会议开始时满足定足数要求即可？学界主流观点认为，出席会议的股东所代表的股份数额一经达到出席股份要求，即使中途有人退席而意欲破坏会议的定足数要求，该会议仍然可以继续进行。[1]有学者从会议成本的角度给出解释："相较于董事会不足法定人数时可以另行择期重新召开会议，重新召开股东会却不是一件容易的事情。"[2]对于已经出席的股东而言，其已经对会议决议事项有所了解，中途退席可以认为其对决议事项并不赞成，并通过这种"用脚投票"的方式行使表决权。此种情况下，定足数对代表性的要求实际上已经得到了满足，该部分股东的表决权并没有被不当剥夺。因此，笔者赞同学界主流观点，认为定足数仅须在会议开始时得到满足，即使中途有人退席也不影响会议的继续进行以及会议决议的有效性。

第二节　表决机制调整型防御性条款

一、拆分表决型防御性条款

（一）表决权拆分行使与拆分表决型防御性条款的概念

原则上表决权应当统一行使，但在特定情况下可以拆分行使表决权。表决权是以单位股份为计量单位进行计算的，这就意味着当一个股东拥有复数股份时，该股东即拥有复数表决权，其对股东会决议事项可以同时作出不同方向的数个意思表示，如将其部分表决权投赞成票、部分表决权投反对票（弃权票）。[3]基于这一思路，广义的表决权分割行使亦可针对同一事项中的不同内

---

[1] 周琳："股东大会出席定足数之探讨"，载《内蒙古科技与经济》2005年第15期。

[2] 施天涛：《公司法论》（第4版），法律出版社2018年版，第336页。

[3] 无论是逻辑上抑或实践中，必然存在弃权票的发生，然而笔者仅讨论是否允许对于表决权进行分割行使。学界对于弃权票的计算方式存有较大争议，如认为可将弃权票计入赞成票，参见［德］迪特尔·梅迪库斯：《德国民法总论》，邵建东译，法律出版社2001年版，第842页。如可将弃权票单独计数，或作为出席定足数计算，参见周友苏：《新公司法论》，法律出版社2006年版，第370页。

容进行分拆投票，选举董事或监事的累积投票制即为典型。[1]而反观狭义的表决权拆分行使所适用的情况，一般表现为股份信托、托管与股份共有等情形。而拆分表决型防御性条款则对应狭义的表决权拆分行使，是指为保护特定股东利益，促使股东有效参与表决而通过公司章程设置有条件的表决权拆分行使条款。

(二) 表决权拆分行使的观点之争与利弊分析

1. 表决权拆分行使的观点之争

对于表决权能否拆分行使，学术上并没有统一的定论，为此可以将其争点归结为否定说、肯定说以及有条件的肯定说三类：

否定说认为，一个股东只能享有一个意思表示，不论持股多少对应的都是一个表决权，其持股的多少仅代表其所能行使的表决权的程度而已，所以股东不得分割行使表决权。[2]亦有学者承认表决权拆分行使的理论可能性，但是表决权的拆分行使并不具有现实行使的有益性，因此不得将表决权拆分，而应当将表决权统一行使。[3]

肯定说多基于股东权利行使自由与行使规则意思自治，认为表决权的非统一行使不应受到法律的过多干预。实践中存在股份信托、股份委托代理等行使表决权的股东与实际权利人不一致的情形，因合同关系的存在，即使受托人代表不同股东行权，其表决权拆分行使未必造成表决权的实际行权与股东的真实意思相反，并不会导致股东表决意愿因无法顺利表达而被间接剥夺，因此应当允许股东表决权的不统一行使。[4]

---

[1] 累积投票制已由我国《公司法》所确定，因此不作为讨论重点。
[2] [日]末永敏和：《现代日本公司法》，金洪玉译，人民法院出版社2000年版，第116页。
[3] 张民安：《公司法上的利益平衡》，北京大学出版社2003年版，第187页。
[4] 周友苏主编：《上市公司法律规制论》，商务印书馆2006年版，第247页。

有条件的肯定说认为，股东表决权原则上应当统一行使，仅在特定的情形下允许表决权的分割行使，换言之，表决权的分割行使需要受到严格限制。有观点认为对于一项决议事项，股东只能作出一项意思表示，在缺乏正当理由的情形下，同一股东就某一决议事项作出不同的意思表示，违反了民事法律行为中意思表示确定性的要求。[1]而不统一行使的条件，一般限定于股份信托、托管与股份共有的情形，并且在程序上应当事先通知公司。除此之外，公司可以拒绝表决权的不统一行使。因为，如果允许表决权不统一地随意行使，容易导致混乱。[2]

笔者更支持第三种观点，认为表决权是以股份为基准而非股东人头这一公司表决原则行使的，股东可以根据意思自治，以其复数股份行使不同方向的表决权。多数国家亦承认对表决权的不统一行使，甚至我国也存在该范畴内的规则设计。[3]但是，不能因此而完全忽视直接适用此制度所带来的消极影响，依然需要通过股东利益平衡与价值博弈来寻求合适的边界，设置必要的限制。

2. 适用表决权拆分行使的利弊分析

表决权的不统一行使之所以存在诸多争议，是因为其规则本身存在鲜明的利弊特征。为了更好地探析表决权不统一行使的规则设计，在股东利益平衡与价值博弈中寻找合适的路径，有必要明晰其规则利弊。

表决权不统一行使的价值在于，能够通过这一机制鼓励更多的股东参与公司治理，且在本身存在控制股东的公司中，中小股东劣势的状况就能较为明显地得到改善。允许代理人、受托人和代表人等行使多项投票的意思表示，是为了给委托人、被代表主

---

[1] 刘俊海：《股份有限公司股东权的保护》，法律出版社1997年版，第150页。
[2] 施天涛：《公司法论》（第4版），法律出版社2018年版，第262~264页。
[3] 如《到境外上市公司章程必备条款》第68条。

体增添表达自身意志的渠道，是对控制股东的间接限制，防止大股东滥用控制权，亦是对资本多数决的一种修正，从而实现股东权的实质平等。

表决权的拆分行使具有两面性，在发挥积极作用的同时，亦具有其难以克服的缺陷。首先，表决权的拆分行使可能会被别有用心的股东滥用，这部分股东通过表决权的拆分行使导致公司股东会难以有效通过实质决议，造成股东会的低效率以及公司治理的混乱。其次，表决权的拆分行使可能产生代理问题，代理人、受托人或代表人在收到不同股东相反的表决意向时，在忠实义务与机会主义利益冲突之间，必然产生代理成本问题。再次，会导致公司的大股东与中小股东之间的关系紧张，以信任为基础的关系被削弱。复次，表决权的拆分行使可能会削弱控制股东的控制力，挫伤投资者对特定企业（如互联网、高新科技企业）的投资热情。最后，表决权拆分行使在实践中并没有得到广泛的应用，甚至广义的拆分行使下的累积投票制都极为少见。[1]这是因为，一方面，大股东存在大量规避手段，使其难以发挥预设的功能；[2]另一方面，中小股东往往追求的是短期利益，出于行权成本的考量往往也会选择"理性冷漠"，因此很少主动利用表决权拆分行使规则。

（三）表决权拆分行使的现行法规范基础与实践表现

1. 我国表决权拆分行使的现行法规范基础

根据《公司法》第103条，我国法律规范原则上是将表决权附着于股份，而非根据股东人头进行计算。同时我国《公司法》

---

[1] [美]弗兰克·伊斯特布鲁克、丹尼尔·费希尔：《公司法的经济结构》（中译本第2版），罗培新、张建伟译，北京大学出版社2014年版，第63页。

[2] 如在选举董事方面，错开董事任期，缩小董事会规模，将董事会的大部分公司委托给专门委员会，董事会"阶段性"管理等。

并不禁止股东对其股份进行拆分行使,由此可反向推导:法律为公司章程自治留下了一定空间。但是《上市公司股东大会规则》第36条对表决权的拆分行使作出了严格的限定,原则上股东只能选择同意、反对或弃权中的一种进行投票,仅允许"证券登记结算机构作为内地与香港股票市场交易互联互通机制股票的名义持有人,按照实际持有人意思表示进行申报的除外"。《上市公司章程指引》第89条亦作出了相同的规定。但追溯到1994年颁布并实施且至今依然有效的《到境外上市公司章程必备条款》,其第68条规定:"在投票表决时,有两票或者两票以上的表决权的股东(包括股东代理人),不必把所有表决权全部投赞成票或者反对票。"可见,对表决权的分割行使,相关规则的制定思路并非完全禁止,只是限定在对"外"商事主体的适用中。

2. 市场实践与司法实践中的表现

有学者在股权分置改革试点的调研中发现了股东表决权拆分行使的案例:在三一重工相关股东会会议投票过程中,持有该公司8000股流通股的股东通过网络投票的形式,将其所有的股份的7999股全部赞成股权分置改革的决议,而后在现场表决时又将其所持股份中的1股投了反对票。根据2006年《上海证券交易所上市公司股东大会网络投票实施细则》(已失效)第4条的规定,[1]该股东通过现场进行投票的效力优于网络投票的效力,故其7999股的赞成票与1股的反对票是应当有效的。最终有关机构在计票统计时,也将该股东的投票统计为7999股赞成,1股反对。[2]可见,表决权的拆分行使在公司实践中曾经得到过承认。

---

[1]《上市公司股东大会规则》第35条规定"同一表决权出现重复表决的以第一次投票结果为准",可见已经对此规则进行了修改。

[2] 邱永红:"股权分置改革中的若干疑难法律问题研究",载《证券市场导报》2006年第3期。

在司法实践中也出现过相关的案例，如"林某与深圳市特发保税实业有限公司公司决议撤销纠纷案"。[1]深圳市特发保税实业有限公司（以下简称"特发公司"）工委会系特发公司股东，但根据《特发公司章程》第23条，股东特发公司工委会的"委托及表决方式"须按照《特发公司员工持股会章程》的规定办理，即不由员工持股会会员大会统一行使表决权，而由持股会会员以其所持股权比例在股东大会上直接单独行使表决权。虽然本案主要争议不在此，但法院对本部分内容也予以了确认，这意味着本案特发公司工委会作为公司股东，其表决权通过公司章程的设定，允许进行分拆行使。可见，表决权的拆分行使在司法实践中也得到过确认。

（四）表决权拆分行使的比较法考察

从比较法上考察，可以发现各国立法例或多或少对表决权的不统一行使作出了规定。在英美法系方面，美国《特拉华州普通公司法》第217条第2款对表决权的不统一行使制定了有条件的行使规则，即一个投票主体（如存在信托、合伙、共同共有、按份共有、夫妻共有等关系）内存在不同的表决意见，可以分别进行表决，但依然是以简单多数决得出一个统一的投票意见，只有就特定事项的表决票数出现平均，即不能形成多数意见时，实际权利人才可以进行表决权的不统一行使。《英国2006年公司法》第322条的规定则相对宽松，允许持有多份表决权的股东，不必以全数或相同数额的形式行使其表决权。这样可以使得两个或数个受益所有权人、作为代名人而持有股份的股东按照他们的不同意愿来表决。在大陆法系方面，根据《德国股份公司法》第134条第2款至第8款，信贷机构或股东团体可基于所代表多个股东

---

[1] [2017]粤03民终7276号。

的指示分割行使其表决权,同时该条第5款强调"应满足章程中对表决权形式规定的条件"。《韩国商法》第368条第2款在德国的立法规范基础上作了进一步的限制,即原则上将表决权的分割行使限定为接受股份信托或为他人持有股份的情形,但不排除例外。除此之外,该法还提出了程序性要求,即应在股东会会议召开前3日,以书面或电子文件的形式向公司通知其意思和理由。《日本公司法》第313条对表决权的不统一行使进行了较为详细的规定,与韩国规则相似,赋予公司对不属于"股东非为他人持有股份的"情况的拒绝权,同时规定应当在会议召开前向公司通知其表决权分割行使的意旨及其理由。

由此可见,无论是英美法系还是大陆法系,立法规则均对表决权的不统一行使予以肯定。但是除了英国的立法例较为宽松外,其余各国都作出了较严格的限制,特别是对适用表决权不统一行使的主体及其情形作了限定。具体有限制主体以及发生特殊情形的美国,对适用主体进行限定的德国,对适用主体以及强调程序性要件的韩国与日本。

(五)拆分表决型防御性条款的设计

1. 拆分表决的规则正当化前提

我国现行《公司法》并没有对表决权的拆分行使进行直接禁止性的规定,而《上市公司股东大会规则》与《上市公司章程指引》则是间接表达了对境内公司的表决权拆分行使的禁止性规定,同时与《到境外上市公司章程必备条款》一样,仅允许赴港、赴海外上市公司的表决权的拆分行使。然而这样的规则设计思路在全球化趋势下显得有些不合时宜:为了防止意思表示不清而导致公司股东会决议出现混乱,从而禁止表决权分拆行使的做法,并不利于股东平等以及体现股东会决议的代表性与正当性。不妨归还原本公司法对商事主体所预留的空间,允许公司通过其章程进行规制，又或者选择仅为缺省性规定的立法模式。

2. 拆分表决的规则设计目的

表决权的拆分行使应当与前一章所讨论的表决权二次配置相互对接。通过源权利人的授权范围，来保证中小股东表决权行使的通道，防止其参与权被间接剥夺或难以反映其真实意愿。然而，并非在任何情况下，任何持股主体均可以对表决权进行拆分行使。正如大陆法系普遍对适用主体所作的限制——"为他人持有股份的主体"，其目的为防止股东直接通过拆分表决权的方式滥用权利，从而影响股东会的决议效率。因此应将表决权分割的权利交由持有他人股份、代为表达股东对决议意见的主体，将拆分表决的适用范围限定为满足"便利"需求。

3. 拆分表决的行使程序设计

由于表决权的不统一行使可能会对公司决议的效率带来影响，因此应当作出一定的矫正性规定，如设置表决权拆分行使的程序。

对于拆分行使的提前通知，韩国与日本立法例均要求股东在拆分行使表决权时，应当在会议召开前提前3日告知公司其拆分行权的意向。笔者认为提前通知，对于必要的会前准备以及保证会议效率是十分必要的。究竟应当提前多少时间对公司进行通知，笔者认为可以允许公司章程在一定期间内进行设计，而这一期间可以我国《公司法》第102条的规定作为参考。根据第102条第2款，临时提案权的行使期限为股东大会召开10日前，而董事会则在收到提案后2日内通知其他股东，这样其他股东至少在会议召开前的8日能够完全接收到所有的提案，因此表决权拆分行使的告知期间上限应当设置为8日。同理，根据第102条第4款，无记名股票持有人出席股东大会会议的，应当于会议召开5日前交存股票。此时因不存在股份变动，所有表决权已经趋于稳定，给予公司 5 日时间进行必要的会议决议事项准备，因此可以将表决权拆分行使通知的时间下限定为会议召开 5 日前。综上，对行权通知的时间应当赋予公司章程一定的设置期间，而这一期间以 5 日至 8 日为宜。

对于提前通知的形式，同样可以借鉴国外立法规则以及我国公司法中的相似规则。公司章程可以要求欲进行拆分行权的股东以书面的形式（包括网络电子文书）向公司进行通知。与《公司法》第 106 条要求代理人向公司提交股东授权委托书的立法思路一致，即防止违背原权利人的真实意思、损害股东的参与权并对股东大会的决议产生不利的影响。同时也可作为将来的审查依据，避免股东与公司之间的争议。

对不满足以上两项规则设计要求的表决权拆分行使，公司可以进行审查并对其予以否定。但是公司并不能对符合该条件的表决权拆分行使进行裁量，并作出不承认其拆分行权的决定，这将构成"在不存在合法理由的情形下对股东参与权的间接排除"。

二、类别表决机制型防御性条款

（一）类别表决机制型防御性条款的理论基础

1. 类别表决机制的缘起

在表决权配置的讨论中，关于对"一股一权"原则进行突破的差异性表决权股份问题，结论是允许公司章程规定发行不同于普通股表决权的特殊股份——类别股。由于类别股的表决权与收益权甚至所有权产生了一定程度的分离，表决权分配、剩余索取权分配等方面与普通股份存在差异，导致类别股和普通股可能存在不同的利益偏好，甚至存在一定利益冲突，代理问题由此而生。具体而言，类别股东中总会存在一类低投票权或无投票权的

第三章　程序性公司章程防御性条款

群体，而公司的实际控制股东往往可能通过修改公司章程甚至改变公司资本结构的方式来侵蚀前者的利益，因此需要一定的制度设计来进行矫正，保护弱势群体的利益，而这样的制度设计之一即为类别表决机制。

所谓类别表决机制，即存在不同种类股份的公司内，因统一计算投票可能会对特定类别的股东不利，而设定的分类投票机制。进言之，公司欲通过一项影响类别股东权益的决议，除了经过普通股东会决议，还需要经过类别股东会决议通过，否则该公司决议不能有效通过。这是因为，类别股根据契约论被认为是合同的产物，合同的当事人应当是类别股东以及公司，根据合同相对性原则，其他类型的股东是无权单方面决定或改变类别股东的权利与义务的。

2. 类别股东会的性质

类别股东会的性质为何，是否意味着发行类别股的公司存在两个"股东大会"这样的意思机关，并且需要得到一致的决议结果方可通过特定的类别决议。对此，学界普遍认为以会议形式存在的公司机关仅限于董事会以及全体股东大会。[1]正因类别股东会所涉的决议事项有限，同时亦不具备决定公司经营方针和投资计划、审议批准董事会、监事会报告、增资减资、年度财务预算、决算方案等决策或监督职能，因此类别股东会并不能成为公司机关。有观点认为类别股东会决议并不能够形成完整的公司意思，而是股东大会决议发生效力的程序性要件。[2]笔者对此持赞同意见，正如前文已讨论的，为了更好地保护类别股东，抑或防止股东固有权受到侵害，普通股东会在对该类型股东权益进行调整时，必然需要征得其同意，因此类别股东会决议应当作为公司

---

[1] 参见钱玉林："股东大会决议的法理分析"，载《法学》2005年第3期。
[2] 参见刘胜军："论类别股东会"，载《商事法论集》2014年第1期。

形成决议的必要程序性条件。

3. 类别表决机制型防御性条款的含义

所谓类别表决机制型防御性条款，是为保护特定类别股东利益，而通过公司章程设置的类别表决机制条款，其遵循只要特殊股所涉及的特殊权利发生变动，就必须通过类别股东大会予以决议的立法思路。

(二) 类别表决机制的现行法规范与市场实践基础

1. 我国类别表决的现行法规范探析

我国《公司法》虽然在第131条授权了国务院对种类股另行规定的空间，但国务院相关法规范既没有对种类股作出直接规定，也没有对类别股东会作出相应规定。1994年颁布的《到境外上市公司章程必备条款》第85条首次引入"类别股"的概念，将内资股与境外上市外资股划分为不同种类，但上述分类纯粹以资本归属作为划分标准，并非基于股东权利以及股东保护等标准，因此有学者认为上述分类并非真正意义上的类别股。[1] 国务院随后于2004年颁布了《关于推进资本市场改革开放和稳定发展的若干意见》（以下简称《意见》，已失效），为了贯彻《意见》第2条"保护投资者特别是社会公众投资者"、第5条"规范控股股东行为"的理念，形成抑制滥用上市公司控制权的制约机制，证监会又颁布了《关于加强社会公众股股东权益保护的若干规定》（已失效）。该规则将社会公众股股东看作一类特殊的股东群体，体现了类别股东会机制。该规定将对社会公众股股东产生重大影响的事项进行了列举，要求决议事项在得到全体股东大会表决通过的同时，还需要经参加表决的社会公众股股东过半数通过，如此方可施行或提出申请。以上是将社会公众投资者作为类

---

[1] 李颖："优先股试点背景下的类别股东表决制度研究"，载《公民与法（法学版）》2016年第8期。

别股东进行规制的规范。

我国《公司法》并没有直接承认类别股的规定,规制同股不同权及类别股东会的规则反映在优先股的相关规定中。2014年证监会颁布的《优先股试点管理办法》第10条和第45条,直接对优先股股东会作出了规定,并列举了决议事项,并明确以上事项分别按照特别决议程序进行表决。2019年修订的《上市公司章程指引》(已失效)第32条和第77条的注释部分亦作出了同样的规定。此外,《中华全国律师协会律师承办公司治理业务操作指引》第29.2.3条作了概括性的类别表决机制规定,同时允许采取绝对多数通过的决议规则。

通过观察可以发现,类别股规则的立法目的为在追求股东权利公平的同时,不放弃抑或兼顾公司效率。具体表现为:其一,提出决议事项的权利依然属于普通股东,类别股东并不享有提案权,而只享有被动的"否决权"。其二,类别股东会所决议的事项范围仅限于涉及类别股权益变动或者存在影响的事项。其三,允许公司章程自治,赋予股东一定的自决空间。换言之,允许公司章程将类别决议事项进行扩展,同时也允许对决议规则作出更严格的规定。

2. 类别表决规则的市场实践

通过在巨潮资讯网以"类别股"及"类别股东会"作为关键词进行检索,[1]可以发现主要针对以下三种情形采取类别表决机制:其一,针对公司在不同交易所上市的相关事项决议,主要表现为同时在A股(内资股)市场及境外(外资股)市场上市的公司决议情形。如在《上海拉夏贝尔服饰股份有限公司2019年第三次临时股东大会、2019年第三次A股类别股东会及2019年

---

[1] 前者搜索结果为7355条,后者为1290条。

第三次 H 股类别股东会决议公告》中，[1]其中议案分别由 A 股及 H 股类别股东会进行审议表决。此类情形更多地反映了《到境外上市公司章程必备条款》第 85 条、《关于加强社会公众股股东权益保护的若干规定》（已失效）第 1 条第 1 款等规范的要求。其二，对优先股股东权益存在影响的决议，原则上优先股股东并不享有表决权，但对其权益可能产生不利影响的决议事项，需要得到优先股类别股东大会的通过。如在《中国民生银行股份有限公司 2019 年第一次临时股东大会、2019 年第一次 A 股类别股东大会、2019 年第一次 H 股类别股东大会和 2019 年第一次优先股类别股东大会决议公告》中，[2]议案分别由 A 股、H 股以及优先股类别股东会进行审议表决。其决议事项范围实际上已经超过《优先股试点管理办法》第 10 条第 1 款前 4 项所列举的事项范围，构成适用第 1 款第 5 项"公司章程规定的其他情形"。此类情形直接贯彻了 2019 年《上市公司章程指引》（已失效）第 32 条、第 77 条等规范的要求。其三，采取差异性表决结构的公司（港股市场），除了无表决权优先股外，发行了不同表决权权重股份的公司，原则上应当分别表决。但实际上此处的特殊表决权股份仅导致投票数的量变，并不影响股东参与权的质变。如"美团点评于 2019 年 5 月 17 日举行的股东周年大会的投票结果"，[3]虽然是对

---

[1] "上海拉夏贝尔服饰股份有限公司 2019 年第三次临时股东大会、2019 年第三次 A 股类别股东会及 2019 年第三次 H 股类别股东会决议公告"，载 http://static.cninfo.com.cn/finalpage/2019-10-17/1206988885.PDF，最后访问时间：2019 年 10 月 18 日。

[2] "中国民生银行股份有限公司 2019 年第一次临时股东大会、2019 年第一次 A 股类别股东大会、2019 年第一次 H 股类别股东大会和 2019 年第一次优先股类别股东大会决议公告"，载 http://static.cninfo.com.cn/finalpage/2019-02-27/1205852470.PDF，最后访问时间：2019 年 10 月 18 日。

[3] "美团点评于 2019 年 5 月 17 日举行的股东周年大会的投票结果"，载 http://static.cninfo.com.cn/finalpage/2019-05-20/1206286939.PDF，最后访问时间：2019 年 10 月 18 日。

不同权重的表决权分别进行统计，但最终仍统一计票并考察决议通过与否。虽然目前仅小米科技以及美团点评以同股不同权的结构于我国港交所上市，其尚未出现针对特权股采取直接调整的决议，但笔者认为实际上采取超级表决权等特权股结构的公司，其发行特权股本身即为保证持股人对公司的控制，因而较难出现不当侵害特权股股东权益的情形。

由此可知，实践中采取类别表决机制的情况可以进一步归结为两类：其一，满足立法性、行政性规则而对社会公众股股东保护而作出的类别表决安排；其二，公司发行两种类型股份，为了保护弱势股东群体而对涉及影响其权益的公司决议事项进行分类表决的安排。

（三）类别表决机制的比较法考察

各国立法例对类别表决机制的规定主要可以分为两类立法模式。

第一类为概括式。以《英国2006年公司法》第630条为代表，规定类别股份的权利变动应当依据"公司章程中变动那些权利的条款"或"当公司章程未包括条款时，如果该类别股份持有人根据本条同意变动"。概括式立法例采纳"权利变动范围"需要取得类别股东这一集合决议的通过才能生效的原则，上述两种依据中的任一情况，均应得到类别股东这一集合体的同意。但"权利变动范围"如何确定，则存在不同理论观点：传统观点采纳狭义解释，认为仅限指定的、直接的章程性权利变动，只有该直接的权利变动才要求取得类别股东的同意。而雷诺兹（1996年）则提出了宽泛的解释说，认为任何影响类别股份的章程性地位的计划，都应当得到类别股东的同意。[1]因此，需要得到股东

---

[1] 葛伟军译注：《英国2006年公司法》（第3版），法律出版社2017年版，第505页。

同意的情况即为类别股份权利产生变动的事项。

　　第二类为列举式。大多数立法例采取概括加列举的立法模式，如《美国标准商事公司法》第10.04节，除了明确规定类别股东有权作为一个投票团体，对特定公司章程事项的修改进行表决外，进一步列举了须采取类别表决的特定章程修改事项的8个类别。同样，韩国公司法为了防止类别股东的权益被不当损害，根据《韩国商法》第435条，公司股东大会的特别决议事项对类别股东权利可能存在损害时，不但要召开股东大会进行决议，还应同时进行类别股东会决议。同时，韩国公司法对三种须由类别股东会决议的情形进行了列举。[1]《日本公司法》第321条至第325条对类别表决机制作出了规制，其中第322条对"有可能对某类类别股东造成损害的股东大会"亦采取概括加列举的立法模式，认为对类别股东可能产生损害的，如未经类别股东大会决议，不产生效力，同时列举了13种情况。

　　毋庸置疑，具体列举作为概括模式的补充，能够有效提高法律规则适用所带来的确定性，减少争议。由上述可以发现，英美韩三国立法例将类别股东利益保护的关注点放在"可能引起公司章程修改"的事项上，体现了对类别股东权利的重点关注。诚然，许多公司决议的作出需要对公司章程记载事项进行修订，但笔者更倾向于借鉴《日本公司法》第322条的规则逻辑，将关注重点放在对类别股东权益的"严重"影响上，如第11项"股份交换"以及第13项"股份转移"——涉及公司结构变化或业务变化的规定，而不仅仅强调与修改公司章程的相关性。

　　（四）类别表决机制型防御性条款的设计

　　1. 类别表决的程序设计

　　根据我国《上市公司章程指引》第78条注释部分"……除

---

〔1〕 吴日焕译：《韩国公司法》，中国政法大学出版社2000年版，第434~435页。

须经出席会议的普通股股东……通过之外，还须经出席会议的优先股股东……通过"的规定，类别股东会与普通股东会同时召开，亦即"一次会议，分别表决"。既然是同一会议，类别股东会是否适用普通股东会的程序，我国目前并无相关规范。笔者认为，应当适用相同的程序性规定，设计能够保护类别股东利益的章程防御性条款。

（1）关于类别股东大会的定足数要求。

《关于加强社会公众股股东权益保护的若干规定》（已失效）第1条第2款和第3款明确了对公司决议的代表性要求，因此出于代表性的考量，公司章程应进一步对类别股东大会的定足数作出明确且更严格的要求。从比较法上看，《日本公司法》第324条强调类别股东大会的定足数应由可行使表决权的类别股东过半数出席，允许公司章程对此作出调整，但最少不得低于1/3。另外，《关于加强社会公众股股东权益保护的若干规定》（已失效）第1条第2款和第3款规定了形式多样化的类别股东会，如现场会议、网络投票等；以及股东行权便利化，如委托代理等建议。该条款的目的为鼓励类别股东积极参与表决并尽可能地对此提供便利，也为公司章程设置定足数要求，并在程序上给予其行权便利提供了参考。

（2）关于决议通过条件的调整。

观察我国现行规范，根据《优先股试点管理办法》第10条以及《上市公司章程指引》第78条，证监会明确要求对类别股东权益产生重大影响的决议事项，应当采取特别决议的形式进行表决。其兜底条款又为特别决议事项公司章程自治留有空间，允许章程就特定决议补充为特别决议事项。考察域外立法例，《英国2006年公司法》第630条第4款就决议通过条件规定了两种形式，其一为代表该类别股的3/4的持有人书面同意，其二为单独的类别股东会上以特别决议的形式通过。《韩国商法》第435条第2款则规定了须满足两个条件：一是由出席股东所持的表决权的2/3以上通过；二是通过的表决权须占发行该种类股份总数的1/3以上。《日本公司法》第324条亦作出了相似的要求，规定须由代表类别股份1/3以上的股东出席，且以特别决议的形式通过。从多数国家的规定可以看出，为了保护类别股东的权益，其立法例对类别股东大会决议普遍作出了相较普通决议更严格的要求。可见，类别股东决议主要应采取特别决议的形式进行表决，公司章程可以对此作出进一步的细化调整：其一，根据上一节的结论，公司章程可以对类别股东会决议通过条件作出更严格的规定；其二，公司章程可以对决议事项作出扩张。

2. 类别股东会决议事项的确定

因表决权分配、剩余索取权分配等方面的差异，普通股份与特殊股份必然存在一定的利益冲突，如果任何对类别股份持有者存在影响的决议均须提交类别股东会决议通过，除了提高会议决议成本，还意味着赋予了类别股东对公司决议的广泛的否定权，这对类别股东有过度保护之嫌。因此有学者提出类别股东会的决议事项标准，不应当是模糊性的类别股东利益，而应当是根据具体的"类别股合同规定的类别权"。[1]我国相关规则逻辑为：追求股东权利公平并兼顾公司效率，因此在表决权与股权分离的情况下，相对拥有更少表决能力但具有同样风险或更高风险的一方，应当受到更多的保护，但同时应当设定一定边界。虽然依据"类别股合同规定的类别权"能够防止保护过度产生的股东权益不公平等新问题，但是其并不一定有利于公司效率的实现。

---

〔1〕 刘胜军："论类别股东会"，载《商事法论集》2014年第1期。

第三章 程序性公司章程防御性条款

类别股东保护的出发点应当是将类别股东作为一类群体抑或一个整体来对待,而非从类别股东个体的角度出发。首先,单独的类别股东与公司的缔约依然存在意思自治空间,如存在回购条款的同类型股东与其他股东对公司发生调整所受到的影响(如风险因素)是不同的。如果从独立的缔约合同内容考量显然是缺乏效率的,因此应当将某类型的股东作为一个整体看待。其次,正如美国公司法将类别股东作为一个"作出统一意思表示的集团"来看待一样,其得出统一意思表示的内部程序依然使用多数决的形式,与公司制度追求效率的要求所一致。最后,为了在内部更好地保护少数类别股东利益,我国相关规则与比较法对决议通过条件的规定亦主要采用绝对多数决的形式,甚至允许公司章程设定更多的具体事项,对此无疑可以设定相应的防御性条款。

类别股东会决议事项的确定,既不应当被宽泛地概括为对类别股东产生影响的决议,又无法以具体的类别股东缔约内容为标准,此时比较法上主流采取的概括加列举的立法模式优势凸显。综合立法例与相关理论探讨,对类别股东权益产生影响的情形,亦即类别股东会决议事项,可以归纳为以下四种:一是变更公司章程中关于优先股股东权利内容的规定;二是创设优先于某种优先股的权利内容或扩大其优先权,前两种都涉及章程变更;三是公司根本性结构变化,即因公司合并、股份交换而产生的优先股与其他证券的交换;四是公司根本性业务变化,如公司的重大经营决策变化。[1]对此,类别表决机制型防御性条款即可根据这四种特别决议事项类型进行设置。

---

[1] 沈朝晖:"公司类别股的立法规制及修法建议——以类别股股东权的法律保护机制为中心",载《证券法苑》2011年第2期。

三、特定股东同意型防御性条款

（一）特定股东同意型防御性条款的理论基础

1. 特定股东同意型防御性条款的定义与特征

特定股东同意型防御性条款即公司作出特定决议时，需要得到特定股东的同意，否则该决议不产生效力，这意味着赋予了特定股东对公司决议的一票否决权。[1]其核心特征有二：其一为公司章程为特定股东所赋予的特权；其二为针对特定的决议事项而非广泛的事项，保证公司经营决策的效率性，同时防止特定股东滥权。

2. 特定股东同意型防御性条款的功能

就股东大会决议通过须得到特定股东同意的章程规定而言，有学者认为该规定赋予持股比例不占优势的股东对公司重大决策事项一票否决权，目的在于遏制控制股东的滥权行为，保障特定股东在公司决议中的"话语权"。[2]笔者并不完全赞同该观点，"保障特定股东在公司决议中的话语权"毋庸置疑，但其设置目的并不一定是针对控制股东的。根据《上市公司章程指引》第193条对控股股东的释义，因享有一票否决权的"特定股东"本身即可对股东大会决议产生重大影响进而形成控制，因此由一票否决权享有者遏制自己的行为无疑是不现实的。其功能应当是，遏制持股比例占较大优势股东的滥权行为、稳定特定股东的控制

---

〔1〕 只要在会议决议时某一方具有单独否决议案的权利，即被认为具有了一票否决权，而其样态又可以是多样化的，如全体一致同意机制，甚至是将表决通过比例提高至较高标准，亦可认为小股东因此获得了"一票否决权"。因此，特定股东同意机制的外延包含一票否决权机制。笔者为论述方便，对一票否决权进行语境限缩，将两者视为同义对待，并交互使用。

〔2〕 王建文："论特定股东同意型防御性条款的规制模式与法律效力"，载《政治与法律》2017年第3期。

权以及在公司改变其形式或资本扩张时保障公司人合性,并基于上述目的赋予持股比例不占优势的特定股东对特定决议事项的一票否定权。此外,通过发挥监督公司决策的功能,保证公司经营决策的妥适性与有益性。

3. 特定股东同意型防御性条款的性质探析:与相邻制度的关系

(1) 与差异性表决机制的关系。

特定股东同意机制与差异性表决机制存在近似性。两者的制度设计均以部分股东对公司决议形成重大影响甚至形成控制为目的。两者亦对同股同权、一股一权规则进行了突破,其持股数量多少,并不与差异性表决权或一票否决权的存在与否有着必然联系。同时,两种机制的差异也较为明显。首先,享有一票否决权的特定股东,而其持股数量与其行权能力并不成正比关系,差异性表决权对公司决策的影响力与其持股数量成正比关系。其次,权利的载体不同,差异性表决权的载体为股份,而赋予特定的股东"一票否决权"的载体通常有两种,即合同和公司章程。[1]

(2) 与类别表决机制的关系。

特定股东同意机制与类别表决机制的关联性。首先,从契约论的角度同样可以将类别表决机制的载体解释为合同或公司章程。其次,因特定股东不能被认为是公司机关,其决议事项亦因受到限定而不具备完整的公司机关职能,因此可以看出,特定股东对公司决议的同意与类别股东会的性质相似,两者均应被当作形成公司决议的必要程序性要件。当然,特定股东同意机制与类别表决机制亦存在区别:其一,类别表决机制下的类别股东,因其具有相同的持股特征而具有明显的类型化特征;而特定股东的同意机制则是对特定股东的选定,不必然具有统一的特征,可以

---

[1] 唐军:"股东一票否决权探究",载《经济法论丛》2018年第2期。

是单个股东，亦可以是多股东的联合。其二，类别表决机制下的类别股东并不需要明确具体股东身份，类别股作为一个权利的集合被记载在公司章程中，而特定股东同意机制则需要明确具体的股东身份，即公司在作出特定决议时需要经过哪些股东的同意方可进行通过。

由此可见，特定股东同意机制与差异性表决机制和类别表决机制既存在相似性又存在异质性，无法将其归结于上述任意一种制度内。特定股东同意机制既追求控制权又具备契约性和程序性特征，因此需要单独进行制度研究与建构。

（二）股东会决议特定股东同意机制的现行法规范基础

根据我国《公司法》第34条，经全体股东同意可以允许有限责任公司"不按照出资比例分取红利或者不按照出资比例优先认缴出资"。"经全体股东同意"，言外之意，即肯定在此情况下公司股东具有一票否决权。《中华全国律师协会律师承办公司治理业务操作指引》第14.3.6条第2款对此作了进一步延伸，允许"扩大股东的一票否决权适用的事项"。以上是我国有限责任公司设置特定股东同意机制的规则基础。然而，我国现行规范对是否允许股份有限公司设置特定股东同意机制却语焉不详。地方政府文件曾对此作出过试探，如广东省人民政府办公厅在2014年11月发布的《关于深化省属国有企业改革的实施方案》第2点第4项"创新完善国有资产监管体制"提出完善国有资本授权经营体制，允许针对关系国计民生的准公共性企业，探索建立国有股东"金股"机制，按照约定对特定事项行使否决权。国内学者多认为"金股"制度虽与特定股东同意机制存在一定差异，[1]但二者的内在制度逻辑却是相同的。由此可见，关于股份有限公

---

［1］ 唐军：''股东一票否决权探究''，载《经济法论丛》2018年第2期。

司特定股东同意机制,虽然在我国尚未有高位阶的立法规范,但地方性文件至少作出了有益的尝试,说明通过公司章程进行特定股东同意机制的安排存在一定的制度和规范基础。

(三) 股东会决议特定股东同意机制的实践表现

1. 司法实践

尽管我国立法对股东会决议的特定股东同意规则存在缺失,但是实践中的需求并不会因此而消失。有限责任公司的规则设计不胜枚举,而对于缺失立法规范的股份有限公司而言,我国司法实践亦不缺乏肯定性判例。如在"交科院科技集团有限公司与厦门柏事特信息科技有限公司等公司决议效力确认纠纷案"[1]中,法院确认了股份有限公司股东享有一票否决权即特定股东同意机制的有效性。又如在"中易和科技有限公司、浙江创瑞投资咨询有限公司公司决议撤销纠纷案"[2]中,其裁判明确说明了股份有限公司章程可以为特定股东创设一票否决权。

2. 市场实践

特定股东同意机制在我国的市场实践中并不鲜见,存在稳定公司控制权以及稳定公司持续经营带来助益的情况,亦有权利人滥权导致公司出现僵局的现象,因此笔者尝试选取两例备受关注的案例从正反两方面作出列举。

(1) 华为技术有限公司(以下简称"华为")的一票否决权机制。

通过观察华为的股权结构可以发现,华为的唯一股东是华为投资控股有限公司,而华为投资控股有限公司有两个股东,一个是任正非,占比1.01%,另一个是华为投资控股有限公司工会委员会,占比98.99%。在2012年,华为曾邀请《金融时报》记者

---

[1] [2019] 京02民终1295号。
[2] [2019] 浙01民终608号。

进行采访,据称华为通过多项公司章程条款设计,使得任正非形成对华为的控制权:"一是允许任正非对公司重大决策保有一票否决权;二是华为投资控股有限公司可以决定由任正非一人代为行使在华为的股东权利;三是华为投资控股有限公司工会委员会还可通过工会委员会章程规定,允许任正非代为行使工会委员会在华为投资控股有限公司的股东权利。"[1]由此保证了任正非对公司重大决策的控制权。任正非本人在接受访谈时也表示,允许一票否决权被"继承",即由公司的七人小组共同享有,集体"继承"对重大事项的否决权,"防止公司在重大决策中完全被民意裹胁而做错事"。同时,对享有一票否决权的小组成员设置任期限制,以防止"做错事"。[2]而对这七人的选任,任正非表示"将来从公司最高层中选出七个精英,集体继承。这时他们已处在离职状态了,半退休状态,会比较公平。他们有任期制,可能有些人任四年,有些任八年,有一个迭代的任期。他们集体继承我对重大事项的否决权,这些人都是从董事会、监事会退出的最高层领导,作为大股东代表行使否决权",[3]换言之,任正非将一票否决权更多地设置为对公司正确经营决策的一项监督权,与公司实际表决权存在一定的分离,以形成更好的制约机制。任正非本人

---

〔1〕 "看任正非如何利用仅有的1.4%股权控制华为",载 https://www.sohu.com/a/124187163_601568,最后访问时间:2019年10月2日。

〔2〕 "任正非谈华为一票否决权:轻易不能用,否则集体会受很大伤害",载 https://www.baidu.com/link?url=qaQb0cA3pIW1S-bZN-ejcqMJQalREcwm0ST7zg2M3yN8PRrJfWvfs8mMobB9cI_ Ay7eRG4UCKPo-ZAKgx6SdsvQdqcA-rvWkaReRUiwDSdS&wd=&eqid=ef5150c60003080b000000065dc4c9eb,最后访问时间:2019年10月2日。

〔3〕 "任正非:我在华为拥有一票否决权,不能让华为成为100%民主的公司",载 https://www.baidu.com/link?url=_ wlKCgHcKlmxNFhTuGZ75Mi0TS9pCeV65dLkJ91NEyiXvn-fHIxG--1bNo9GLNX53I7zIcFrQGiHIayqdKMIa94TK-fhRZcoQPjrnGIRQZmBrro15Y1eKLf8gVLR7UUR&wd=&eqid=cd03eb060013f89a000000065dc50947,最后访问时间:2019年10月3日。

强调"一票否决权不是随便用的",并对该机制作出了积极的评价:"因为有否决权,使得公司内部有了平衡管理,所以我们公司的发展管理总体是很健康的。"[1]

(2)北京拜克洛克科技有限公司(以下简称"小黄车"或"ofo")的一票否决权机制。

诚然,一票否决权虽能够最大限度地保障被稀释的创始人、财务投资者或早期并购方的公司利益,但该机制是一柄双刃剑,缺少合理的安排便可能使公司陷入决策"僵局"。就小黄车而言,其章程规定"ofo 每轮融资的领投方投资比例超过单轮融资额度的二分之一,就有一票否决权",[2]如此设置导致多个主体拥有了一票否决权。如退出前的金沙江创投、滴滴和经纬,接棒金沙江的阿里巴巴乃至其他 A 轮投资人在与其他股东形成一致行动人关系时,均能行使一票否决权,甚至小黄车每一轮融资,其领投方都能够获得一票否决权。这就为其并购以及后续融资带来了重重障碍:先是被投资人普遍看好的与摩拜单车的合并,创始人利用其一票否决权拒绝了;随后因小黄车现金流告急,准备再次收购小黄车的滴滴又因阿里巴巴的一票否决权而被拒绝了。有评价道,利益相关者的一票否决权导致 ofo 没有把握住任何一次并购机会,原因是享有一票否决权的主体过多。[3]

(四)股东会决议特定股东同意机制的域外考察

在域外立法例及实践中,与特定股东同意机制具有相同原理

---

[1] "任正非谈华为一票否决权:轻易不能用,否则集体会受很大伤害",载 https://www.baidu.com/link? url=qaQb0cA3pIW1S-bZN-ejcqMJQalREcwm0ST7zg2M3yN8PRrJfWvfs8mMobB9cI_Ay7eRG4UCKPo-ZAKgx6SdsvQdqcA-rvWkaReRUiwDSdS&wd=&eqid=ef5150c60003080b000000065dc4c9eb,最后访问时间:2019 年 10 月 2 日。

[2] 焦丽莎:"ofo 一票否决权真相",载《互联网经济》2019 年第 Z1 期。

[3] 沈永锋、崇雨晨:"一票否决权如何毁了 ofo?",载《董事会》2019 年第 Z1 期。

的制度是黄金股制度。黄金股制度源于第二次世界大战后经济复苏的私有化浪潮中，在反对国家干预的趋势下，英国为了保留对私有化国企的控制权，创设了黄金股制度。这一制度的目的是保证国家对涉及国计民生或战略性需要的领域的企业享有控制权，防止不当的经营决策对国民经济、国家安全产生影响，甚至能够抵御不当的敌意收购。为了防止对企业日常经营产生影响，黄金股仅对涉及公司重大经营决策以及会对国家产生影响的决议事项发挥作用。虽然其与特定股东同意机制的制度建构背景存在差异，且黄金股股东除了享有对特定事项的一票否决权，还可以强制命令公司就特定事项作出决议，但其内部逻辑却与特定股东同意机制相通，即也是保证特定主体对公司形成控制权，防止不当的公司股东大会决议损害公司整体以及股东利益。

（五）特定股东同意型防御性条款的设计

1. 特定股东同意型防御性条款与公司决议通过的要求

一项公司决议通过的最基本条件，即满足《公司法》、公司章程规定的议事方式和表决程序要求。如若设置特定股东同意型防御性条款，是否需要"尊重"公司议事方式和表决程序所设置的权利边界。笔者认为是肯定的。根据笔者对特定股东同意机制程序性要件的性质解释，特定股东行使"同意权"的决议事项应当满足《公司法》、公司章程对决议多数决或超级多数决的要求。同时，若存在定足数要求亦应当满足。

对于拥有一票否决权的股东，其表决权是否单独进行统计也值得重视。其对一项特定议案的反对票足以否决整个议案的通过，这点不言自明。但在对议案投以同意票时，可能出现特定股东的表决权计入则满足决议通过比例要求，不计入则无法满足通过要求的情况。笔者认为此时应当合并计算，因为特定股东同意机制并非基于具体的表决权载体——股份，而是基于股东的特定身份，因此并不影响其所持有的股份上承载的表决权的行使，因此应当合并计入并适用多数决原则。

特定股东是否必须出席股东大会方可行使其一票否决权，换言之，如若出现享有一票否决权的股东怠于行使其特定股东同意权，是否会导致公司无法作出有效决议。笔者认为，除非怠于行权的股东所持的股份承载的表决权，导致公司无法满足作出有效决议的通过比例要求，否则纯粹地未行使特定股东同意权并不会导致公司无法作出有效决议。因此在设计实际条款时，应当将特定股东同意权的未行使视为放弃一票否决权，防止公司因无法有效决策而陷入僵局。从制度功能的角度看，一方面，特定股东同意机制更应当强调其一票否决权的本质，即其是对公司及其股东产生不利影响的决策事项的否决；另一方面，亦应当符合公司制度对效率的要求。因此可以认为，在公司的经营管理方面，放弃特定股东同意权的股东是对一票否决权保留了合理的、好的预期的。[1]

2. 特定股东同意机制的行权设定

（1）特定股东同意机制的权利主体设置。

通过上述华为和小黄车对一票否决权机制的章程安排可以看出，为了保证公司经营决策效率，防止不当的机会主义行为导致公司难以作出有效或有利的决策，特定股东同意机制的权利主体范围应当受到限制。

对投资人所设置的一票否决权，应当受到极严格的限制，甚至最多设置一个权利主体就足矣。一方面，因为投资者的持股目的往往与创始人并不一致，前者为对资本回报的短期需求，后者却有着对业务发展的长期规划，二者不可避免地会存在潜在的利

---

〔1〕 唐军："股东一票否决权探究"，载《经济法论丛》2018 年第 2 期。

益冲突；另一方面，不同投资者之间的利益冲突也难以避免，否则可能出现否决权互相威慑的局面，失去制度初衷。因此有效的方法为：将所有投资人，甚至后续加入的投资者作为一个集合体，形成特定股东同意机制主体，通过多数决或特别多数决的方式共同行使一项一票否决权。对创始人所设置的一票否决权，同理可知，若存在多个创始人，一旦出现意见分歧甚至利益冲突，一票否决权同样会影响公司效率。因此，亦应仅设置一项一票否决权，由创始人团队集体决议行使。

（2）特定股东同意权的期限设置。

正如任正非对华为未来的一票否决权安排的阐释，特定股东同意权并非股东的固有权利，而是依据契约理论在公司章程中进行设置的。同时，特定股东同意权具有较强的身份依附性。因此，特定股东同意权是有存续期限的，或是基于特定主体的身份持续时间，或是直接通过公司章程设置权利本身的失效时间。

（3）责任负担。

因一票否决权的不当行使，即行权股东存在故意或重大过失，导致公司或者其他股东利益贬损时，应当承担相应的责任。承担民事责任的部分，可以通过事先约定的方式将责任范围固定下来。

第三节　议事方式调整型防御性条款

一、股东会通知调整型防御性条款

（一）股东会通知调整型条款的研讨基础

股东会召集作为股东会的起点，亦即股东会的准备阶段，是股东会必不可少的组成部分，会对公司决议的正当性以及对公司股东参与权的实现产生重大影响。股东会召集所针对的是股东会

第三章 程序性公司章程防御性条款

由谁召集以及如何召集的问题,包括了召集权的行使与召集通知的发出两个阶段。股东会由谁召集以及如何召集的问题在公司契约论的指导下存在诠释与调整空间,因此有必要进行详细探讨。笔者已经针对"由谁召集"即股东会的实体方面,即股东的召集权作了讨论,此处则从"如何召集"即会议通知的角度进行探讨。

参与股东会是股东行使经营、决策、管理等权利的最主要途径,而股东会的召集通知是保证股东能够正当行权的重要保障之一。正所谓"为召开会议所为之必要程序,谓之股东大会之通知(召集)程序"。为了更进一步确定召集通知程序的外延,与其他会议程序作出区分,[1]可以通过时间节点的确认标准得到明确,其判断标准为始于作出召集股东大会的决定,终于股东会的开始。通知程序的具体内容包含通知方式(形式)、通知期间、通知内容以及通知对象四个方面。在现行公司法规则及其价值追求下,并非以上四个方面的内容存在较大的章程自治空间,因此需要首先筛选出存在自治调整空间的内容,再继而深入其条款设计。

(二)股东会通知程序的现行法规范基础、调整内容选择与比较法考察

1. 股东会通知程序的《公司法》规范基础

首先,现行法规定赋予股东会通知程序自治空间。根据我国《公司法》第 22 条第 2 款的规定,股东大会的会议召集程序若违反公司章程则属于可撤销的事由,这意味着公司章程是允许对股东会通知程序进行自治性规则建构的。实际上,《公司法》并没有止步于此,而是又通过多个条文对召集通知程序作出了更详细

---

[1] 特别是与本章已经讨论的表决机制、程序相区分。

的规定。如《公司法》第41条第1款对有限责任公司股东会的"通知"作出了规定，并在其但书中明确说明公司章程能够"另有规定"。若对该条规范进一步释义，可将允许公司章程调整的范围细化为"通知的时间""通知的要求"即"提前通知""必须通知到全体股东"以及"通知的方式"等方面。[1]在股份有限公司方面，《公司法》第102条作出了更加严格的规范要求：对于通知内容，应当将会议召开的时间、地点和审议的具体事项于会议召开前进行通知或公告，其中载明的审议的具体事项，既包括召集人主动在通知中列明的事项，也包括根据法定程序（符合有效临时提案的）在通知中列明的提案。此外，该条第3款还强调股东大会不得对通知和公告中未列明的事项作出决议。

其次，通知对象与通知方式。股东因其持股类型的不同可分为两种不同类型，即持有记名股票的股东与持有不记名股票的股东，因此股东会也应当根据股东的不同类型予以通知或公告，前者为通知，后者为公告。

再次，通知时间。根据《公司法》第102条第1款的规定，股东大会的通知期间因会议类型以及持股类型的不同而存有差异，具体有三种情形：其一是召开股东大会年会或者章程规定的定期会议，同时公司所发行的股票均为记名股票，仅需对股东进行召开股东大会的通知而无须公告，通知的时间为会议召开20日前；其二是召开临时股东大会，同时公司所发行的股票均为记名股票，因其审议内容较股东大会年会以及公司章程规定的定期会议内容往往较少，因此其通知期限亦相对较短，通知的时间为会议召开15日之前；其三是针对公司存在发行不记名股票的情况，不论是以上两种情形中的何种会议，均应当以公告的方式进

---

[1] 宋燕妮、赵旭东主编：《中华人民共和国公司法释义》，法律出版社2019年版，第88页。

行通知，且公告时间为会议召开 30 日前。

最后，临时提案的特殊规定。《公司法》第 102 条第 2 款对临时提案作出了法定要求：在召集程序方面，一是临时议案的提出必须在股东大会召开 10 日前进行并提交通知董事会；二是临时提案的内容应当属于股东大会职权范围，并有明确议题和具体决议事项，董事会应当在收到提案后 2 日内通知其他股东，并将该临时提案提交股东大会审议。

由此可见，以上各程序性规定的立法目的，在于对所有股东的参与权进行充分保障，给予股东必要的准备时间，以便股东在会议前进行必要的准备，充分了解决议事项并在股东会上对决议事项进行审议。

2. 股东会通知程序的调整内容选择

基于此思路，还应当检视股东会通知程序的四项具体内容：

第一，通知对象即记名股东与不记名股东，已囊括了公司全体股东，公司章程在此似乎已无进一步细化空间。从另一角度来观察，这是否意味着会议通知不得遗漏任意股东，否则该决议效力无可争议地会受到挑战。然而若因某一股东原因导致通知无法送达，导致股东会决议存在瑕疵而使得公司决议效力处于不稳定的状态，此时或许应允许一定的章程自治以平衡调整。

第二，通知方式（形式）根据通知对象的不同可分为公告与通知两种，但通知的具体形式法律并未明确，可留待公司章程进一步明晰，以更好地保护应收到通知的股东的参与权。学界有观点认为，若通知形式违背了法定或章定要求，如对记名股东采取公告的通知形式，则构成决议可撤销的事由。

第三，通知内容依法律规定应当包含会议的时间、地点与具体内容，具体内容包括会议召集事由与决议事项。因股份有限公司股东数量众多且结构复杂，具有不同的偏好，要求每一股东参与每一次股东会并不现实。股东往往对其偏好产生影响的议题更感兴趣，因此通知的内容应当包括具体的决议事项。以上已由法律规范明确规定，诚然公司章程仍可进一步明确决议目的、通知内容的格式、具体决议事项的要点等，但这对公司决议的通过无实质性联系，因此不必要再进一步细化展开。

第四，通知期间。通知或公告期间的作用是给予全体股东足够的时间去充分了解议案，决定是否出席会议、如何投票等。为此，我国《公司法》对通知或公告的期间作出了强制性的规定，即根据三种不同的情形设置了最短期间，而没有限制最长期限，这意味着允许公司章程在最短期限以上进行自治。

由此可见，股东会召集程序具有章程自治空间，允许设置相应的公司章程防御性条款。具有设置防御性条款实义的内容涉及召集通知对象、召集通知方式（形式）以及召集通知期间三个方面。

3. 股东会通知程序的比较法考察

在英美法系方面，美国《特拉华州普通公司法》第222条第2款对通知方式（形式）与通知期间作出了规定。前者原则上要求为书面的形式；后者则除了设置最短期限为10日，还设置了最长期限60日，并且这一期间是允许公司章程进行自行设置与调整的。根据该法第219条第1款的规定，同样"在10日之前"，应制订出完整的有会议表决权的股东名单。同时该法第222条第3款还增加了股东会因休会而延期情况下的通知规则。《美国标准商事公司法》第7.05节亦作出了相同的规定。《英国2006年公司法》则专设一部分即第307条至第313条对"会议通知"进行了规定。其中第308条将通知方式（形式）固定为三种形式，即纸质格式、电子格式和通过网站发布。第307条对通知期间作出了一般规定，同我国一样，根据会议类型的不同设置了不同的通知期限，年度成员大会的最短期限为 21 日之前，其他情况则为至少 14 日，同时该条第 3 款强调公司章程可以给定比前述期限更长的通知期间，而第 4 款到第 7 款又明确须经必要的有权股东同意，方可采取比前述期限更短的通知期间。第 307A 条（7）则将延期会议允许通知期间进一步缩短，但在缺少法定人数造成的延期情况下，又规定最短应间隔 10 日以上方能再次召开会议。另外，第 312 条规定遇到"要求特殊通知的决议"的情况则至少需要提前 28 日向股东发出。需要注意的是，第 313 条规定，对于个别股东偶然未能通知到位的情况，允许章程设定一个条款，即会议的进行与效力不会因未通知应通知的股东而受到影响。

在大陆法系方面，《日本公司法》第 299 条规定的通知形式仅对不出席股东大会的股东生效，在该股东行使表决权的情况下，强制要求以书面形式或数据电文形式通时。同时该条明确规定，原则上通知期限应为股东大会召开之日的 2 周前。而该法第 300 条则较英国公司法更进一步，允许在全体股东同意的情况下，可以不经任何召集程序而召开股东大会。此外，该法第 305 条又明确了股东请求了解议案要点的，最长可在股东会召开前 8 周之前进行请求，且章程又可规定更短期间。对遗漏通知对象的情况，日本"最判平"9.9.9. 则认为未对某些股东发出股东大会召集通知的，构成董事对全体股东的失职。《德国股份公司法》第 123 条第 1 款仅统一规定股东大会的召集通知期限，即最迟应在大会召开之日的 30 日之前。《韩国商法》第 363 条强调须以书面形式发送通知，而电子文书的形式则须先得到各个股东的同意方可使用。同时亦规定，通知期限为股东大会召开的 2 周前。另外，该条第 1 款规定，通知连续 3 年没有到达股东名簿上股东的住所的情形下，公司可以对该股东不再通知。

综上所述,在通知方式(形式)方面,各国基本上均作出了一般性的要求,即要求采取书面形式或数据电文形式,强调了召集通知的确定性,日本公司法则更进一步设置为强制性规定。另外,对于书面形式与数据电文形式,除韩国公司法作出区分外均被同等对待。在通知期间方面,虽然具体期间不尽相同,但各国无一例外地通过法律设置了最短期间,并允许公司章程在此之上进行设置,以此保证召集通知的公平性。同时,有立法例如美国、日本公司法还设置了最长期间,以此满足公司对股东会决策的效率需求。此外,日本公司法还设置了允许对最短期限进行突破的例外。在通知对象方面,对于对象未通知或遗漏的情况,各国的规定不尽一致,根据英国公司法的规定,"没有通知任何一个应该收到通知、参加会议的人,有可能导致会议无效。但一般的做法是,基于对这种情况的考虑,章程会规定一个条款,即使因为疏忽或者其他原因没有通知到有权收到通知的人,如股东出国了,也不影响会议的进行和效力"。[1]换言之,英国公司法允许公司章程对未通知应通知对象作另行规定。韩国同样允许特殊情况下的不通知,但须符合法定的特殊情况,且仅允许在满足"连续三年没有到达股东名簿上股东的住所的情形"时方可不再通知。日本则通过判例的形式,对此予以禁止,并认定为"构成董事对全体股东的失职"。

(三)股东会通知调整的实践检视

在我国司法实践中,通知对象、通知方式(形式)以及通知期间三个方面的内容均不乏相关案例。

公司章程关于通知期间的调整,如在"张某军、李某钢与刘某胜、张某宝、王某南、陈某毅、刘某鹏、刘某、董某红及焦作市

---

〔1〕 葛伟军译注:《英国2006年公司法》(第3版),法律出版社2017年版,第264页。

宏源报废汽车回收有限公司撤销临时股东会决议纠纷案"中,[1]法院认为,在没有章程规定的情况下,通知期限不符合法律默认期限则决议程序违法,这意味着法院承认公司章程对通知期限可以进行调整。与此相同的判例,如在"青岛德鲁克管理咨询有限公司与青岛泽厚投资有限公司等公司决议撤销纠纷上诉案"中,[2]法院则直接说明公司章程有权对通知期间进行调整。值得注意的是,该案在说理时引用了《青岛泽厚投资有限公司章程》第21条"通知应当以信函、传真、电子邮件或法律规定的其他方式送达给全体股东"的规定,这意味着法院对公司章程自行设定通知方式(形式)进行了肯定。

关于未通知法定应通知对象的后果,如在"韦某湖诉河池利达石油运输有限公司及覃某林等23人撤销临时股东会决议案"[3]中,一审法院认为,在原告否认收到通知的情况下,被告无法有效举证通知的送达的,不能推定送达,二审法院亦对此作出肯定评价,两审法院均认定会议召集程序存在瑕疵。可见,我国司法机关对召集通知是否送达应通知对象的态度是十分谨慎且保守的。换言之,对未通知召集对象的情况,并不像英国公司法一样允许公司章程协调,抑或像韩国公司法一样为了保护公司利益,在特殊情况下允许对特定对象不进行通知。我国司法机关将对股东固有权的保护放在了更优先的位置。另外,本案的说理援引了《河池利达石油运输有限公司章程》第28条"召开股东会,应当于会议召开十五日以前以电话、传真或信函的方式通知全体股东"的规定。这再一次印证了法院对公司章程自行设定通知方式(形式)的肯定态度。

---

[1] [2011]焦民一终字第329号。
[2] [2017]鲁02民终10263号。
[3] [2007]河市民二终字第16号。

(四) 股东会通知调整型防御性条款的设计

通过以上研讨可知,公司章程对股东会的召集程序具有实效意义的调整内容为通知方式(形式)以及通知期间两个方面,两者的自治空间无论是在现行规范中抑或司法实践中均被承认。

1. 通知形式的防御性条款设置

我国现行法律规定,股东会的召集可以通过通知或公告的方式作出。通知针对特定的人,公告则针对不特定的人。我国公司法并没有明确要求通知的具体形式,原则上通知应当采取书面形式,但是,以口头、电话、录音留言等方式发出的通知亦能达到使股东了解股东会的时间、地点以及具体决议事项等效果,因此允许公司章程采取多种通知方式。伴随着网络信息技术的发展,数据电文的形式因其内容的确定性与发送的可靠性而得到肯定,如电子邮件,普遍被各国认可(等同于书面形式)。而对于公告,除了传统的登报形式外,同样可以借助互联网采取电子文书的形式,即将公告内容登载于特定网页,使得不特定的人能够获取公司公告内容。总而言之,召集通知的形式允许公司章程根据公司、股东对信息公布与接收的能力进行相应的自治性设置,更多可选择的通知或公告形式,意味着公司股东能够更及时地了解股东会信息,这一方面保护了各股东的参与权,另一方面使得公司决议更具代表性与公正性。

2. 通知期间的防御性条款设计与功能反思

(1) 通知期间的条款设计。

通过以上讨论可知,在满足公司法最短通知期限要求的前提下,进行更长的章定通知期间设定,能够得到法律与司法的认可。较最短期限更长的期间设置,对于保护特定股东利益,特别是处于公司治理影响力边缘的中小股东是更有利的。原因在于,一方面,股份有限公司,特别是上市公司股东众多且分散;另一方面,大部分股东并非专业的经营者,对公司重大经营决策的敏感性较低,因此更长的时间能够使其更充分地了解议案并作出理性的选择。此外,基于比例性原则,大股东对提升公司整体价值决议的渴望并不亚于中小股东,然而过长的期间设置不利于公司治理效率,特别是临时会议的通知往往要求更强的时效性,因此通知期间不应被设置得过长。这也印证了美国、日本公司法均设置期间上限的立法逻辑。

(2)通知期间条款设置的功能反思。

通知期间条款的设置依然需要从考量股东权利目的实现的角度出发,平衡公司治理效率。从规则目的的角度观察,之所以日本公司法允许在全体股东知情且同意的情况下直接召开股东大会,是因为这一做法满足了对股东合法权益的保护目的,在规则设计与适用中综合平衡了公司、股东各方的权益。从司法实践的角度考察,通知期限是否得到遵守,往往是检视股东会决议有效性的首要考量因素。特别是在允许公司章程对通知期间进行设置的前提下,对期间条款的违反是否必然导致决议的撤销。实践中已有判例对此给出了回应,如在"陈某新与上海国电实业有限公司与公司有关的纠纷上诉案"[1]中,一审原告于12月4日收到通知,于19日召开会议,召集期间仅为14日,较法律规定短少1日,可见其召集期间不具形式合法性,但一审法院驳回了原告主张撤销股东会决议的诉求,且二审法院亦维持原判。该案体现出对法定或章定规则司法适用的形式正义与实质正义的裁量选择。通知期间的设置目的是保证股东能够出席股东会,能够充分了解议案内容以及有足够的会议准备时间,诚如该案法官基于诚

---

[1] [2007]沪二中民三(商)终字第443号。

实信用原则以及公司治理效率原则,认为公司股东不能以通知时限规则,作为不参加会议的当然理由。亦即公司股东在已经能够充分了解议案并作足会议准备的情况下,其合法权益实质上已经得到保护,此时应当考量公司的社团性是否能够同时得到维系,能否产生效益最大化的决议结果。

二、股东会议事方式调整型防御性条款

(一) 股东会议事方式调整型条款的基础

召开股东会是股东决议的最主要形成途径,然而并非唯一的途径。实际上由于公司内部关系的强契约性,部分股东大会决议形式还可以通过全体有权表决股东的一致同意而采取书面形式。书面形式的公司决议在契约论下十分接近"一致同意的股东协议",在不损害公司正常治理的前提下,它对内具有公司治理的效果,亦即对公司高管及其他相关人员具有约束力,这与我国《公司法》第 11 条对公司章程效力主体的扩张性规定有类似效果。这种"一致同意的股东协议"甚至还可以打破契约的相对性,而具有公开性的特征和对第三人的外部影响力,例如第三人对采取书面形式得到的公司决议可以产生的合理预期。[1]此处之所以要求有权表决股东的"一致同意",是因为采取书面形式是对部分股东参与权的实质"剥夺"。一方面,对股东固有权的直接"剥夺"应得到本人的同意;另一方面,由于书面形式省略了会议讨论环节,在一定程度上不利于股东全面了解议案,会间接剥夺股东参与权,因此亦应由股东本人确认其对议案的认知与认可。

---

[1] 蒋大兴:"公司法中的合同空间——从契约法到组织法的逻辑",载《法学》2017 年第 4 期。

(二) 股东会议事方式的现行法规范基础与司法实践

1. 现行法规范基础及适用范围

我国《公司法》第37条第2款明确规定，在满足全体股东一致书面同意的前提下，可以不召开股东会会议，允许仅以书面形式作出决议。然而该条款仅适用于有限责任公司，就股份有限公司甚至上市公司而言，则缺少相应的规定。理论上，我国《公司法》第24条将有限责任公司的股东人数上限限制在50人，此时较少的股东人数易于形成一致的书面决议；而根据《公司法》第78条，股份有限公司的股东人数上限为200人，可见人数较少的股份有限公司依然有形成书面决议的可能。然而随着股东人数的增加，股份有限公司形成书面决议的可能性骤然下降。特别是对于上市公司，其股东人数更为庞杂，形成一致的同意并不容易。综上，公司的人合性越强，书面形式的股东会议事方式就越可能实现。换言之，实践中只可能在有限责任公司以及人数较少的股份有限公司中采取书面形式的议事方式，相应的公司章程防御性条款设置也仅限于前述两种情况。

2. 我国司法实践对一致同意书面决议的突破

已知采取书面形式应当满足得到全体有权股东一致同意的程序性要求。然而在司法实践中，对于"简式股东会"[1]（广义"书面决议"）的效力问题，有的法院倾向于依据是否满足公司多数决条件，亦即实质的决定权而非形式上是否满足程序要求来进行判定。具体表现为，法院根据是否满足多数决的决议（甚至是绝大多数表决权决议通过），来推定股东会决议成立，而不论是否实际召开过股东会。典型判例如"张某新等诉江苏大通风机

---

[1] 蒋大兴："公司法中的合同空间——从契约法到组织法的逻辑"，载《法学》2017年第4期。

股份有限公司纠纷案",[1]该案中,原告张某新,为张某魁之女,张某魁于2007年8月11日去世前,系江苏大通风机股份有限公司董事长、法定代表人,持有805.95万股股份。张某新意外发现一份2007年7月28日江苏大通风机股份有限公司股东会通过的公司章程修正案,其中载明将张某魁持有的805.95万股股份变更为12万股。由于2007年7月28日,张某魁病危,无法召集、主持和参加股东会或董事会,其未在章程修正案上签字。基于此,张某新请求依法确认章程修正案中涉及张某魁股份的相关条款内容无效。然而经法院审理查明,"案涉章程修正案本身虽注明'二〇〇七年七月二十八日股东大会通过',但该修正案并未附股东会决议,而是部分股东直接在修正案上签名表示确认。该修正案文本内容实质上包含了股东表决的情况,即签名股东同意该修正案内容"。实际上,该章程修正案的内容仅是基于已经确认有效的股份变更协议所进行的股东持股变动情况,换言之,该章程修正案仅为对股东权利变动事实的确认,而非股权变动的依据。法院说理认为,虽然修订章程的决议主体为股东大会,同时章程修正案是股东大会决议的记载和体现,但在公司实际运营过程中,出于效率的考量,股东大会会议及其决议并不一定严守程序,在不具有完备的会议召开形式的情况下,获得绝对多数表决权以符合公司法或公司章程所规定的多数决的决议依然有效。由此可以看出,在司法实践中采取书面形式的议事方式没有得到全体股东的一致确认并同意,其决议的有效性依然可能得到法院的支持。

笔者认为,法院承认该决议的效力,更多是因为该公司章程修正案仅为对已经具有法律效力的事实的承认,而我国公司法规范并未细分修改公司章程决议内容,而笼统地将修改公司章程作

---

[1] [2014]通中商终字第0141号。

为特别决议事项。法院出于对效率的考量，对公司以及股东参与权进行了法益权衡，并最终作出了驳回原告请求与上诉理由的裁决。由此可见，虽然司法实践中对公司股东会书面形式议事方式的一致同意规则进行了突破，但对其突破的范围应当采取谨慎的态度，仅限于同时满足对股东固有权非实质性剥夺以及满足公司运营效率这两个条件。

(三) 股东会议事方式的比较法考察

域外立法例中不乏关于"简式股东会"的立法规定。

在英美法系方面，《美国标准商事公司法》第7.04节对"无须会议的行为"作出了规定，要求采取不经召开会议的决议，需要得到所有有权就该项决议表决的股东所签署的一份或多份书面同意书，同意书上应明确具体决议事项、签署姓名与日期，以及"该同意书具有会议表决的效力，并可以在任何文件中作此描述"。此外，该法还对会议决议的期间和期限问题进行了规定。《英国2006年公司法》第13部分专设第二章对"书面决议"作出了非常详细的规定。具体而言：①能够进行书面决议的公司形式为私人公司，即对应有限责任公司与非公众性质的股份有限公司（第288条第1款）。②书面决议适用的会议类型，既包括全体股东大会，又包括类别股东会（第288条第4款和第5款）。③对于决议事项的范围，第288条第2款进行了否定性列举，即"根据第168条在其任期届满之前罢免董事的决议"与"根据第510条在其任期届满之前罢免审计师的决议"。④书面决议传阅的规定，包括对有资格参与书面决议的成员确定（第289条）、传阅日期的确定（第290条）、对不同主体所提出的书面决议的区分规定（第291条和第293条）、[1]股东要求传阅书面决议的权

---

〔1〕 实际上两者的区别仅为第293条第3款增加了对于公司必须向股东发送或提交决议文书的期限限制，以保护股东的表决权。

利（第 292 条）、传阅支出（第 294 条）、不传阅成员声明的申请（第 295 条）。⑤对于书面决议的同意，一方面，规定了决议通过的实体性事项，如第 296 条第 4 款采取的并非强制性的一致性同意规则，而是"必要多数"对决议表示同意时，该决议即通过；另一方面，规定了书面决议表示同意的程序性事项，如书面文件形式（第 296 条第 2 款）、书面决议同意的不可撤回性（第 296 条第 3 款）、同意书面决议的期间时限（第 297 条）等。

在大陆法系方面，《韩国商法》第 363 条第 4 款至第 7 款、第 368 条之三对于书面决议作出了规定。该法第 363 条第 4 款至第 7 款对于公司形式并没有直接作出限制，而是设置了公司资本总金额未满 10 亿韩元的条件；在采取书面决议的决定以及决议的通过方面，亦要求全体股东一致同意；最后明确书面决议与会议决议具有同样效力，并明确书面决议准用会议决议的规定。第 368 条之三则对书面文件内容作出了要求。《日本公司法》第 300 条规定了两个方面的内容：一是对采取书面决议的决定以及决议的通过要求全体股东一致同意；二是通过引致性规范对决议事项范围进行了列举。

通过对以上各国规范的观察，可以发现我国关于公司决议的书面议事方式依然具有较大的规则空间，而这一空间当然性地可以通过公司章程设计来进行填补。

（四）股东会议事方式调整型防御性条款的设置

本部分开篇即已阐释了采取书面形式的议事方式需要得到全体有表决权股东一致同意的逻辑内里，追求公司经营决策效率而采取的书面决议在一定程度上牺牲了股东参与权，因此需要通过设置一致同意的程序进行矫正。此处的"有权股东的一致同意"规则实际上亦为一种特殊的决议通过比例调整型条款，即将决议通过比例提升至极限，构成多数决原则的适用例外。

1. 适用主体

书面决议的一致同意规则的适用基础为有权表决主体之间具有一定的人身信赖关系。单纯依靠资本民主,亦即具有强资合性的公司因缺乏人合性,自无有权表决主体一致行动的可能。这同时印证了前文对我国现行立法与比较法规则的分析结论,即该规则仅适用于一般有限责任公司以及非公众性质的股份有限公司。值得一提的是,韩国公司法并未限制公司的组织形式,而是以公司资产体量进行限制,其适用效果与前述逻辑一致,毕竟资产"十亿"韩元的公司体量较小,实践中作为公众公司的可能性微乎其微。

2. 适用例外

除英国不作强制性要求外,包括我国在内的各国立法例均作出了必须由全体有权表决主体作出一致同意的表决方可通过的要求。前文通过实证分析论证了我国司法实践中出现的对书面决议一致性同意规则的突破,但其突破范围极为有限,或者说是对我国未臻细致的立法漏洞的填补——仅限公司对已为合法合理事实的确认。出于成本与效率的考量,这是在未实质侵犯股东参与权的基础上所进行的突破。此外,对于股东利用一致同意规则进行恶意或不当地阻止书面决议通过,导致公司利益、其他股东利益甚至公共利益严重受损这一问题,亦应允许突破该规则。这在司法实践中亦得到了判例的支持。[1]总而言之,出于对股东固有权的保护,设置书面决议规则的公司章程条款原则上不应突破一致同意规则的底线。

3. 决议事项的范围

在不存在违法违规事由的前提下,可以作出对特定决议事项

---

[1] [2013] 沪二中民四 (商) 终字第1282号。

的通过须由全体股东一致同意方可生效的约定。此类约定体现了对重大决策的重视，属商业判断的范畴，然而是否能够将所有决议事项均列为采取适用一致同意规则的书面决议，值得再考量。如果事无巨细均采取一致同意，毋庸置疑将带来巨大的议事成本，与追求效率的规则目的南辕北辙。此外，因赋予了全体股东近乎同样的控制权，还可能引发部分股东的机会主义行为，甚至导致公司经营陷入困境。对此，比较法上多对书面决议的事项范围作出限定的规定。可见，全体股东一致决机制是难以完全取代多数决机制的。

因此，书面决议的事项范围的设置应当考虑两个方面的思路：其一为出于决策效率的考量，对非重大事项（非特别决议事项）的实质性调整，允许公司章程列举相应的事项；其二为出于一致同意机制的考量，应当允许公司章程就公司重大事项（特别决议事项或其他对公司及其股东产生重大影响的事项）作出规定，因为此类事项的性质决定了其从被提出、交付股东到决议通过都应当被审慎对待。

4. 其他程序性事项

参考美国立法例，公司章程还应当对采取书面决议的议事期间或期限作出规定，一方面出于保护股东利益以及公司决议的正当性的考量，应当设置最短的传阅期间，允许股东充分了解议案并作出理性选择；另一方面出于保护公司整体决策效率的考量，应当设置最长的决议期限，对股东行权的最长期限作出要求。除此之外，为了保证书面决议的确定性与议事效率，可以设置对已经表示同意的股东书面决议不可撤回的要求，或仅允许特殊情况下（如重大误解、欺诈、胁迫、乘人之危等事由）对整体议案的撤回。

第四章
公司章程防御性条款运用的检视与回应

第一节　公司章程防御性条款基于公司层面的检视

一、公司制度初衷的背离与回归

（一）背离公司制度初衷的现状

从近代成文公司法的发展来看，股份有限公司早于有限责任公司被制度化确定。如依照英国最早颁布的1844年《英国股份公司法》创设的公司并不是有限责任公司而是股份有限公司，[1]英国在1856年重新修正的《英国股份公司法》才为所有有限责任（这里应该是有限公司）公司提供了成文的有限责任条款，并要求公司在其名称中必须加入"有限"字样。此后世界各国相继效仿，进行了有限责任制度的立法。通过对英国公司法的追本溯源，公司最早的组织形态是股份制，而股份制的创设初衷是为了吸引大量的个人股东，吸收社会分散的资本以募集资金；个人股东则以取得公司盈利分红为目的。同时，股份制可以优化资源配置，所有权分散化，减小投资风险，促进公司股份的流通性。

---

[1] 彼时大多数公司都会在其内部章程（章程细则）中注明类似"有限责任"的条款。参见维基百科："股份有限公司"，载https://zh.wikipedia.org/wiki/%E8%82%A1%E4%BB%BD%E6%9C%89%E9%99%90%E5%85%AC%E5%8F%B8，最后访问时间：2019年1月4日。

现如今，法人持股、法人相互持股消解了股份有限公司的原始功能，[1]股份有限公司变成法人间进行资本游戏的场所，个人股东持股比例不断减少，[2]大量上市公司的主要持股人变为机构投资者。以上问题并非与生俱来，而是伴随资本市场不断发展而逐渐形成。公司需要开放股权募集资金，就无法阻拦所有资本。只是过多的法人持股有可能引起公司股份流通性降低的问题。二级市场的流通性为投资者提供了转让和买卖公司股份的机会，也是公司筹集资金的必要前提，如果市场缺乏流动性就会增加交易成本从而导致交易难以完成：一方面会导致股份价值下降，[3]对资本与风险分散能力较弱的小股东造成直接损失；另一方面会威胁公司的存续。根据科斯的交易成本理论，极端情况下若交易成本过大，公司实际上也就失去了存在的必要。由此可能陷入恶性循环，无论是法人抑或个人投资者，购买公司股票的目的，均会趋向于以二级市场的利润为目标，一旦目标公司出现流通性下降等导致股价下跌的问题时，便急于抛售股份，使得投资变成了投机，给公司及其他投资者带来利益损害。

(二) 公司制度初衷的回归

公司章程防御性条款通过对股东参与权的强调，能够在一定程度上保证投资者对公司的经营管理进行更有效的监督，引导经营管理者实施更加长远的决策和管理，并使得两权分离中的公司

---

[1] 经济合作与发展组织：《OECD 公司治理原则》（2004 年），张政军译，张春霖校，中国财政经济出版社 2005 年版，第 30 页，转引自王妍："非公司企业为什么会兴起——公司的局限及其法律制度检视"，载《法学论坛》2015 年第 3 期。

[2] "Financial Market Trend, No. 6", 1995, 转引自陈尚前："西方机构法人股东的兴起及其启示"，载《外国经济与管理》1998 年第 3 期。

[3] 这在 1986 年由阿米胡德和曼德尔森对流动性溢价进行系统研究时即已论证。Amihud, Y., Mendelson, H., "Asset pricing and the bid-ask spread", *Journal of Financial Economics*, 2 (1986), 223~249.

控制权向所有者回归,稳固所有者的主导地位。具体表现在:其一,缓解因流通性下降带来的投资者短视行为,寻找积极改善经营管理之道。其二,投资者地位稳中有升,在行使参与权时能够促进公司作出更稳定而长期的规划。其三,股票的流通性增加。虽然短期内股票的流动性看似会下降,但从宏观角度来看,拥有长期稳定上升潜力的公司,其股价必然被看好,股票的流通性也自然随之增强。

(三)回归公司制度初衷效用的局限

根据现代企业理论,"内部人控制"是两权分离的产物。换言之,公司章程防御性条款虽然能够在公司所有者与经营者的关系层面上产生积极影响,但并不能完全消除伴生于两权分离制度中的"原罪",亦不可能完全消除那些身份和目的均游离于公司之外、追求二级市场利润的中小投资者的短期投机行为。而公司章程防御性条款在制度功能层面,旨在缓解现代公司与公司制度本身的相互驱离,并挖掘中小股东利益保护的更深层次空间。

二、代理成本问题的缓和

(一)居高不下的代理成本现状

公司从诞生以来就存在一项致命的内部缺陷,即代理成本问题。[1]关于大中小股东之间代理成本问题的大量实证研究结果表明,在投资者保护较弱的国家,大股东与中小股东之间的代理问

---

[1] 公司所有权结构理论是在代理理论、产权理论和公司理论的基础上发展而来的。如果企业的所有者与经营者分离,或者说两者并不完全重合,契约下的经营者作为代理人代表委托人即所有人的利益行事,被所有人赋予了一定的决策权,那么经营者偏离企业利益的行为是会被人们预期到的,由此会产生监督成本、担保成本以及该公司所有者权益被低估的剩余损失,这三者之和即代理成本。该问题及理论由代理经济学创始人迈克尔·詹森提出,参见 Jensen, M. C. ," Agency costs of free cash flow, corporate finance, and takeovers", *American Economic Review*, 2 (1986), 323~329.

题更加突出。这是因为，内部资本市场的低效率除了受到所有权与经营权分离的影响，还往往与大股东和中小股东之间形成的所有权层面的代理问题有关。[1]

有学者在实证研究的基础上认为公司已经成为内部人获取机会主义利益的工具，其代理问题根本无法消弭。因为目前尚未找到合适的替代方案来优化公司治理结构，如此只能不断尝试去缓解代理问题。[2]换言之，在两权分离下，公司的经营者往往是由享有控制权的股东出任或者选择的，小股东的决策力量薄弱，对经营者的选择往往力不从心。这就类似于"伯利—米恩斯模式"中所谓股权越分散化，中小股东的投票权的作用越小的道理，亦即其行使参与权时往往身不由己，只能跟随大股东的决策。

(二) 传统代理成本的降低

公司章程防御性条款的目标即将中小股东的决策力量放大。面对"内部人控制"现象，由股东监督而非参与带来的经营业绩改善，对众多中小股东来说是一种公共物品，大部分中小股东会选择理性冷漠——直接"搭便车"。[3]其道理是显而易见的：任何一个独自监督公司的股东都需要承担全部行动成本，如收集信息、论证假设的成本。更重要的是，因其决策力量的孱弱，该股东需要付出更多说服其他股东的成本。过高的成本投入较之于相对固定的股票份额收益往往显得得不偿失，这严重打击着中小股东行使参与权的积极性。因此，理论上通过公司章程防御性条款

---

[1] "代理成本对内部资本市场效率的影响"，载 https://wiki.mbalib.com/wiki/%E4%BB%A3%E7%90%86%E6%88%90%E6%9C%AC，最后访问时间：2019年1月2日。

[2] 王卫国、陈志武："公司监管制度设计：既要'胡萝卜'，也要'大棒'"，载《法制日报》2002年11月14日。

[3] [美] 曼瑟尔·奥尔森：《集体行动的逻辑》，陈郁、郭宇峰、李崇新译，格致出版社、上海三联书店、上海人民出版社1995年版，第36~37页。

提高中小股东参与权的权重,能够缓解中小股东,特别是作为独立个体的股东身上所肩负的,来自"内部人控制"以及其他中小股东"理性冷漠"的双重压力。

(三) 新的代理成本问题

根据科斯的交易成本理论,市场的运行是有成本的,所以市场通过形成一个组织,以一套"命令机制"代替一系列的契约,并允许某个权威来支配资源,以节约某些市场运行成本。同样地,大股东通过对公司形成支配而间接对中小股东的利益形成了"支配"。公司章程防御性条款虽然具有缓解大股东对中小股东"支配"问题的作用,但中小股东形成"控制"必然又会带来新的代理成本问题。同样基于交易成本理论可知,如果企业内部的成本(如代理成本)高出了市场交易的成本,企业存在的意义就不大了。因此,又需要建立相应的制度控制新的代理成本问题,防止公司章程防御性条款制度给原有公司制度带来新的失衡。

三、公司治理模板化问题的出路

(一) 实践中公司治理的模板化现状

对于公司治理结构而言,无论是出于市场效率的考量而需要反复适用的"契约",还是依据主体平等或实质正义的要求而对不同利益主体的保护,世界上多数国家和地区都通过法律规范的形式将公司内部法律关系固定下来,其中包括了公司决议、收益与风险分配、激励手段等内容;同时也通过法律明确和规范了各公司机关、组织机构等的权力分配与制衡、权利义务与相应责任。由此可以看出,法律规则搭建出了公司治理结构的"树根"和"树干",但是公司治理结构是一个法律制度体系,"它主要包括法律和公司章程规定的公司内部机构分权制衡机制和法律规定的公司外部环境影响制衡机制两部分"。[1]因此,规制公司内部规范的公司章程是不能被忽视的,其就好比在"树根"和"树干"上所长出的枝叶,而正是这些枝叶组成了各式各样的鲜活公司个体。[2]

实践中公司章程的表达千篇一律,无论是各地的市场监督管理局网站还是工商机关登记窗口,都会提供一份统一格式与内容的公司章程,类似于"填空题"的形式让注册人进行参考与填写。经抽样观察各省市市场监督管理局网站所提供的公司章程模板,可以发现与必要记载事项相关的任意性规范以及所涉及的内容并不足够详尽,至少对章程自治的内容没有提供明确的自治性建议。此外,允许股东自治的内容,有的没有明确自治的边界,如北京市市场监督管理局提供的公司章程模板(以下简称"北京章程模板")与广东省市场监督管理局提供的公司章程模板;有的虽然明确了"内容不得与《公司法》的强制性规定相冲突",但是对何为"强制性规定"并没有作出进一步的说明,如山西省市场监督管理局提供的公司章程模板。对此,实践中并不乏关于公司章程是否违反法律强制性规定的讼争。[3]

由此,就可回答为什么学界和实务界一直诟病实践中的公司

---

〔1〕 崔勤之:"对我国公司治理结构的法理分析",载《法制与社会发展》1999年第2期。

〔2〕 笔者对《公司法》条文进行了梳理,将允许"长出枝叶的树干"即公司章程之中的任意性规范内容归纳如下:与必要记载事项相关的任意性规范,《公司法》对公司章程中与必要记载事项相关的任意性规范的规定共有八项,主要包括:第13条、第39条、第45条、第46条、第51条、第52条、第71条和第166条。任意记载事项之中的任意性规范,《公司法》对公司章程中任意记载事项之中的任意性规范的规定共有16项,散见于各个条款之中:第16条、第38条、第42条、第43条、第44条、第47条、第49条、第50条、第54条、第56条、第72条、第76条、第101条、第107条、第181条和第217条。

〔3〕 如"合肥百德百品餐饮管理有限公司、赵某股东出资纠纷案"([2018]皖01民终1853号)。

第四章 公司章程防御性条款运用的检视与回应

章程存在以下问题：其一，公司章程大量简单照搬公司法的规定。公司股东并没有根据自身以及公司设立目的制定相应的个性化章程条款，忽略了未来公司运营及其治理过程中可能会面临的问题，造成公司章程可操作性不强，甚至在制定出来后就被束之高阁。其二，绝大多数公司章程几乎如出一辙。大部分公司章程的差异仅仅体现在"填空"项上，亦即必要记载事项上。除此以外，公司章程的其他条款以及通过这些条款所要建立的自治机制几乎没有任何差异，千篇一律。

（二）公司治理模板化问题的缓解

通过以上考察与讨论可以发现，只有使公司设立者、股东清楚公司法与公司章程两者的关系，明确设计公司章程条款的目的，才能够缓解公司治理模板化的问题。公司法条文所提供的是一种一般性规则，而每一个公司作为独立的法人，应当具有自己独特的自治性规则。诚然，赋予公司章程自治的权利并不意味着公司可以由此"野蛮生长"。在公司章程自治的基础上，为了适应公司经营过程中瞬息万变的商事环境，公司可能需要结合设立目的、资本规模、所有权结构、公司治理结构、公司经营战略等方面作出相对应的调整。而公司章程防御性条款的任务是保证将公司法的任意性规范在强制性规范的边界内予以细化，长出新的"枝权"，并作出符合公司发展以及股东利益的具体规定，最终冒出新的"枝叶"，以此形成可操作性的公司治理规则。

（三）问题缓解的引导需要

从上文实证分析反映出的问题可知，公司章程防御性条款所体现的作用依然只是为公司成员提供一种工具，但是实践中股东是否会利用该工具仍然未知。公司章程防御性条款能否得到普遍性适用需要具备三个方面的要素，即收益、效率以及指引。首先，公司章程防御性条款的天性即为保护特定股东的权益，由此自然能够为股东甚至公司整体带来收益。其次，复杂的公司章程防御性条款设计体系并不能够让创业者完全掌握甚至精通，此问题的解决需行政机构为公司设立人提供更多的带有不同公司章程防御性条款设计的模板，将"填空题"变为"选择题"。最后，行政机关所提供的章程模板选择虽已成为一项高效的指引措施，但同时还应辅以其他配套机制如教育、宣传甚至形成特定的企业文化、商事习惯等手段，引导中小股东利用公司章程防御性条款对其利益进行保护。

第二节 公司章程防御性条款基于公司股东层面的检视

一、以公司制度为视角的检视

（一）公司决策逻辑与股东利益保护

1. 公司决策逻辑与股东利益保护的博弈

公司作为拟制出的法律上的"人"，虽具有独立的财产和独立的人格，能够享受权利、履行义务以及承担责任，但是要想被称为"人"，还需要具备独立的意志以及能够独立"思考"的"头脑"。这个"头脑"即公司的权力机关，在我国主要是指股东（大）会。除一人公司外，因公司存在不同的股权、股份比例以及持权股东在公司可能具有不同的身份，这些股东可能对公司的经营、治理、营利方式存在不同的追求方向。在这种情况下，如果最终无法得出一个一致性的决策，必然会导致公司运行的低效率。因此，资本多数决作为一种相对民主的制度被引入公司运行决策机制中，这既是一种逻辑的必然，也是一种妥协的选择。因为一方面，资本多数决基于公司资合性的属性，区别于合伙组织，公司通过资本化切割了与股权相联系的权利义务，将"资"

纳入基本决策单元范畴考量，类似于"按份共有"。另一方面，股权（股份）比例与股东所需要承担的风险与可能的收益，亦即股东的利益成正相关。所以从成本的角度来看，公司大股东不应该损害公司整体利益已成共识，在没有更好的决策机制的情况下，此为一种妥协。由此可知，公司的平等和民主乃根植于股份份额之中。

不容忽视的是，以上公司运营的资本多数决制度实际上存在先天缺陷，如果按照主体的尺度来衡量平等和公平，可以发现在制度运行过程中产生的问题表象是容易滥用自我交易，而其问题实质则是容易忽略股东的实质公平。由此产生了一个公司运行逻辑与股东利益保护的悖论。任何人与公司关系紧密时，就可能利用这些关系来损害公司和投资者的利益，这就是所谓的滥用自我交易。因此，公司经营管理者或控制股东是有可能参与到损害无控制权股东利益的活动中来，以牟取其个人利益的。实践中大部分公司存在具有控制权的大股东，如果具有控制权的股东利用法律工具使得所有权从控制权中分离出来，并行使与其所有权不对等的控制权，亦即其使用的控制权与其所需要承担的风险不相符，此时就会出现潜在的滥用。[1]从风险与收益对比的角度来看，现实里中小股东的身份可能只是名义上的，而其实质地位可能更接近债权人。正如有学者所言，一些所有者与名义上的债权人或许非常相像，[2]甚至地位可能更低：向公司提供借款或者服务的人，都信任所有者会确保公司能够偿付债务，这种信任往往由合同责任作为担保，债权人实质上享有契约保证的固定收益回报。对于同样作为"权益投资者"却不拥有控制权的小股东而

---

[1] 参见《二十国集团/经合组织公司治理原则》（2016年），第24页。
[2] [美]拉里·E.利伯斯坦：《非公司制组织的兴起》，罗培新译，法律出版社2018年版，第637~641页。

言，其不但"命运"（收益）无法自主决定，被控制股东的决策所绑架，还需要承担所有的投资失败风险。由此可见小股东的被动地位。

2. 公司决策逻辑与股东利益保护的协调

无论是初创的封闭公司抑或在资本市场寻求更大机会的公众公司，其能够扩大发展的关键因素，就是股东（投资人）相信他们的成本（资本）投入不会被经营管理者或有控制权的股东滥用或挪用。公司章程防御性条款的存在即为了让公司的股东或者潜在投资者服下一颗"定心丸"，提升中小股东的决策地位，防止其收益权任人摆布。

3. 公司决策逻辑与股东利益保护的矫正过度

需要承认，对中小股东的利益保护不能矫枉过正：一方面，不能沦为所谓"政治正确"的形式化的制度噱头；另一方面，如果因中小股东利益保护带来过高的代理成本，从产权理论的角度分析，此时公司存在的必要性就会受到根本性的质疑。所以，要找到资本多数决与中小股东保护之间的平衡点，而资本多数决的逐个弊端及其克服就是突破口。

（二）股东权利意识与股东利益保护

1. 中小股东权利意识被弱化的现实

中小股东对一家公司进行投资，是为了获得三种类型的回报：现金红利、股票红利以及股票持有收益。根据美国UC Investments的一份调研报告，中国股票二级市场中将近80%的投资者账户是掌握在个人投资者，即中小股东手中的。其中存在着大量追求股票持有收益的投资者，他们将资金投入到某个公司中，并不是真正地想参与到公司的经营发展中，也并不是看重公司长远的发展未来，而只是抱着投机心理，想在短时间内就获取收益或者通过在二级市场转卖股份来获得利润。鉴于以上事实，有学

第四章 公司章程防御性条款运用的检视与回应

者认为"中小股东时常缺乏经济金融等领域的专业知识,同时存在着信息不对称问题。即使市场上公司进行了披露,其也难以对披露信息进行有效解读,最终在权益受到侵害时,因缺乏权利意识,也难以准确及时地利用法律武器保护自己"。[1]

根据公共选择理论的一项重要结论——"理性投票者的无知",实践中中小股东权利意识弱化的不可避免性及原因是:每个小股东都可能面临着其所持有股权(股份)因占比很小,而对决策投票结果影响甚微的问题。从成本收益的角度考察,小股东如果想要充分了解决议内容,则可能需花费更多的个人时间和调研精力,因此他们往往会理性地选择对股东会、董事会决议保持"无知",甚至不参与投票。另外,还可借用博弈论中的经典"搭便车困境"来进行解释,当小股东只是进行短期投机或者所谓的"单次博弈"时,依赖其他股东行使共益权以满足自己私益的机会主义实际上是占优策略,这就体现了人们在合作与协调问题上的机会主义选择倾向。

2. 公司章程防御性条款能够提升股东权利意识

为使中小股东权利意识不再被弱化,要么应提供一定的制度路径减少中小股东的维权成本,要么应保证中小股东对公司的投资长期化。显然,公司章程防御性条款能够在前端保证中小股东的参与权,极大缩短中小股东的维权路径。其通过章程条款将一定规则固定下来,把"单次博弈"转变为"重复博弈",使得机会主义不再是占优策略。[2]这样既能够赋予中小股东参与决策所需的相应的控制权,又能够稳定中小股东的股票红利与股票持有收益,使得其投资趋向长期化。可见,公司章程防御性条款的设

---

[1] 陈曼:"论公司法对中小股东权益的保护",中国社会科学院研究生院2013年硕士学位论文。

[2] 但如果博弈重复进行,事实上机会主义就不再是占优策略了。

置，为中小股东提升权利意识提供了一条便捷的通道。

3. 全体股东积极行权的有限促进

公司章程防御性条款虽然能够为股东提供更便利的行权通道，但并不意味着能够保证所有股东都能够积极参与公司经营决策并作出正确选择。特别是对于持股量极少的一般投资者，"理性投票者的无知"和"搭便车困境"问题仅在特定情形下才能得到解决。除非采取"极端"的条款设计，如将表决权通过比例提升至无限大，抑或将该股东作为具有特殊同意权的持股股东，否则对于持股量极少的一般投资者来说，"理性投票者的无知"以及"搭便车困境"问题难以完全规避。

二、以法规范适用为视角的检视

（一）股东权益保护的法规范适用现状

现行公司法制度设置了四条路径对股东利益进行保护：其一，通过对特定事项进行列举性规定；其二，通过归入权制度进行保护；其三，通过股东诉权进行保护；其四，通过刑事手段进行规制。具体检视之：

在第一条、第二条路径方面，我国《公司法》对公司股东以及管理层利用公司决议进行关联交易以及为其自身提供担保作出了具体规定，并且在《公司法》第148条以及《证券法》第44条规定了归入权制度。然而，以上规定依然存在法律漏洞：一方面，仅规定关联交易、提供担保两个事项，显然列举不完善，仅依靠两类法律规定难以完全规制侵权行为。另一方面，作为事后补救的归入权制度并不能有效抑制公司内部人员的机会主义行为。首先，归入权的行使前提是行为人在客观上存在违反法定义务的行为，相较于股东自治的广袤空间，法定义务的列举是有限的。其次，归入权需要行为人在特定行为中获得收益，但是难以

第四章　公司章程防御性条款运用的检视与回应

规制控制股东损害公司、自身以及其他股东利益的不当行为。换言之，行为人如果没有取得任何收入，公司也就不能行使归入权。《公司法》第 148 条以及《证券法》第 44 条中，前者使用"收入"，后者使用"收益"，客体外延显然存在差别，无疑应使用涉及范围更宽的"收益"概念。最后，归入权的行使主体范围不清晰。法律规定由公司行使归入权，此时由对公司进行经营管理的董事来行使归入权无可厚非，但若公司董事本身为归入权的对象，这就会形成利益冲突。在第三条路径即在股东诉权方面，我国现行《公司法》第 151 条和第 152 条规定了股东派生诉讼与股东直接诉讼两种情形，但均存在一定成本问题。就前者而言，意欲提起股东派生诉讼则必须满足请求公司机关提起诉讼被拒绝或者符合法定的豁免前置程序的情形；就后者而言，存在司法介入与公司自治的界限，以及为公司自治提供司法救济的度模糊不清等问题。另外，根据《公司法》第 22 条，决议无效、撤销之诉中存在诉讼费用担保制度。此处，诉讼费用担保制度既没有覆盖所有直接诉讼事项，[1] 也没有涉及股东派生诉讼的问题，这也导致行为人实施侵权行为以及股东寻求救济的成本存在偏差，前者实施机会主义行为的成本过低，而后者寻找权利保护的成本偏高。在第四条路径方面，刑法对与公司运行相关的经济型犯罪进行了规定，但违法行为入罪门槛较高，往往在达到入罪金额前，中小股东的权益就已经受到了实际损害。即使行为人受到了刑事处罚，中小股东所受损失也难以完全弥补，可见刑法路径只能作为次选手段。

---

〔1〕 股东权利或利益受到侵犯时，通过法院寻求司法救济，存在三个诉讼请求事项：其一，实现或维护其权利或利益；其二，要求其他股东或公司购买原告股东的股权，原告股东从而离开公司；其三，各方矛盾激化，原告股东要求解散公司，追求消灭公司的独立人格。参见葛伟军：" 确立股东直诉标准提升诉讼便利"，载《上海法治报》2018 年 8 月 29 日。

综上所述，现行制度下公司主体的违规成本较低，纯粹依靠外部性法律对股东实施的机会主义行为进行约束是不够的。

(二) 提高中小股东权益侵害成本

诺思曾言："意欲使得低成本的交易成为可能，需要创建一种能够带来可靠承诺的制度环境，而这意味着必须建立起一个包含正式规则、非正式约束、实施的复杂的制度框架。"[1]纯粹的外部性法律规制，即"正式规则"是不全面的。公司章程条款的防御性设计恰好利用公司章程自治这一内部制度框架，亦即"非正式约束"，在现有公司法规范体系中进行延伸，对法律条文进行详尽阐述，甚至再创造新的约束机制，形成"实施"。此外，在商事实践中所积累的"商人智慧"往往较法律规范的制定更具及时性。毋庸置疑，归入权制度、股东诉权以及刑事责任追究等后端追责手段具有滞后性以及较高成本；而位于前端的手段，即通过法律规范对特定事项进行列举，依然难以穷尽千变万化的商事实践。此时若允许公司在成立之初，即在章程中创设保护特定股东（中小股东）权益的章程条款，并允许公司章程在未来作出调整此类权益的决议时，对特定股东的参与权进行保护，无疑能够提高侵害中小股东权益的成本。

(三) 股东利益保护的规则完善要求

对特殊股东利益的保护，自治性的公司章程条款发挥了填补现行规则漏洞的重要作用，但这并不意味着有了公司章程自治的填补，现行股东利益保护的相关规则就无须进一步完善。

通过对现行法律与司法解释中关于确认或赋予股东积极行权以保护其自身权益的规则进行梳理，可以发现现行法律赋予了股东较为详尽的自我保护权利，同时也已具有了体系化的结构。但

---

[1] [美] 道格拉斯·C. 诺思：《制度、制度变迁与经济绩效》，杭行译，韦森译审，格致出版社、上海三联书店、上海人民出版社2014年版，第69页。

第四章 公司章程防御性条款运用的检视与回应

依然存在一些不足：其一，对不同组织形式的规则内容不够细致，诸如有限责任公司和股份有限公司相互交叉的内容未臻统一，有限责任公司规定的内容股份有限公司没有相应规定，股份有限公司规定的内容有限责任公司部分又没有对应的内容，部分条款的漏洞瑕疵较为明显。[1]其二，现行立法没有对公司股东可以积极行权影响公司决议一事作出一般规定，而是散见于公司法各处，分散的规则又不够全面，诸如表决权行使限制仅规定了公司自我持股的情况、资本多数决适用范围仅限于有限责任公司中不按照出资比例分取红利、不按照出资比例优先认缴出资以及采取书面决议的情况。从2005年《公司法》赋予公司股东更大意思自治自由后，股东自治的路径就变得更加宽阔，从自治的角度寻求股东保护的研究空间也就更大，更多有关公司治理的内容交由了公司自治。这意味着自治性的公司章程条款在特殊股东利益保护上的作用愈发重要，其填补现行规则漏洞的关键性作用亦愈发重要。

从产权理论角度来看，契约的不完备会导致剩余索取权和剩余控制权的出现，只有两者统一，才能对所有者产生足够的激励。公司的股东具有公司所有权人的身份，若要取得公司的剩余控制权，监督实际经营者，提高公司的经营水平，在公司实践中主要通过以下方式进行：参与公司重大事项的表决、征集表决权（表决权代理），对管理层（控制股东）进行相应的监督，防止股东滥用权利损害公司利益和其他权利人利益。[2]因此，"公司章程另有规定"抑或公司章程条款设计所发挥的填补作用，应当是一个新的路径起点，绝不是终点。

---

[1] 例如《公司法》第151条。
[2] 张清平："论剩余索取权和剩余控制权的分配"，载《湖北社会科学》2002年第9期。

从理性人的角度来看，公司自治本身并非没有限度，如果不对特别主体进行保护，机会主义行为必然会不断滋生并损害相对人的利益甚至公司的长久利益；如果对特别主体保护过度，机会主义行为亦会反向滋生，最终损害公司经营决策效率并影响股东个体利益。因此，实践中也有不少非法律文件对股东保护的条款选择与最终设计进行了指引，如《二十国集团/经合组织公司治理原则》（2016年）对与股票发行有关的优先购股权、有效区分事前股东权利及事后股东权利、某些股东决策的特定多数制进行了更加细致的说明。但是也正如经济合作与发展组织所言，"保护少数股东的条款选择与最终的设计还是取决于整体的监管框架和国家法律制度。"[1]因此，诸如公司章程防御性条款的公司股东积极行权影响公司决议的一般规定以及配套规则的出台则显得尤为必要。

三、股东积极主义趋势下的市场实践检视

（一）股东积极主义趋势下的市场实践现状

1. 网络时代下的股东民主

随着信息与通信技术的不断迭代，高速便捷的互联网为股东积极主义提供了更大的发展空间。网络技术使得原本高昂的信息成本变得截然不同，首先是公司信息的公示，公司决策计划、会议决议事项、公司各项指标数据能够及时地传输给股东，方便股东行使知情权。其次是股东相互之间的沟通，股东可以通过互联网这一媒介对公司治理相关情况与问题进行充分的讨论，如电子股东论坛的诞生，使得股东间代理、股权信托问题能够得到更好的沟通，从而提高股东行权效率。最后是公司与股东之间的沟

---

〔1〕 参见《二十国集团/经合组织公司治理原则》（2016年），第25页。

第四章　公司章程防御性条款运用的检视与回应

通，这主要体现在公司股东会的召开方式上，即从以往的单向现场会议形式转变为多向的网络在线会议，通讯表决使得更多股东能够实际且及时地行使股东权利，同时对投票方式特别是代理问题产生了一定的影响。目前美国大部分州法律准许公司利用网络作为其通讯投票的方式之一，甚至可以认为网络表决权已经成为美国最主流的股东会表决权行使方式；英国也早在2000年颁布了《英国电子通讯法》，以法律文件的形式确认股东可以电子方式行使股东表决权。伴随着电子股东论坛、通讯表决等新兴股东参与公司治理方式而来的，是更多的股东民主与自由，更显著的股东参与民主制，互联网的发展为全部股东共同作出实义性决定提供了重要机会。而将股东民主作为手段，也是非常有效的激励机制，因为对于多数中小股东而言，列席便是权利的表现，参与就是激励。当然在民主制度下，参与还意味着能够表达意愿，并且还是能够表达影响他人的意见，从而使得表达者的意见在最终股东会决议中有所表现，对其实现了更好的激励。毋庸多言，公司章程防御性条款即吻合了这项股东民主需求。

2. 股东积极主义在我国的发展

2005年之前，我国关于股东积极主义的立法屈指可数，直到2005年修订《公司法》，大幅增加"公司章程另有规定"，既扩展了公司章程与股东自治的空间，也开启了股东积极主义的大门：沪深两大交易所专门发布《网络投票细则》，鼓励股东采取网络投票的形式参与公司表决；《公司法》第106条规定股东表决权代理；《上市公司章程指引》第79条第5款规定了征集股东投票。

加州政府雇员退休基金（CalPERS）在发布《公司治理与可持续发展原则》的同时，还针对其他国家的资本市场发布了《国别公司治理准则》。其中，2007年前，在CalPERS委托Oxford

Analytica Ltd. 所作的包括 27 个"关键新兴市场"国家和地区的"股东和债权人权利"报告中，中国的股东权利得分仅为 5 分（满分为 7 分）。[1]2007 年以后，CalPERS 就停止发布相关 PCI 数据，因此我们只能通过 CalPERS 了解到截至 2006 年的评价数据。但从中依然可以发现关键信息：在打开股东积极主义大门的 2005 年《公司法》施行满一年时，我国公司股东权力依然没有得到很好的释放。但是，在 2018 年，瑞士瑞信银行对中国机构投资者管理资产规模保持高速增长持非常乐观的态度，指出光是中国到 2030 年机构投资者管理资产的总规模就将达到 13.8 万亿美元（2014 年总规模仅为 1.4 万亿美元）。2018 年 10 月，麦肯锡也作出了相近的预测，提出未来五年内中国机构投资者管理的基金规模就将增长 6 万亿美元。[2]这从机构投资者的角度佐证了股东积极主义在我国公司治理中发挥的作用，其在未来的中国资本市场发展中具有非常大的潜力和动力，相关规则的制定显然也具有巨大的需求。

3. 对股东积极主义的评价与检讨

任何事物都有两面性，股东积极主义亦然，股东积极主义带来了如下优势：其一是有利于改善公司治理，提升股东价值。股东在发现公司管理层对公司的运营存在问题时，可以采取积极行动，发挥股东价值，改善公司治理缺陷。其二是优化委托代理关系。在两权分离的制度结构下，股东可以通过掌握较高权重的表决权影响管理层的结构，从而改善公司的运营状况，减少股东与管理层的利益冲突，优化委托代理关系。其三是提高公司治理水

---

[1] 仲继银："选秀，但更'筛劣'——机构投资者如何评估上市公司的治理"，载《董事会》2007 年第 5 期。

[2]"瑞信：未来 10 年，中国机构投资者将强势崛起"，载 https://finance.sina.com.cn/stock/usstock/c/2018-12-26/doc-ihqhqcis0434851.sh-tml，最后访问时间：2019 年 3 月 4 日。

第四章　公司章程防御性条款运用的检视与回应

平并提升公司绩效。之所以股东积极主义在英美盛行，是因为其市场为机构投资者主导的市场，而机构投资者在投入巨大资本的同时又兼具巨大的信托责任，对公司治理及其表现更为关注，更有强大的动机去监督管理层的经营行为。[1]同时机构投资者形成了规模经济，有实力雇佣专业化人才，往往能体现出良好的专业技术和知识，从而为提高公司治理水平提供助力。

　　股东积极主义是在强化公司治理博弈中股东的积极作用，因此不当的积极引导必然也会在同一问题上产生负面影响。具体来说，从经验主义的角度出发，股东对公司经营管理积极作为可能会带来三个弊端：其一是公司负债率上升。投资者所追求的往往是及时收益，多分股息。扩大债务、增加产能甚至股票回购等，均会导致公司的负债率提升，从而加大资产负债表风险。其二是导致管理层与股东的关系趋于紧张，甚至控制股东与非控制股东间会出现紧张关系。在股东调整董事会结构之前还会因利益追求不同，形成管理层与股东关系的对立。此外，不同投资机构对同一公司的投资目的和要求不同，形成了目标冲突。[2]大部分机构投资者自身也存在代理和控制问题，例如美国公共养老金基金的经理被曝光出其忽视受信义务，通过积极行动谋求更多的公共影响力与更高的社会地位。[3]以上都不利于公司经营的稳定。其三是中国尚未形成股东积极主义的普遍化行权氛围，一方面机构投资者仍然是中国股市的少数派，另一方面经济学上的委托代理关系缺少普及与运用，决议投票往往沦为不具实义的形式，具体表现

---

[1] Shleifer, A., Vishny, R. W., "Large Shareholders and Corporate Control", *Journal of Political Economy*, 3 (1986), 461~488.

[2] Mccalister, D. V., Katz, D., Kahn, R. L., *The Social Psychology of Organizations*, John Wiley & Sons, Inc., p.838.

[3] Murphy, K., Van Nuys, K., *State pension funds and shareholder inactivism*, Harvard Business School, Cambridge, MA.

为投票权信托、股东提案、协商会议等并没有被实质性地广泛开展起来。[1]

(二) 股东积极主义与公司章程防御性条款

1. 股东积极主义与公司章程防御性条款的关系

股东积极主义与公司章程防御性条款具有相近的目的,即通过发挥股东权利,积极影响公司决策,以保护股东的权益,这些也被认为是提高公司透明度和民主性的手段。但股东积极主义与公司章程防御性条款的内涵并不相同,这从它们的外延属性、表现方式与应用方式上能够得出最直接的答案:首先,外延属性存在差异。股东积极主义主要是对股东采取一系列积极行为施加自身对公司的影响之描述,而公司章程防御性条款更偏向对股东权益保护的工具性属性之概括。其次,股东行为表现方式不同。前者的表现主要是积极的行为,而后者的表现可以是消极的不作为。最后,应用方式不同。公司章程防御性条款主要是在公司法赋予股东的权利范畴内(如表决权的行使),对公司的治理经营决策产生影响,而在股东积极主义的视域中,股东还可以通过其他非正式的积极行为[2]影响公司的决策,这也是区分两者的关键。

2. 直接引入股东积极主义的现实顾虑

历史经验一再表明,公司法的制度设计并非纯粹的技术规则,而是深深扎根于本土资源,与社会经济变迁保持着紧密互动。[3]虽然中国具有允许股东积极主义的规则基础,但是海外历

---

[1] 王彦明:"股东积极主义:股东积极行为的公司法界限",载《行政与法》2009年第8期。

[2] 非正式的积极行为概括起来主要有两种:一种为股东对话,另一种为媒体宣传。

[3] 冯果、李安安:"投资者革命、股东积极主义与公司法的结构性变革",载《法律科学(西北政法大学学报)》2012年第2期。

第四章 公司章程防御性条款运用的检视与回应

史与实践证明,股东积极主义并非放之四海而皆适宜,如股东积极主义在刚进入日本时就出现了"水土不服",相较欧美的实施结果较为不理想。有学者针对进入日本的外来投资者发挥股东积极主义所造成的影响进行了现有研究与数据统计分析,发现在企业绩效方面,无论是资产回报率,还是销售增长等指标并没有得到明显增长。在企业资本结构方面,企业在资本结构及负债率等方面都没有明显变化,仅在股东回报上有较大变化。在企业组织结构方面,投资者积极主义行为在日本的行为影响与在美国的表现大相径庭,大部分企业没有发生过任何组织变化。实际上,积极主义行为的回报主要是靠成功迫使目标企业进入并购或者并购他人来获取的。在公司治理方面,其短期内的直接影响表现也不明显,但是的确产生了一种循序渐进式的影响。[1]究其原因,除了法律制度本身存在相互偏离,还有一个重要原因或许能够给予解释:日本公司所处的其他外部性规则与内部性规则环境并不能立刻接受投资者的积极行动。一方面,日本公司治理的核心是企业利益,导致公司治理更偏向企业的长期利益甚至仅仅是为了追求让企业长久续存。日本传统企业文化中将企业与股东作为利益分离的独立个体的色彩尤为浓重,因此股东利益最大化的追求与企业利益最大化必然会存在冲突。另外,日本公司除了以自我为中心,还以一定社区为中心,企业的剩余索取权并不只属于股东,由此又多产生了一层冲突。另一方面,日本长期存在的公司敲诈者问题导致股东积极行为很容易被视为一种损害公司利益的敲诈行为。同为亚洲国家的中国,其商事环境与日本实际上较为相近。早在20世纪股东积极主义兴起时,就有学者意识到了公司

---

[1] 吴三强:"日本公司治理中的外国对冲基金股东积极主义辨析",载《现代日本经济》2015年第5期。

治理全球化趋同的势不可当,[1]如加强信息披露、对股东权利的重视、强化投资者作用、调配董事会结构。但是根据美国制度经济学学者诺思所提出的"路径依赖理论",外来制度的引入必然会受到本土法律、政治和文化的路径依赖所带来的影响甚至阻力。

(三) 市场实践中股东利益保护罅隙的出路验证:公司章程条款强化

从公司股权结构的历史演变进程和股东积极主义的兴起历程中可以发现,投资者在公司的股份占比越大,其参与公司治理的动力也就越大,而其所持股份比例越多,公司经营改善所带来的效益也就更多地反映在投资者收益上,并且当公司治理优化所带来的效益也高于投资者资本升值受益时,投资者就会更追求长期化地持有股份,进一步激励投资者采取积极的参与行为。相反,若投资者持股比例较低,抑或纯粹追求资本升值收益,此时若对公司盈利不满,投资者一般不会从公共利益出发参与公司治理,而是选择"搭便车"。同时,较少的持股比例在既定约束条件下,抛售行为相对简单,"用脚投票"似乎是最为经济又合理的选择。根据成本收益理论能够非常简单地说明其原因:只有当参与公司治理之后的所得收益超过了参加公司治理的成本时,投资者才会采取干预公司决策运营的行为。

对于中小股东权益保护的罅隙,目前存在着两条可能的进路:要么扩大中小股东持股比例,要么降低其参与公司治理的成本。伴随着参与公司治理的外部性降低,公司治理的收益与公司治理的成本能够得到较好程度的匹配,即使"被迫免费提供

---

[1] Hansmann, H., Kraakman, R, "The End of History for Corporate Law", *Feorgetown Law Journal*, 2 (1989), 439~468.

便车",就中小股东的整体收益而言依然是得大于失。[1]不同于可能因持股比例上升而被动地去"主动"介入公司治理,降低股东参与公司治理的成本对中小股东特别是愿意长期持有公司股份的股东而言,不失一条更为简单的获益路径。正如学者阿查里亚所发现的,"在缺乏外部治理的情况下,内部治理结构也能够消减代理问题并确保公司的价值增长"。[2]但是,当下公司法规范对股东参与公司治理的规定未臻细致,部分领域缺少明确的公司内部治理空间以及具体的规范指引,亟待进一步完善。

第三节 公司章程防御性条款在制度层面的回应:股东受信义务建构

一、股东受信义务的建构必要

任何规则或制度的运行所带来的影响都必然存在两面性,在公司的经营决策方面,公司自治本身并非没有限度,如果对特定主体保护过度,机会主义行为会反向滋生,亦会损害相对人与公司的利益,正所谓为了解决旧的代理问题而制造出了新的代理问题。实际上,公司决策效率与中小股东利益保护之间并非零和博弈,无论是公司经营者、大股东还是中小股东,均能够从公司的科学治理中获益。为了缓解和预防新的代理问题以及股东利益保护矫正过度所带来的公司章程防御性条款制度的异化可能,建构相应的配套制度就成了应有之义。在这一配套制度之中,最为重

---

[1] 曹玉贵:"股东积极主义的历史演进及其动因分析",载《华北水利水电学院学报(社会科学版)》2005年第4期。

[2] Acharya, "The Internal Governance of Firms", *Journal of Finance*, 66 (2011), 682~720.

要的是股东的受信义务。

二、传统理论对股东受信义务的否定

传统的受信义务理论认为受信义务是一种管理义务,主要适用于"委托—代理"关系所产生的"代理人"对"委托人"的管理责任。而在公司这一场合,常常将其进一步分为注意义务(勤勉义务)与忠实义务。注意义务(勤勉义务)是指公司管理者应当在处理和安排公司事务时恪尽职守,保护公司利益免受损害。忠实义务则指公司管理者应当遵守法律和章程的规定,不得损害公司的利益,在自身利益与公司利益存在冲突时,以公司的利益优先。在传统受信义务制度中,受信义务主体主要为公司的董事、监事以及高级管理人员。我国《公司法》亦对以上主体的受信义务作出了相应的规定,如《公司法》第 147 条、第 148 条、第 149 条等。然而在传统公司法理论中,股东无须对公司或其他所有权人承担受信义务。原因很简单:一方面,股东和股东之间并非"代理"与"委托"关系;另一方面,两权分离产生于所有权人和经营权人之间,并不可能发生在所有权人与所有权人之间。而即使对股东存在受信义务持肯定态度的学者,亦不承认法律上存在一种一般的股东受信义务,且将股东受信义务视为"股东对公司或者股东相互之间不承担受信义务这一基本原则"的例外。[1]

三、股东受信义务的内涵及其支撑基础

(一)股东受信义务的内涵

股东受信义务的法律概念最早确立于马萨诸塞州的 Donahue

---

[1] 施天涛:《公司法论》(第 4 版),法律出版社 2018 年版,第 401 页。

v. Rodd Electrotype Corp.[1]一案,该判例将合伙人之间的受信义务引用到了封闭公司的股东之间,禁止控制股东将自己的利益置于其他股东利益之上。所谓股东受信义务,主要指对公司能够形成实际控制或支配,或对股东决议实施了控制或支配行为的股东,所承担的受信义务。虽然一般情况下受信义务多用于规制大股东,但受信义务的产生并不必然与持股数量相关,而是以是否能够对公司形成控制为标准,既包括形成控制的大股东滥用多数决欺压中小股东或损害公司利益,又包括拥有特定股东同意权或一票否决权的中小股东滥用权利。股东受信义务虽然并未得到我国主流学术观点的支持,但笔者认为股东受信义务在我国已经具备了一定的理论与规范基础。

(二) 股东受信义务的理论支撑

强调股东受信义务必要性的有力学说为股东治理理论中的控制权收益,即公司控制权所能带来的收益。最早对控制权收益进行研究的克罗斯曼和哈特将控制权收益权分为两部分,其一是股东通过股份所能够得到的股息及股票价值,即控制权的共享收益;其二是通过控制权所获得的私人利益,亦即控制权的私有收益。[2]控制权的私有收益又可以进一步区分为货币性收益与非货币性收益,[3]前者主要以关联交易、资金占用等剥夺性的方式牟取公司利益,主要发生在形成控制的控股股东身上,而后者的方式较为隐秘且难以量化,主要表现为过度消费享受或对公司决策"敲竹杠"等形式,可以发生在形成控制的各类股东身上,这就

---

[1] 328 N. Y. S. 2d 505 (1975).

[2] Sanford J. Grossman, Oliver D. Hart, "The Costs and Benefits of Ownership: A Theory of Vertical and Lateral Integration", *The Journal of Political Economy*, 94 (1986), 691~719.

[3] See Barberis, Shleifer, Vishny, "A model of investor sentiment", *Journal of Financial Economics*, 49 (1998), 307~343.

包括了能够享有一定控制权的中小股东。

（三）股东受信义务的规范支撑

有学者认为我国《公司法》第 20 条可作为股东受信义务的一般规定，[1]笔者赞同这一观点，该规则对股东提出了消极性的要求，即"不得滥用股东权利损害公司或者其他股东的利益"，体现了受信义务中忠实义务的规则逻辑。同时，《公司法》第 21 条又将受信义务进一步具体化到"控股股东、实际控制人"身上。以上两条公司法条文虽已初步体现了股东受信义务一般规定的意蕴，但依然不甚完整。在受信义务的积极性要求，亦即注意义务的逻辑性要求方面，缺少了直接的规范基础。观察《公司法》关于公司"董监高"受信义务的规定，仅第 147 条第 1 款对勤勉义务作了概括性的规定，第 147 条第 2 款、第 148 条及第 149 条均为消极性的范式。其中第 147 条第 2 款与第 148 条仅针对忠实义务作出规制，缺少对注意义务的详细规定。可见，现行《公司法》作为对股东受信义务的一般规定是不全面的。但我国规范文件中并非完全缺失可以作为支撑的一般性规范，笔者认为可以将我国证监会发布的《上市公司治理准则》第 63 条作为支撑股东受信义务的概括性规定。

（四）注意义务的不可或缺性

在中小股东足以形成控制的层面，无论是具有差异性表决权而对公司形成控制的股东，还是具有特定股东同意权或一票否决权的股东，均应承担注意义务。一方面，他们在实践中往往兼任公司内职务，如执行或管理的职务，双重的身份使其对决策必然存在一定影响。同时公司其他投资者也是出于对其能够更好发挥不同角色能力的信任，对公司发展持乐观态度才做出的投资行

---

[1] 施天涛：《公司法论》（第 4 版），法律出版社 2018 年版，第 402 页。

为。另一方面，形成控制的股东对公司决议结果具有更大甚至关键性的控制力，既然对公司经营决策实施其控制权具有更大的影响力，对该类股东必然应作出相应高于其他普通股东的注意义务限制，防止其滥权导致各方利益贬损。然而注意义务较难将义务主体行为时或者作出决策时是否尽职和到位进行量化或具体化，但这并不意味着不需要对控制股东的注意义务进行规制。实际上，对股东直接损害公司利益的否定性列举在立法技术层面较易实现，在规则适用过程中，可以借用司法裁判过程中所经常采取的商业判断原则来克服行为界定的困难。

四、股东受信义务的条文完善建议

控制股东相较而言往往具有强势的地位，然而并非总是为公司以及其他股东谋求他们的最大利益。对此，股东受信义务即发挥针对控制股东不当行权进行矫正的作用，其建构对维持公司内各股东的利益平衡十分重要。在现有规范基础上，笔者认为对我国公司法中的股东受信义务应当作出必要的规则完善，主要有以下两个方面的建议：其一，对控制股东的受信义务要求可以类推公司"董监高"对公司的信义义务。其二，对股东受信义务的一般规定可以参照《公司法》第 147 条以及《上市公司治理准则》第 63 条的规定，设计为："控股股东、实际控制人应当遵守法律、行政法规和公司章程，对公司负有忠实义务和勤勉义务，不得利用其控制权损害公司及其他股东的合法权益，不得利用对公司的控制地位谋取非法利益。"

第四节　公司章程防御性条款在规范与实践层面的回应：规则完善建议

一、公司章程防御性条款的规则范式选择

正如《二十国集团/经合组织公司治理原则》（2016年）所言，对特定公司内主体（中小股东）保护的条款选择与最终的设计还是要取决于一定的法律制度。[1]本书通过第二章、第三章对不同类型公司章程防御性条款的讨论，发现公司章程防御性条款已经具有了明显的现行法规范基础，并且无论是在司法实践还是商事实践中均出现了大量案例。由此可见，公司章程防御性条款的存在具有合法性、必要性以及现实性。另外，公司章程防御性条款制度存在于整个公司法体系中，以契约理论与章程自治、股东自治为理论指导，以缺省性规则或引致性规则为规范基础，在商事实践智慧的发挥下，成为利用公司章程自治保护特定股东利益的重要工具。因此，在未来修订我国《公司法》时，应当对公司章程防御性条款制度扩充体系空间与付诸条文规定。

欲确立公司章程防御性条款规则，首先应确定规则范式。具体而言，规范模式在概括性规定范式、列举性规定范式、概括加列举范式，又抑或英美法系立法体例出现的"具体列举加判例创新"模式中应当如何作出选择？

第一，就概括性规定范式来看。一方面，我国现行公司法中的公司章程自治内容较为分散，正所谓"群龙无首"，亟须一定的概括性规定将其聚合，将一般规定作为其体系的核心。另一方

---

[1] 参见《二十国集团/经合组织公司治理原则》（2016年），第25页。

面，一般性的公司章程防御性条款规定能够使其更具包容性，更符合当下我国法律体系法典化发展对规则稳定性的要求。然而，在纯粹的概括性规定下，又难以避免公司章程防御性条款过于抽象化的弊端：一是本已分散于公司法各处的相应规则需要产生关联；二是公司章程防御性条款本身具有极强的实践性，过于抽象的规则会对实践中的规则适用带来一定障碍；三是裁判标准的确定性及司法适用的效率性也会成为突出问题。[1]

第二，就单纯类型化列举的规范模式而言。其优点在于外延具体、明确，便于司法操作。[2]但采取简单列举的形式必然会导致公司章程防御性条款的外延固定化：一方面，与公司契约化理论相矛盾，不符合公司章程防御性条款设计的开放性要求；另一方面，简单列举将公司章程防御性条款固定化为特定类型，伴随市场经济的不断发展创新，趋于僵化的固定类型将难以满足商事实践中千变万化的现实需求。

第三，就纯粹的"具体列举加判例创新"模式来看。鉴于我国的立法权与司法权配置、法治传统以及司法现状等制约前提，可能会产生水土不服的问题。但不可否认的是，优秀的商事案例依然能够为公司章程防御性条款作出有益的指导，指导性的司法判例亦为重要的公司法渊源。

第四，概括加列举的范式。目前民商法学界已基本形成一定共识，即认为该范式在价值判断、政策选择和技术操作方面均具有比较优势，同时也符合我国法典编撰所习惯采取的总分结构，抑或"一般条款加类型化"的体例结构。此外，该范式不仅迎合了当下公司章程防御性条款体系化所需的一般性规定的要求与适用的开放性要求，又能够通过类型化的列举满足司法实践与商事

---

[1] 温世扬、吴昊："论产品责任中的'产品'"，载《法学论坛》2018年第3期。
[2] 温世扬、吴昊："论产品责任中的'产品'"，载《法学论坛》2018年第3期。

实践中的规则实用性需求与适用效率要求。

综上所述，笔者认为公司章程防御性条款的规则范式选择应当采取概括式的一般条款加类型化的列举，同时辅以一定指导性案例，以此保持规则体系的开放性与灵活性。对采取概括式的一般条款加类型化列举范式的公司章程防御性条款应当如何融入我国现行《公司法》中的问题。鉴于现有公司法立法体系已经较为成熟，加之公司章程防御性条款制度本身即建立在现行公司法体系之上。因此，应当避免对《公司法》结构带来较大的变动，考虑将该制度尽可能地融入现有的法律规范中，在对现有规则进行补充与完善的基础上加以建构。

二、公司章程防御性条款的公司法规则完善

现有公司法立法经过多年的实践检验，体系已经稳定，因此应当采取将公司章程防御性条款制度的一般规定融入目前公司股东会决议的一般规定中。又因具体类型相关的条文规范分散于公司法各部分，相应的"列举"范式亦应优先考虑在公司法相应各部分进行补充。因此，本部分也将分开讨论公司章程防御性条款制度的一般规定与具体规则。

（一）公司章程防御性条款的一般规则

公司章程防御性条款制度需要一条总括式的一般性条文规定，从比较法的立法经验来看，《英国2006年公司法》第22条提供了有益的例证，即通过一个条文四个款项将该规则的行为模式、法律效果予以囊括。其一，明确了"满足或遵守比特殊决议所适用更加严格的条件或程序时"的前提。其二，进一步明确章程防御性条款的创制方式为"在公司设立时的初始章程中""在公司存续期间，经全体公司成员（股东）一致同意"。其三，满足其对章程条款修改的条件为"全体公司成员（股东）一致同

意"与"经法院或具有修改公司章程权力之其他部门的命令"的情况。其四,能够导致公司章程特定条款的修改或撤销的法律效果。同样值得借鉴的是《美国标准商事公司法》第7.27节的两款规定,其以独立条文对公司决议通过需要设置更高的"法定人数或投票要求"作出了一般性规定,明确允许公司章程规定更高的决议通过要求;同时,该节第2款亦规定了对前款规定作出调整的行为模式。通过这两则立法例,我们可以总结出以下规则设计思路:

首先,规则在体系中的位置。比较法上对公司章程防御性条款的一般规定往往被放置于公司决议相关规则的一般规定下。如英国立法例为公司章程的修改或撤销,美国立法例为公司决议的通过条件。其次,一般规则的结构特征。比较法上均将重点放在对法律效果的规定上,而对具体公司章程如何进行调整并不作详细规定,如美国立法例仅规定的"更高的法定人数或者投票要求",英国立法例规定的"更加严格的条件或程序",即交由公司章程具体调整,而法律仅设置边界。最后,规则自身的创制和消灭。以上立法例亦均对公司章程防御性条款本身的创制和消灭(修改)作出了明确的规定,从而构成了公司章程防御性条款一般规定的完整闭环。

上述两则立法例为我国公司章程防御性条款的一般规定提供了宝贵的借鉴思路。除此之外,因公司章程防御性条款制度的开放性要求,在一般规定中,应当为其制度发展预留出空间,因此兜底条款的设置尤为必要。正是基于这一思路以及前文的研讨,秉承对现行规则进行完善补充而非不必要再创制新法条的前提,笔者认为可以对我国现行《公司法》第43条和第103条进行扩充完善,形成公司章程防御性条款的一般规则。具体而言,可在第43条、第103条添加第3款规定:公司章程对股东会的议事方式、表决程序、决议事项及其他公司决议相关程序具有更严格规定的，从其规定。

(二) 公司章程防御性条款的具体规则

公司章程防御性条款规则体系的深化不仅是基于一般性的规定，还应囊括散布于公司法体系各部分的"对股东会的议事方式、表决程序、决议事项及其他公司决议相关程序"进行公司章程自治调整的规则。本书第二章、第三章对相应的公司章程防御性条款规则进行了实然与应然层面的研究。出于最大限度地维护现有公司法的体系与结构的考虑，具体规则的设计应以现有规则条文为依托，在现有规则基础上能够利用法释义学方法延伸出防御性条款规则的，不予调整；反之，则作必要的完善。

1. 股东会召集权的具体规则完善

关于股东会召集权，现行《公司法》的规范主要有第38条、第90条第1款、第39条第2款、第100条第3项、第40条第3款和第101条第2款。根据前文的讨论，笔者将股东会召集权作出了类型化的分类：以股东会的召集事由为标准，将其分为首次股东会会议、定期股东会会议、临时股东会会议；以会议召集权的权利性质为标准，分为单独股东权与少数股东权；以股东会召集权的内容为标准，分为股东会的自行召集权和适格股东的会议召集请求权。基于以上类型化分类，笔者以首次股东会会议、定期股东会会议、临时股东会会议的召集权为主，其他两种分类标准为辅对公司章程防御性条款的设计边界问题进行了研究，由此也回应了相应召集权规则设计的应然状态。

首先，在首次股东会召集权下，对于能否完全限制抑或剥夺出资最多的股东首次股东会召集权，在有限责任公司中能否赋予其他股东首次股东会召集权两项问题的回答均为肯定答案，公司章程对此存在自治性调整的空间。进一步来说，其规则的完善思

第四章　公司章程防御性条款运用的检视与回应

路应是：允许在公司发起人股东的范围内行使首次股东会召集权，同时在有限责任公司中，出资最多的股东具有优先的首次股东会召集权，而其他发起人股东享有的为召集请求权，在召集请求权难以得到实现并且利益受损时赋予其一定补救措施，如次生自行召集权或请求法院指令召开首次股东会。因此对《公司法》第38条的条文完善为："首次股东会会议原则上由出资最多的股东召集和主持，依照本法规定行使职权。经全体股东以书面形式一致表示同意的，可另行指定发起人。相应股东不能召集或不召集的，可由法院指定召集首次股东会会议。"而第90条第1款中的召集权人往往并不会因范围限缩过小而导致无法召集首次股东会，因此无须再作进一步调整。

其次，在定期股东会召集权下，对于能否剥夺定期股东会召集权，答案应是否定的。因为召集权的剥夺违背少数股东权的制度安排。就能否调整行使召集权的持股比例与持股期限要求而言，其结论是：允许通过公司章程防御性条款对行使召集权的持股比例以及持股期限进行更严格或更宽松的调整。而关于能否调整召集权行使的前置程序方面，笔者认为亦应允许公司章程设置防御性条款以在不同情形下，进行公司利益与相关主体利益的保护。由此，在对定期股东会召集权相对应的现行《公司法》条文完善方面，可在第40条第3款后增加相应的内容："但是，公司章程另有规定或者全体股东另有约定的除外。"第101条第2款后增加："但是，公司章程对股东自行召集和主持另有规定的除外。"

最后，在临时股东会召集权下，针对能否剥夺临时股东会召集权与能否调整召集权行权要求的问题，前者的回答是否定的，后者则是可以通过公司章程规定更高的持股比例或持股期限要求的，甚至法律规范可以设置最高的行权要求界限。就能否调整召集权行使的前置程序而言，公司章程对临时股东会召集权前置程序的调整是存在自治空间的。因此，其规范完善应当对《公司法》第39条第2款末尾增加："但是，公司章程另有规定的除外。"第100条则可以对第6项进行扩充："（六）公司章程规定的其他情形，若非为对公司经营产生重大影响的事项，公司章程可以设置会议间隔期限。"

2. 股东提案权的具体规则完善

当下我国《公司法》对股东提案权的规定较为单薄，仅于第102条第2款对股东的临时提案权的行使作出了规定。鉴于提案权构成独立性的制度，笔者将提案权制度的组成规则分为主体资格要求、提案内容要求、提案排除规则（提案权审查规则）和提案权相关程序性规定四个部分来进行研究，并结合比较法与司法、市场实践对以下问题进行了回应。对于能否通过意思自治完全取消行权持股比例的要求，即能否将股东提案权由少数股东权转变为单独股东权的问题，结论是否定的。对于能否调整提案权主体资格要求而言，笔者认为应当允许公司章程就股东提案权主体资格要求进行自治性规定，通过设置防御性条款以平衡与增强对公司整体与中小股东的利益保护。在提案排除规则与提案权程序的设置方面，可参考比较法上的经验，在提案内容、提案数量、提案字数限制、提案提交期限、相同提案间隔期间等方面作出更具体的规定，并保持相应的开放性，允许公司章程进一步予以调整。因此，参考美德日的立法经验，参照我国《公司法》第43条的规范形式，在我国《公司法》第102条的基础上对我国股东提案权制度规则进行扩充，即在《公司法》第102条第2款之后增加："公司章程对提案内容、提案数量、提案字数限制、提案提交期限、相同提案间隔期间，除本法有规定的外，由公司章程规定。"

第四章 公司章程防御性条款运用的检视与回应

3. 股东表决权的具体规则完善

我国《公司法》对股东表决权的一般规定见第42条和第103条第1款。然而这并非股东表决权的全部规则,前文通过法释义学的方法对我国现行法规范进行检视,发现我国股东表决权制度体系发展的实体规则,包括表决权的归属、表决权的排除、表决权的配置和表决权的二次配置四个方面。

第一,表决权的归属。通过公司内部以及外部关系对表决权归属的影响分析,笔者认为不应当采取美国公司法因外部主体存在内部化可能而直接赋予其表决权的模式,表决权应当仅归属于公司股东,因此第42条前半部分与第103条第1款前半部分关于表决权行权主体的内容无须作出调整。

第二,表决权的排除。我国《公司法》对于表决权排除的规定较为分散,其第16条第3款、第21条第1款、第124条和第103条第1款分别对公司股东或者实际控制人提供担保、关联关系和公司持有的本公司股份三个方面的原因事项进行了规定。以上规范不存在一般性的表决权排除规则,同时表决权排除的适用事项范围较窄,缺乏灵活性。笔者认为,就能否对表决权直接剥夺而言,在缺乏正当事由的情况下不能直接通过公司决议或者公司章程修改的形式对股东表决权进行剥夺。就表决权的放弃而言,股东能够享有放弃其表决权的权利,但是仍然需要受到一定的限制,而这一限制虽无现行法规则,但可交由公司章程自治解决。在关联关系的进一步修正问题上,应当明确只有其关联行为有损于公司整体利益或对小股东权利造成实质性剥夺时,才应对其表决权进行排除。所谓具体的排除事项,应当允许公司根据自身情况作出调整,在调整表决权排除的原因事项方面,应当扩大公司章程自治的空间,发挥股东表决权排除原因事项的自治能动性。因此,鉴于表决权排除的一般性规则需求以及排除原因事项的开放性需要，可以参考《德国股份公司法》第136条的规范形式，于我国《公司法》第16条第3款之后新增一条表决权排除的规定："股东表决权的排除，除本法有规定的外，由公司章程规定。股东依据前款规定不能行使表决权的，也不能通过他人行使表决权。"而其他现有法条则无须作出修改。

第三，表决权的配置。我国《公司法》关于表决权配置的现行规则基础为第131条，该规则并未就表决权配置作出实质性的规定，而是引致国务院未来颁布的相应规范。因此，对表决权配置的规则完善，笔者就以下问题作出必要回应：在表决权配置架构的意定或法定模式选择方面，笔者支持法定主义的表决权配置股份安排，同时认为有必要对特殊股作出一定的限制，包括但不限于特别表决权股份拥有的表决权数量与普通股份拥有的表决权数量的比例安排，以及特殊股的转让限制。在表决权配置架构的规则适用时间方面，对公众公司作出限制，应在公司首次公开招股前设置差异性的表决权配置结构。在表决权配置架构的规则适用领域方面，当下规则严格限定差异性表决权配置架构的适用领域是有必要的，但是更为宽松的规则自治空间也是可期的。在表决权配置架构的规则适用设计事项方面，应当允许公司章程对特殊表决权的适用事项作出限定或调整。因此，与表决权配置相关的《公司法》规范完善，可以适当引致《科创板上市规则》第2.1.4条以及第4.5.1条至第4.5.14条总共14个条文对上述问题的回应。

第四，表决权的二次配置。我国《公司法》对表决权的二次配置的规定表现为：第71条针对有限责任公司的股权转让设置了允许章程自治的缺省性规定，但第141条对股份有限公司则采取了反面列举的形式进行规定，并无自治空间。此外，第106条亦对二次配置下的表决权代理作出了规定，同样亦无提及章程自

第四章 公司章程防御性条款运用的检视与回应

治。前文将表决权的二次配置类型化为表决权的物权性流转即转让与信托和债权性流转即委托、寄托、代理等。通过规范与实证两方面研讨得出表决权二次配置边界的确定，应当考察原权利人或源权利人是否依然具有对表决权的控制，并综合考量是否存在表决权二次配置的对价、期限以及是否存在未来股份变动的过渡期安排、是否存在规避监管的行为。在调整被授权主体的资格限制方面，可以通过公司章程作出四个方面的限制：身份限制、被授权的表决权数额限制、被授权主体的总数限制和代理权授予的限制。在调整对授权期限的限制方面，不但应当设置一定的期限，还应当限定最长授权期限。对于能否限制二次配置下的表决权行使形式，公司章程可以设置对表决权行使形式的限制。综上，笔者认为，就表决权二次配置的《公司法》规则的完善，可对第141条第2款最后一句进行补充："公司章程可以对公司董事、监事、高级管理人员转让或以其他方式流转其所持有的本公司股份作出其他限制性规定。"对第106条亦进行补充："股东可以委托代理人出席股东大会会议，代理人应当向公司提交股东授权委托书，并在授权期限与授权范围内行使表决权。"并新增第2款："公司章程对授权主体资格、授权最长期限、行权形式等作出限制性规定的，从其规定。"

4. 表决权比例调整的具体规则完善

前文通过类型化的方法对公司股东会的议事规则，亦即决议通过要求作了相应的分类：其一为对决议通过比例的调整，其中又包括了纯粹的比例调整（提高）以及将一般决议事项上升为特别决议事项；其二是对股东会的定足数进行的调整。

其一，对决议通过比例的调整。我国《公司法》第43条和第103条、第104条、第121条分别就有限责任公司以及股份有限公司，基于不同决议事项的决议通过所需的表决权比例作出了规定。通过多数决原则下股东利益保护的逻辑论证，公司章程可通过调整范围内决议通过比例来实现保护非控制股东的利益的目的。另外，通过对相关规则的观察，笔者发现第104条和第121条所列举的特别决议事项并非对特别决议事项本身的范围作出的必然限定，因此决议事项的边界应是具有一定自治空间的。通过进一步对特别决议事项的扩张边界探索，笔者发现越是与股东收益权和参与权联系紧密的决议事项，越具有作为特别决议事项的资格。因此，可以在《公司法》第103条第2款末尾作出进一步的完善补充："股东大会特别决议事项，除本法有规定的外，可以由公司章程规定。"另外，第43条不必作出修改，因其本身已允许开放性的公司章程自治。而第104条和第121条仅为特别决议事项的列举，亦无须作出调整。

其二，对会议定足数的调整。我国《公司法》并没有对定足数作出规定，但是最高人民法院《公司法规定（四）》第5条第3项首次提及了"出席会议的人数"，为定足数的公司章程自治开辟了崭新的道路。经研究，对于股东会决议定足数的计算基数设计，笔者认为以出席股东所代表的表决权所占全体表决权的一定比例为标准进行的设计更妥适。在定足数规范模式选择与定足数要求设计方面，应当由法律给出最低定足数的要求，允许公司章程在此基础上进行自治性规定。对于定足数的确定时间，定足数仅须在会议开始时得到满足，即使中途有人退席也并不影响会议的继续进行以及会议决议的有效性。因此，有必要在《公司法规定（四）》第5条第3项的基础上完善股东会决议定足数的规则，具体可参考美国《特拉华州普通公司法》第216条的规定，单独设置一个条文："除本法另有规定外，股东会召开时法定人数代表的股份都不得低于有会议表决权的股份的1/3。"由于《公司法规定（四）》第5条第3项已明确出席会议的人数允许公司

第四章 公司章程防御性条款运用的检视与回应

章程进行规定,因此不必要再进行修改或补充。

5. 会议表决机制的具体规则完善

在会议表决机制方面,本书将其分为拆分表决权型规则、类别表决机制型规则以及特定股东同意型规则三个子类别,并分别展开研讨。

第一,拆分表决权型规则。我国《公司法》并没有直接对表决权的拆分行使作出规定,仅根据第103条可以确定表决权依附于股份而非股东身份,但《上市公司股东大会规则》第36条禁止境内公司的表决权的拆分行使。由此,本书对拆分表决的规则正当化进行回应,认为应归还原本公司法对商事主体所预留的空间,允许公司通过其章程进行规制,又或者选择仅为缺省性规定的立法模式。就拆分表决的规则设计目的而言,应将拆分表决的适用限定为出于"便利"需求的满足而持有他人股份的主体。表决权的必要行权程序方面,应当允许公司章程对拆分行权的通知时间、通知形式以及公司的审查作出相应的规定。因此,可以有条件地放开表决权的拆分行使,即出于满足"便利"需求而持有他人股份的情况下,允许公司章程设置相应的条款进行规制,具体可以参考《到境外上市公司章程必备条款》第68条进行新增条文设计:"股东在同时持有他人股份进行表决时,不必把所有表决权全部投赞成票或者反对票,允许按照实际权利人的意愿进行投票。但是,公司章程另有规定的除外。"

第二,类别表决机制型规则。我国《公司法》虽然在第131条授权了国务院对种类股另行规定的空间,但是既没有对种类股作出直接规定,也没有对相对应的类别股东会作出规定。规制类别股以及类别股东会的规则在我国更多的是反映在优先股的一系列规定中。笔者认为,在类别股东会表决的程序规则方面,应当与普通股东会适用相同的程序性规定,也可以进行相同的保护类别股东利益的章程条款设计,如会议定足数的要求、会议决议的通过条件调整等。类别股东会决议事项的确定方面,首先对决议通过条件应设置为绝对多数决的形式,并允许公司章程设置更多的具体事项。其次,类别股东会决议事项的确定应采概括加列举的规范模式,并将决议事项分为四类进行列举:一是变更公司章程中关于优先股股东权利内容的规定;二是创设有优先于某种优先股权利内容的优先股,或扩大其优先权;三是公司根本性结构变化;四是公司根本性业务变化。因此,对于类别表决机制或类别股东会的规则(程序性)创设,则可以直接参考套用《优先股试点管理办法》第10条和第45条的规定进行增设。

  第三,特定股东同意型规则。我国《公司法》并没有直接对股东会决议的特定股东同意型规则作出规定,但从第34条的规则中可以解读出与特定股东同意规则相同逻辑内里的一票否决权机制。就特定股东同意型规则与其公司决议通过的要求,笔者认为:首先,特定股东所需行使"同意权"的决议事项应当满足公司法、公司章程对决议多数决或超级多数决的要求。其次,拥有一票否决权的股东,其表决权在决议中应当合并计入并适用多数决原则。最后,除非怠于行权的股东所持的股份所承载的表决权将导致公司无法满足作出有效决议的通过比例要求,否则纯粹地未行使其特定股东同意权并不导致公司无法作出有效决议。就特定股东同意机制的行权设定而言,一方面,特定股东同意机制的权利主体范围应当受到限制,且公司章程可以将一定范围内的股东划为一个集合体,通过多数决或特别多数决的方式共同行使一项一票否决权。另一方面,特定股东同意权应当存在存续期限的设定。综上,就特定股东同意型规则条文的补充完善,《公司法》第34条通过扩张解释已经对有限责任公司下的特定股东同意规则放开了自治性的空间。对于股份有限公司而言,根据广东省人民政府《关于深化省属国有企业改革的实施方案》第2条第4款"按照约定对特定事项行使否决权"的规定,允许公司章程就特定股东对特定决议事项具备特定同意权进行设置,但是因上市公司或对国计民生具有重大影响的国有控股企业具有较大的社会影响力,且与国家政策联系紧密,笔者认为完全市场化的放开时机并不完全成熟,建议参照《公司法》第131条仅作出引致性的规定:"国务院可以对公司章程设置特定股东对特定股东会决议事项行使否决权,另行作出规定。"

6. 会议议事方式的具体规则完善

在会议议事方式的调整规则方面,本书主要就股东会通知的调整以及具体的议事方式的调整两个类别来进行研讨。

第一,股东会通知的调整规则。我国现行《公司法》第22条第2款的条文释义可以解读出允许公司章程对股东大会的会议召集程序进行自治性规则建构,《公司法》第41条第1款对有限责任公司股东会的"通知"作出了规定,并在其但书中明确说明公司章程能够"另有规定"。然而第102条对股份有限公司的规定,则较为严格,并未赋予其章程直接的自治性空间。由此,笔者以召集通知对象、召集通知方式(形式)以及召集通知期间三个方面的内容为考察对象,得出公司章程对股东会的召集程序具有实效意义的调整内容为召集通知方式(形式)以及召集通知期间两个主要方面。就通知形式而言,应当允许公司章程根据公司、股东对信息公布与接收能力进行相应的自治性设置。就通知期间而言,应当允许在满足公司法最短通知期限的要求上,进行更长的章定通知期间设定,同时允许章程设置期间上限。因此可以在以下方面改进现有法律规范:就《公司法》第41条的完善,可在其第1款与第2款中间新增一款内容:"公司章程对通知的方式有规定的,从其规定。"对于《公司法》第102条,可在其第 1 款后进行补充："但是，公司章程对通知方式另有规定的，以及对通知期间有更长规定的，从其规定。"而《公司法》第 22 条则无须再进行修改。

第二，具体的议事方式调整规则。现行《公司法》第 37 条第 2 款就有限责任公司的书面形式的公司决议，亦即一致同意规则作出了规定。对股份有限公司而言，该规则的适用空间是有限的，仅在为非上市公司且同时满足对股东固有权非实质性剥夺以及公司运营效率的两个条件时适用。进一步就其规则建构而言，在适用主体方面，规定为一般有限责任公司以及非公众性质的股份有限公司。而适用例外，亦即对书面决议的一致同意规则的非实质性突破问题。笔者认为出于对股东固有权的保护，设置书面决议规则的公司，原则上其一致同意规则的底线是不能被突破的。在决议事项的范围方面：其一，对非重大事项（非特别决议事项）的实质性调整，允许公司章程列举相应的事项；其二，允许公司章程就公司重大事项（特别决议事项或其他对公司及其股东产生重大影响的事项）作出适用规定。此外，对于该规则的其他程序性事项，应当允许公司章程作出更细致的规定，如就采取书面决议的议事期间或期限作出规定、明确书面决议的不可撤回性等。因此，就《公司法》第 37 条第 2 款的完善，可在其条文后面补充："公司章程对书面形式决议有规定的，从其规定。"同时，《公司法》第四章第二节亦可复制第 37 条的内容，除了在其条文后面补充"公司章程对书面形式决议有规定的，从其规定"，还可补充"不适用于上市公司"的后缀。

参考文献

一、中文文献

（一）著作类

[1] 蔡立东：《公司自治论》，北京大学出版社2006年版。
[2] 曹巍：《公司法人治理结构研究》，知识产权出版社2010年版。
[3] 梁慧星主编：《民商法论丛》（第2卷），法律出版社1994年版。
[4] 邓峰：《普通公司法》，中国人民大学出版社2009年版。
[5] 杜万华主编，最高人民法院民事审判第二庭编著：《最高人民法院公司法司法解释（四）理解与适用》，人民法院出版社2017年版。
[6] 范健、蒋大兴：《公司法论》（上卷），南京大学出版社1997年版。
[7] 范健、王建文：《公司法》（第5版），法律出版社2018年版。
[8] 葛伟军：《英国公司法要义》，法律出版社2014年版。
[9] 黄茂荣：《法学方法与现代民法》（第5版），法律出版社2007年版。
[10] 江平主编：《公司法教程》，法律出版社1987年版。
[11] 蒋大兴：《公司法的展开与评判：方法·判例·制度》，法律出版社2001年版。
[12] 雷兴虎主编：《公司法新论》，中国法制出版社2001年版。
[13] 李维安、郝臣编著：《公司治理手册》，清华大学出版社2015年版。
[14] 刘俊海：《股份有限公司股东权的保护》，法律出版社1997年版。
[15] 刘俊海：《股份有限公司股东权的保护》（修订本），法律出版社2004年版。

［16］刘俊海：《现代公司法》（第3版），法律出版社2015年版。
［17］安建主编：《中华人民共和国公司法释义》，法律出版社2005年版。
［18］施天涛：《公司法论》（第3版），法律出版社2014年版。
［19］施天涛：《公司法论》（第4版），法律出版社2018年版。
［20］宋燕妮、赵旭东主编：《中华人民共和国公司法释义》，法律出版社2019年版。
［21］孙笑侠：《程序的法理》，商务印书馆2005年版。
［22］孙英：《公司章程效力研究》，法律出版社2013年版。
［23］王保树：《商法总论》，清华大学出版社2007年版。
［24］王红一：《公司法功能与结构法社会学分析——公司立法问题研究》，北京大学出版社2002年版。
［25］王利明：《合同法研究》（第3卷），中国人民大学出版社2012年版。
［26］王文宇：《民商法理论与经济分析》（二），中国政法大学出版社2003年版。
［27］王欣新：《公司法》（第3版），中国人民大学出版社2016年版。
［28］王泽鉴：《民法总则》（增订版），中国政法大学出版社2001年版。
［29］吴建斌：《最新日本公司法》，中国人民大学出版社2003年版。
［30］叶林：《公司法研究》，中国人民大学出版社2008年版。
［31］叶林主编：《公司法原理与案例教程》，中国人民大学出版社2010年版。
［32］张民安：《公司法上的利益平衡》，北京大学出版社2003年版。
［33］赵旭东主编：《公司法学》（第2版），高等教育出版社2006年版。
［34］赵旭东主编：《新公司法讲义》，人民法院出版社2005年版。
［35］周友苏主编：《上市公司法律规制论》，商务印书馆2006年版。
［36］周友苏：《新公司法论》，法律出版社2006年版。
［37］朱慈蕴：《公司法原论》，清华大学出版社2011年版。
［38］"公司法修改"研究小组编写：《中国公司法修改草案建议稿》，社会科学文献出版社2004年版。
［39］龚群：《罗尔斯的政治哲学》，商务印书馆2006年版。

（二）论文类

[1] 巴曙松、巴晴："双重股权架构的香港实践"，载《中国金融》2018 年第 11 期。

[2] 曹清清、金剑锋："上市公司股东提案权的章程表达——对 202 家上市公司章程的实证考察"，载《证券法苑》2017 年第 2 期。

[3] 曹玉贵："股东积极主义的历史演进及其动因分析"，载《华北水利水电学院学报（社会科学版）》2005 年第 4 期。

[4] 常健："股东自治的基础、价值及其实现"，载《法学家》2009 年第 6 期。

[5] 常健："论公司章程的功能及其发展趋势"，载《法学家》2011 年第 2 期。

[6] 陈景伟："论股东固有权的权利性质"，载《理论界》2017 年第 9 期。

[7] 陈景伟："有限公司股东固有权探析"，载《行政与法》2018 年第 1 期。

[8] 陈曼："论公司法对中小股东权益的保护"，中国社会科学院研究生院 2013 年硕士学位论文。

[9] 陈尚前："西方机构法人股东的兴起及其启示"，载《外国经济与管理》1998 年第 3 期。

[10] 程兵、于毅："公司股东的股东会召集权之完善"，载《特区经济》2010 年第 11 期。

[11] 崔勤之："对我国公司治理结构的法理分析"，载《法制与社会发展》1999 年第 2 期。

[12] 邓峰："股东表决权信托制度研究"，湖南大学 2005 年硕士学位论文。

[13] 邓莉、张宗益、李宏胜："银行债权的公司治理效应研究——来自中国上市公司的经验证据"，载《金融研究》2007 年第 1 期。

[14] 范健："民法典编纂背景下商事立法体系与商法通则立法研究"，载《中国法律评论》2017 年第 1 期。

[15] 范健："我国《商法通则》立法中的几个问题"，载《南京大学学报（哲学·人文科学·社会科学）》2009 年第 1 期。

[16] 范黎红："大股东滥用资本多数决进行增资扩股的司法介入"，载《法学》2009 年第 3 期。

[17] 冯果、李安安：“投资者革命、股东积极主义与公司法的结构性变革”，载《法律科学（西北政法大学学报）》2012年第2期。

[18] 郭富青：“公司创制章程条款研究”，载《比较法研究》2015年第2期。

[19] 韩铁：“试论美国公司法向民主化和自由化方向的历史性演变”，载《美国研究》2003年第4期。

[20] 何自荣：“论法律中的利益衡平”，载《昆明理工大学学报（社会科学版）》2008年第10期。

[21] 洪源：“上市公司投票权征集的法律问题分析”，载《中国审计》2003年第20期。

[22] 黄辉：“对公司法合同进路的反思”，载《法学》2017年第4期。

[23] 黄臻：“双层股权结构下如何完善公司监督机制”，载《南方金融》2015年第9期。

[24] 简泽：“银行债权治理、管理者偏好与国有企业的绩效”，载《金融研究》2013年第1期。

[25] 江平：“公司法与商事企业的改革与完善（五）”，载《中国律师》1999年第6期。

[26] 蒋大兴：“公司法中的合同空间——从契约法到组织法的逻辑”，载《法学》2017年第4期。

[27] 蒋学跃：“上市公司表决权委托问题研究”，载《证券市场导报》2018年第5期。

[28] 蒋雪华：“征集代理投票权的相关问题分析”，载《天津法学》2015年第4期。

[29] 焦丽莎：“ofo一票否决权真相”，载《互联网经济》2019年第Z1期。

[30] 李博翔、吴明晖：“论股东表决权征集制度的立法完善”，载《证券法苑》2017年第2期。

[31] 李洪健：“同股同权规则的再释义与我国公司股权结构改革”，载《西南政法大学学报》2018年第5期。

[32] 李荣：“我国提案制度的缺陷与完善——兼论新《公司法》第103条第2款”，载《社会科学研究》2006年第6期。

[33] 李颖："优先股试点背景下的类别股东表决制度研究"，载《公民与法（法学版）》2016年第8期。

[34] 梁上上、[日]加藤贵仁："中日股东提案权的剖析与借鉴——一种精细化比较的尝试"，朱大明部分翻译，载《清华法学》2019年第2期。

[35] 梁上上："利益的层次结构与利益衡量的展开——兼评加藤一郎的利益衡量论"，载《法学研究》2002年第1期。

[36] 梁上上："制度利益衡量的逻辑"，载《中国法学》2012年第4期。

[37] 刘胜军："论类别股东会"，载《商事法论集》2014年第1期。

[38] 刘胜军："论我国上市公司股东提案权——以美国法为借鉴"，载《河北法学》2016年第9期。

[39] 楼秋然："《公司法》第20条中'滥用股东权利'规定的理论与实践"，载《西部法学评论》2016年第3期。

[40] 罗培新："公司法强制性与任意性边界之厘定：一个法理分析框架"，载《中国法学》2007年第4期。

[41] 罗培新："公司法学研究的法律经济学含义——以公司表决权规则为中心"，载《法学研究》2006年第5期。

[42] 缪剑文："公司运作的司法程序保障初探"，载《法学》1998年第5期。

[43] 钱玉林："公司章程对股权转让限制的效力"，载《法学》2012年第10期。

[44] 钱玉林："股东大会决议的法理分析"，载《法学》2005年第3期。

[45] 钱玉林："作为裁判法源的公司章程：立法表达与司法实践"，载《法商研究》2011年第1期。

[46] 钱玉林："作为法源的公司章程：立法表达与司法实践"，载《中国商法年刊》2010年第0期。

[47] 邱永红："股权分置改革中的若干疑难法律问题研究"，载《证券市场导报》2006年第3期。

[48] 任尔昕："关于我国设置公司种类股的思考"，载《中国法学》2010年第6期。

[49] 沈朝晖："公司类别股的立法规制及修法建议——以类别股股东权的

法律保护机制为中心",载《证券法苑》2011年第2期。

[50] 沈永锋、崇雨晨:"一票否决权如何毁了 ofo?",载《董事会》2019年第Z1期。

[51] 沈占明:"试论信托的本质",载《河北法学》1998年第3期。

[52] 石纪虎:"股东大会制度法理研究",西南政法大学2010年博士学位论文。

[53] 石少侠:"论股东诉讼与股权保护",载《法制与社会发展》2002年第2期。

[54] 史际春:"企业、公司溯源",载王保树主编:《商事法论集》(第1卷),法律出版社1997年版。

[55] 覃有土、陈雪萍:"表决权信托:控制权优化配置机制",载《法商研究》2005年第4期。

[56] 唐军:"股东一票否决权探究",载《经济法论丛》2018年第2期。

[57] 汪青松:"论股份公司股东权利的分离——以'一股一票'原则的历史兴衰为背景",载《清华法学》2014年第2期。

[58] 汪青松:"一元股东权利配置的内在缺陷与变革思路",载《暨南学报(哲学社会科学版)》2016年第8期。

[59] 王爱军:"论公司章程的法律性质",载《山东社会科学》2007年第7期。

[60] 王柏青:"股东会召集制度研究",山东大学2005年硕士学位论文。

[61] 王桂珍:"上市公司关联股东表决权限制制度研究——以中国证监会对四环药业股份有限公司处罚为例",暨南大学2010年硕士学位论文。

[62] 王建文、孙清白:"论公司章程防御性条款的法律效力",载《南京师大学报(社会科学版)》2014年第5期。

[63] 王建文、孙清白:"论公司章程之'全体股东一致同意条款'的法律效力",载《法学杂志》2018年第12期。

[64] 王建文:"论特定股东同意型防御性条款的规制模式与法律效力",载《政治与法律》2017年第3期。

[65] 王建文:"论我国引入公司章程防御性条款的制度构造",载《中国法

学》2017 年第 5 期。
[66] 王湘淳："公司限制股权：为何正当，如何判断？"，载《西南政法大学学报》2017 年第 5 期。
[67] 王妍："非公司企业为什么会兴起——公司的局限及其法律制度检视"，载《法学论坛》2015 年第 3 期。
[68] 温世扬、廖焕国："公司章程与意思自治"，载王保树主编：《商事法论集》(第 6 卷)，法律出版社 2002 年版。
[69] 温世扬、吴昊："论产品责任中的'产品'"，载《法学论坛》2018 年第 3 期。
[70] 吴建斌："合意原则何以对决多数决——公司合同理论本土化迷思解析"，载《法学》2011 年第 2 期。
[71] 吴三强："日本公司治理中的外国对冲基金股东积极主义辨析"，载《现代日本经济》2015 年第 5 期。
[72] 伍坚："股东提案权制度若干问题研究"，载《证券市场导报》2008 年第 5 期。
[73] 肖海军、危兆宾："公司表决权例外排除制度研究"，载《法学评论》2006 年第 3 期。
[74] 肖和保："股东提案权制度：美国法的经验与中国法的完善"，载《比较法研究》2009 年第 3 期。
[75] 肖金锋："上市公司股东提案权制度研究"，载《证券法律评论》2014 年第 0 期。
[76] 徐浩："股东会、董事会职权的兜底条款质疑"，载《北方法学》2010 年第 6 期。
[77] 徐子桐："ST 宏智'双头董事会'案评析"，载《法学》2004 年第 5 期。
[78] 许可："股东会与董事会分权制度研究"，载《中国法学》2017 年第 2 期。
[79] 余倩倩："公司章程相对必要记载事项研究"，中国政法大学 2012 年硕士学位论文。
[80] 俞广君："事实上的类别股与'同股同权'的理解偏差"，载《金融法苑》2015 年第 2 期。

[81] 张舫:"美国'一股一权'制度的兴衰及其启示",载《现代法学》2012年第2期。

[82] 张舫:"一股一票原则与不同投票权股的发行",载《重庆大学学报(社会科学版)》2013年第1期。

[83] 张景峰:"论公司法的基本原则",载《河南师范大学学报(哲学社会科学版)》2002年第3期。

[84] 张清平:"论剩余索取权和剩余控制权的分配",载《湖北社会科学》2002年第9期。

[85] 张维迎:"所有制、治理结构及委托—代理关系——兼评崔之元和周其仁的一些观点",载《经济研究》1996年第9期。

[86] 张亦春、李晚春、彭江:"债权治理对企业投资效率的作用研究——来自中国上市公司的经验证据",载《金融研究》2015年第7期。

[87] 仲继银:"选秀,但更'筛劣'——机构投资者如何评估上市公司的治理",载《董事会》2007年第5期。

[88] 周剑龙:"中国股东大会制度的改革与完善",载《法学评论》2005年第2期。

[89] 周琳:"股东大会出席定足数之探讨",载《内蒙古科技与经济》2005年第15期。

[90] 周小川:"资本市场的多层次特性",载《金融市场研究》2013年第8期。

[91] 朱慈蕴、[日]神作裕之:"差异化表决制度的引入与控制权约束机制的创新——以中日差异化表决权实践为视角",段磊部分翻译,载《清华法学》2019年第2期。

[92] 朱慈蕴、沈朝晖:"类别股与中国公司法的演进",载《中国社会科学》2013年第9期。

[93] 朱慈蕴:"公司章程两分法论——公司章程自治与他治理念的融合",载《当代法学》2006年第5期。

[94] [日]中野正俊:"股东表决权的信托行使",漆丹译,载《经济法论丛》2003年第2期。

（三）译著类

[1]［德］迪特尔·梅迪库斯：《德国民法总论》，邵建东译，法律出版社2001年版。

[2]［德］格茨·怀克、克里斯蒂娜·温德比西勒：《德国公司法》（第21版），殷盛译，法律出版社2010年版。

[3]［德］斯蒂芬·沃依格特：《制度经济学》，史世伟等译，冯兴元、史世伟统校，中国社会科学出版社2016年版。

[4]［古希腊］亚里士多德：《形而上学》，吴寿彭译，商务印书馆1959年版。

[5]［英］艾利斯·费伦：《公司金融法律原理》，罗培新译，北京大学出版社2012年版。

[6]［韩］郑燦亨：《韩国公司法》，崔文玉译，上海大学出版社2011年版。

[7]［美］道格拉斯·C.诺思：《制度、制度变迁与经济绩效》，杭行译，韦森译审，格致出版社、上海三联书店、上海人民出版社2014年版。

[8]［美］弗兰克·伊斯特布鲁克、丹尼尔·费希尔：《公司法的经济结构》（中译本第2版），罗培新、张建伟译，北京大学出版社2014年版。

[9]［美］肯尼思·约瑟夫·阿罗：《社会选择：个性与多准则》，钱晓敏、孟岳良译，首都经济贸易大学出版社2000年版。

[10]［美］拉里·E.利伯斯坦：《非公司制组织的兴起》，罗培新译，法律出版社2018年版。

[11]［美］莱纳·克拉克曼等：《公司法剖析：比较与功能的视角》（第2版），罗培新译，法律出版社2012年版。

[12]［美］罗伯特·W.汉密尔顿：《美国公司法》（第5版），齐东祥组织翻译，法律出版社2008年版。

[13]［美］曼瑟尔·奥尔森：《集体行动的逻辑》，陈郁、郭宇峰、李崇新译，格致出版社、上海三联书店、上海人民出版社1995年版。

[14]［日］北川善太郎：《日本民法体系》，李毅多、仇京春译，科学出版社1995年版。

[15]［日］大塚久雄：《股份公司发展史论》，胡企林等译，朱绍文校，中国人民大学出版社2002年版。

［16］［日］堀口亘：《会社法》，国元书房1984年版。

［17］［日］末永敏和：《现代日本公司法》，金洪玉译，人民法院出版社2000年版。

［18］［日］森田章：《公开公司法论》，黄晓林编译，中国政法大学出版社2012年版。

［19］［日］我妻荣等编：《新法律学辞典》，董璠舆等译校，中国政法大学出版社1991年版。

［20］吴日焕译：《韩国公司法》，中国政法大学出版社2000年版。

［21］葛伟军译注：《英国2006年公司法》（第3版），法律出版社2017年版。

［22］刘俊海译：《欧盟公司法指令全译》，法律出版社2000年版。

［23］沈四宝编译：《最新美国标准公司法》，法律出版社2006年版。

［24］中国证券监督管理委员会组织编译：《美国〈1934年证券交易法〉及相关证券交易委员会规则与规章》（中英文对照本·第2册），法律出版社2015年版。

（四）报纸类

［1］葛伟军："确立股东直诉标准提升诉讼便利"，载《上海法治报》2018年8月29日。

［2］唐强："盘点'双头'董事会上市公司：经营业绩乏善可陈 控股方式简单粗暴"，载《证券时报》2015年8月28日。

［3］王卫国、陈志武："公司监管制度设计：既要'胡萝卜'，也要'大棒'"，载《法制日报》2002年11月14日。

［4］午言："科创板，打好'创新牌'（人民时评）"，载《人民日报》2018年11月12日。

［5］熊锦秋："堵塞漏洞 完善股东提案权制度"，载《证券时报》2014年5月9日。

二、外文文献

［1］Acharya, V., Myers, S., Rajan, R., "The Internal Governance of Firms", *Journal of Finance*, 66 (2009), 682~720.

［2］Amihud, Y., Mendelson, H., "Asset pricing and the bid-ask spread",

Journal of Financial Economics, 2 (1986), 223~249.

[3] Amoako-Adu, B. , Smith, B. F. , "Dual class firms: Capitalization, ownership structure and recapitalization back into single class", *Journal of Banking & Finance*, 6 (2001), 1083~1111.

[4] Andre, T. J. , "A Preliminary Inquiry into the Utility of Vote Buying in the Market for Corporate Control", *Cal. L. Rev.* , 63 (1990), 533.

[5] Ayres, I. , Easterbrook, F. H. , Fischel, D. R. , "Making a Difference: The Contractual Contributions of Easterbrook and Fischel", *The University of Chicago Law Review*, 3 (1992), 1391, 1403.

[6] Bebchuk, L. A. , "Limiting Contractual Freedom in Corporate Law: The Desirable Constraints on Charter Amendments", *Harvard Law Review*, 8 (1989), 1820.

[7] Black, B. S. , "Is corporate law trivial?: a political and economic analysis", *Ssrn Electronic Journal*, 2 (1990), 542~597.

[8] Coase, R. H. , *The firm, the market and the law*, Chicago: University of Chicago Press, 2004, pp. 26~38.

[9] Davies, P. L. , Worthington, S. , Gower, L. C. B. , *Gowers principles of modern company law*, London: Sweet et Maxwell, 1997, p. 218.

[10] Department of Trade and Industry. , "Modern Company Law for a Competitive Economy: Final Report", *The Company Law Review Steering Group*, pp. 10~14.

[11] Dhillon, A. , Rossetto, S. , "Corporate Control and Multiple Large Shareholders", *Journal of Political Economy*, 3 (1986), 461~488.

[12] Dyck, A. , Zingales, L. , "Private Benefits of Control: An International Comparison", *The Journal of Finance*, 2 (2004), 537~600.

[13] Easterbrook, F. H. , Fischel, D. R. , "Corporate control transactions", *Yale L. J.* , 91 (1982), 698.

[14] Easterbrook, F. H. , Fischel, D. R. , *The economic structure of corporate law*, Cambridge, MA: Harvard University Press, pp. 66~72.

[15] Eisenberg, M. A. , "The Structure of Corporation Law", *Columbia Law Re-*

view, 7 (1989), 1461.

[16] Finkelstein, Maurice., "Voting Trust Agreements", *Michigan Law Review*, 4 (1926), 344~369.

[17] Gierkes, O., *Political Theories of the Middle Ages, Translated with an Introduction by Frederick William Maitland*, The University Press, 1900, pp. 87~100.

[18] Gordon, J. N. "The Mandatory Structure of Corporate Law", *Columbia Law Review*, 7 (1989), 1549.

[19] Grossman, S., Hart, O., "One Share-One Vote and the Market for Corporate Control", *Journal of Financial Economics*, 20 (1987), 175~202.

[20] Hansmann, H., Kraakman, R., "The End of History for Corporate Law", *Georgetown Law Journal*, 2 (2001), 439~468.

[21] Hart, O., Moore, J., "A theory of corporate financial structure based on the seniority of claims", Working papers.

[22] Herbert Hovenkamp, *Enterprise and American Law*, Cambridge: Harvard University Press, p. 60.

[23] Howell, J. W., "The survival of the U.S. dual class share structure", *Journal of Corporate Finance*, 44 (2017), 440~450.

[24] Jensen, M. C., "Agency costs of free cash flow, corporate finance, and takeovers", *American Economic Review*, 2 (1986), 323~329.

[25] Jordan, B. D., Kim, S., Liu, M. H., "Growth Opportunities, Short-Term Market Pressure, and Dual-Class Share Structure", *Journal of Corporate Finance*, 41 (2016), 304~328.

[26] Kahan, M., Klausner, M., "Standardization and Innovation in Corporate Contracting (Or 'The Economics of Boilerplate')", *Virginia Law Review*, 4 (1997), 713.

[27] Machen, A. W., "Corporate Personality", *Harvard Law Review*, 4 (1911), 253~261.

[28] Mccalister, D. V., Katz, D., Kahn, R. L., *The Social Psychology of Organizations*, John Wiley & Sons, Inc., p. 838.

[29] Murphy, K., Van Nuys, K., *Statepension funds and shareholder inactivism*, Harvard Business School, Cambridge, MA.

[30] Porta, R. L., Lopez-De-Silane, F., Shleifer, A., "Corporate Ownership Around the World", *Journal of Finance*, 54 (1994), 471~518.

[31] Shleifer, A., Vishny, R. W., "Large Shareholders and Corporate Control", *Journal of Political Economy*, 3 (1986), 461~488.

[32] Telser, L. G., "Voting and paying for public goods: An application of the theory of the core", *Journal of Economic Theory*, 2 (1982), 376~409.

[33] Useem, M., Gager, C., "Employee Shareholders Or Institutional Investors? When Corporate Managers Replace Their Stockholders", *Journal of Management Studies*, 5 (1996), 613~632.

[34] Vossestein, G.-J., "Modernization of european company law and corporate governance some considerations on its legal limits", *Kluwer Law International*, 253.

三、网络文献

[1] "Commission Staff Working Document, Impact Assessment on the Proportionality between Capital and Control in Listed Companies", in https://ec.europa.eu/smart-regulation/impact/ia_carried_out/docs/ia_2007/sec_2007_1705_en.pdf.

[2] "*Companies Act* 2006 - Explanatory Notes, Territorial Extent and Devolution, Chapter 2, Section 22, 80", in http://www.legislation.gov.uk/ukpga/2006/46/notes/division/5/9/5.

[3] "Regulation 14C and the Effectiveness of a Non-Unanimous Shareholders' Written Consent", in https://www.jdsupra.com/legalnews/regulation-14c-and-the-effectiveness-of-19335/.

[4] "2017 IPO Report", in https://corpgov.law.harvard.edu/2017/05/25/2017-ipo-report/.

[5] "The Way Ahead in the Internal Market, Legal Affairs Committee of the European Parliament", in https://europa.eu/rapid/press-release_SPEECH-

05-68_ en. htm.

[6] "Model Business Corporation Act1986-1990", in https://www.americanbar. org/publications/the_ business_ lawyer/find/find_ by_ subject/buslaw_ tbl_ mci_ mbca8690/.

[7] "Model Business Corporation Act 1991-1998", in https://www.americanbar. org/publications/the_ business_ lawyer/find/find_ by_ subject/buslaw_ tbl_ mci_ mbca9198/.

[8] "Report on the proportionality principle in the European Union. Report on the proportionality principle in the European Union", in http://ec.europa.eu/ internal -market/company/docs/shareholders/study/final report.

[9] "周某林与榆林市工商行政管理局工商变更登记行政纠纷申诉案", 载 http://www. pkulaw. cn/case/pfnl_ a25051f3312b07f34b5145e375ffff3c9add cae8bd4b2b9ebdfb. html? keywords = % E9% A6% 96% E6% AC% A1% E8% 82% A1% E4% B8% 9C% E4% BC% 9A% 20% E5% 8F% AC% E9% 9B% 86&match = Exact.

[10] "公司法股东会提案权含义是什么", 载 https://www. 66law. cn/laws/55 0642. aspx.

[11] "上海拉夏贝尔服饰股份有限公司2019年第三次临时股东大会、2019 年第三次A股类别股东会及2019年第三次H股类别股东会决议公告", 载 http://static. cninfo. com. cn/finalpage/2019-10-17/1206988885. PDF.

[12] 李小加:"梦谈之后,路在何方——股权结构八问八答", 载 https://www. baidu. com/link? url=_ 33KOSvt927sPoXIt-paOze04RpLV-PhFY4gqzkYwXS Xtmgh6Xowm68h3GZN64n_ f4goFGr0YaQSM8t_ 4GOw57oL_ CJbNUYql-hHd4sF2RW&wd=&eqid=85f4979700019bca000000065d82ec5d.

[13] "美团点评于2019年5月17日举行的股东周年大会的投票结果", 载 http://static. cninfo. com. cn/finalpage/2019-05-20/1206286939. PDF.

[14] "中国民生银行股份有限公司2019年第一次临时股东大会、2019年第一次A股类别股东大会、2019年第一次H股类别股东大会和2019年第一次优先股类别股东大会决议公告", 载 http://static. cninfo. com. cn/finalpage/2019-02-27/1205852470. PDF.

[15] "任正非：我在华为拥有一票否决权，不能让华为成为100%民主的公司"，载 https://www.baidu.com/link？url=_wlKCgHcKlmxNFhTuGZ75Mi0TS9pCeV65dLkJ91NEyiXvn-fHIxG--1bNo9GLNX53I7zIcFrQGiHIayqdKMIa94TK-fhRZcoQPjrnGIRQZmBrro15Y1eKLf8gVLR7UUR&wd=&eqid=cd03eb060013f89a000000065dc50947.

[16] 彭海："新三板策略深度报告：内地版'同股不同权'的可行性分析"，载 http://vip.stock.finance.sina.com.cn/q/go.php/vReport_Show/kind/lastest/rptid/4337528/index.phtml.

[17] "任正非谈华为一票否决权：轻易不能用，否则集体会受很大伤害"，载 https://www.baidu.com/link？url=qaQb0cA3pIW1S-bZN-ejcqMJQal-REcwm0ST7zg2M3yN8PRrJfWvfs8mMobB9cI_Ay7eRG4UCKPo-ZAKgx6SdsvQdqcA-rvWkaReRUiwDSdS&wd=&eqid=ef5150c60003080b000000065dc4c9eb.

[18] "看任正非如何利用仅有的1.4%股权控制华为"，载 https://www.sohu.com/a/124187163_601568.

[19] "代理成本对内资本市场效率的影响"，载 https://wiki.mbalib.com/wiki/%E4%BB%A3%E7%90%86%E6%88%90%E6%9C%AC.

[20] "瑞信：未来10年，中国机构投资者将强势崛起"，载 https://finance.sina.com.cn/stock/usstock/c/2018-12-26/doc-ihqhqcis0434851.shtml.

[21] "1001项奇葩议案事件之后ST慧球争斗各方终于觉悟了？"，载 http://finance.sina.com.cn/stock/s/2017-01-19/doc-ifxzuswr9454131.shtml.

[22] 熊锦秋："'双头'董事会是A股市场切肤之痛"，载 http://finance.sina.com.cn/zl/stock/20141015/142320545901.shtml.

[23] 基岩研究院、清科研究中心："2018年全球中概股市场研究报告"，载 https://free.pedata.cn/1440998437159821.html.

[24] "同股不同权：香港还缺什么？"，载 https://m.sohu.com/a/223880000_667897/？pvid=000115_3w_a&from=singlemessage&isappinstalled=0.

[25] 张晓晖："罕见'双头'董事会东方银星争夺战趋于白热化"，经济观察网，http://www.eeo.com.cn/2015/0902/279448.shtml.

后 记

本书是在我的博士学位论文基础上修改完成的。本书的写作辗转多地，从武汉到伯克利，又从太浩湖畔到桑浦山下，其间有过困顿，有过焦虑，也有过豁然开朗。终于到了本书的末了，最想说的是感谢。

首先要感谢我的恩师温世扬教授，温老师不仅在学术上对我悉心栽培、指引，更在生活诸事上给予我诸多有益引导。学术上，我的科研方法、体系深得温老师的教导，温老师"手把手"教我如何发现真正的问题，如何展开有价值的规范分析，如何通过深入学习民法基础理论加强对法教义学、法解释学的运用。生活中，温老师亦是我的榜样，温老师的谦和与包容、严谨与脚踏实地的精神不断地影响着我。

感谢我在美国加州大学伯克利分校的指导导师 Rachel Stern 教授，事无巨细地为我在美期间的求学以及论文写作提供了巨大的帮助。还需要感谢已是耄耋之年的 Melvin Eisenberg 教授数次对文中问题的耐心解答。

感谢我的博士论文指导小组的陈小君教授、陈本寒教授、张家勇教授、麻昌华教授、雷兴虎教授、张红教授和丁文教授，从论文开题到论文写作，从预答辩至最终答辩均给予了指导与帮助，其间提出的宝贵意见对本书的写作和完善起到了非常重要的

后　记

作用。

感谢各个阶段陪伴我度过难忘学生生涯的众多同门、同学及好友。

博士毕业后，我有幸成为广东外语外贸大学土地法制研究院的一分子。在此非常感激师长陈小君教授和高飞教授的知遇之恩，也感谢研究院和法学院其他领导、诸位老师、众多学长学姐在工作上和生活上的帮助。

感谢中国政法大学出版社丁春晖主任辛勤的策划和编审工作。

感谢我的父母，望在人生未来的日子里不负他们的殷切希望与无私付出。

感谢自己，感谢这一路的阳光与风雨，感谢曾经的意气风发与迷茫困惑，感谢自己走过了这条路。

最后，还要提前感谢本书的读者，由于我学问素养有限，虽竭尽绵力，但书中错谬仍难避免，恳请批评指正。

吴昊
2022 年春于白云山下